LE GRAND LIVRE
DU CAFÉ

MARY BANKS, CHRISTINE MCFADDEN ET CATHERINE ATKINSON

TRADUIT DE L'ANGLAIS PAR DELPHINE NÈGRE

Sélection
Champagne
inc.

Édition originale 1999 en Grande-Bretagne par Lorenz Books
sous le titre *The World Encyclopedia of Coffee*

© 1999, Anness Publishing Limited
© 2000, Manise, une marque des Éditions Minerva (Genève, Suisse)
pour la version française

Responsable éditoriale : Joanna Lorenz
Éditrice : Margaret Malone
Relecture de la version anglaise : Hayley Kerr
Maquettistes : Ian Hunt (partie historique) et Jane Felstead (partie recettes)
Photographies : William Lingwood (recettes), Louisa Dare (matériel) et Janine Hosegood (grains de café)
Préparation des plats pour les photographies : Carol Tennant
Stylisme des photographies de recettes : Helen Trent
Responsable de fabrication : Ann Childers

Traduit de l'anglais par Delphine Nègre

**Distribué par
Sélection Champagne Inc.
Montréal, Québec
(514) 595-3279**

ISBN 2-84198-160-6

Dépôt légal : août 2000

Imprimé à Singapour

Notes
1 cuil. à café = 5 ml, 1 cuil. à soupe = 15 ml

Sauf indication contraire, utilisez des œufs de taille moyenne.

Sommaire

L'UNIVERS DU CAFÉ

*Toutes les réponses à vos questions sur le café figurent
dans ce superbe et passionnant ouvrage. Véritable guide du café,
la première partie expose l'histoire et le rôle culturel, politique
et économique du précieux grain à travers le monde et se propose
d'examiner, pays par pays, les goûts et les caractéristiques du café
tel qu'il est produit aujourd'hui. On y trouve également de
précieux conseils pour moudre et préparer un café selon ses goûts.
La deuxième partie de l'ouvrage rassemble plus de 70 recettes
mettant en valeur l'utilisation très variée du café, notamment
dans des soufflés et meringues, des entremets et desserts glacés,
ou encore des gâteaux et autres délicieuses pâtisseries et confiseries.*

CI-CONTRE –
Illustration
montrant
comment
les Arabes
préparaient le
café sur le feu.

guerriers en période de conflits tribaux. Les cerises, dont la pulpe est sucrée et riche en caféine, étaient certainement consommées telles quelles.

D'anciens documents font également état d'un vin produit à partir du jus fermenté des cerises mûres. Ce vin, appelé *qahwah* (qui excite et remonte le moral), désignait à la fois le vin et le café. Mais le vin étant interdit par Mahomet, le café reçut le surnom de « vin d'Arabie ».

En Arabie, il est fort possible que le café ait d'abord été un aliment, avant d'être mélangé à de l'eau pour donner une boisson. Le premier « café » a sans doute été obtenu par la macération de quelques drupes entières dans de l'eau froide. Par la suite, on a grillé ces fruits sur le feu avant de les faire bouillir dans de l'eau une trentaine de minutes et l'on a recueilli un liquide jaune pâle.

Vers l'an 1000, le breuvage n'était encore qu'une décoction assez rudimentaire, confectionnée avec des grains verts et leurs enveloppes. On pense que vers le XIIIe siècle les grains furent séchés avant utilisation : ils étaient étalés au soleil, et, une fois secs, se conservaient très longtemps. De là, on les torréfia sûrement sur un feu de bois.

Les premières utilisations

Au début, le café n'était consommé que dans le cadre d'une cérémonie religieuse ou sur les conseils d'un guérisseur. Quand les médecins eurent constaté les vertus du café, ils furent de plus en plus nombreux à le prescrire. Le café servait alors à traiter une incroyable variété de maux, dont les calculs rénaux, la goutte, la variole, la rougeole et la toux. Un traité de la fin du XVIIe siècle sur le café et ses usages cite l'œuvre du botaniste italien Prospero Alpini. Dans son ouvrage sur les remèdes et plantes d'Égypte, celui-ci écrit : « C'est un excellent remède contre l'arrêt des menstrues des femmes, et celles-ci l'utilisent souvent, quand leur flux tarde à venir [...]. C'est un remède rapide et sûr pour ces femmes, qui, privées de leurs menstrues, souffrent de violentes douleurs. »

Alpini poursuit en décrivant la façon dont était préparé le café : « Cette décoction est faite de deux façons : l'une avec la peau ou l'extérieur du grain susdit, et l'autre avec la substance même du grain. Celle qui est faite avec la peau est plus forte que l'autre [...].

Le grain [...] est déposé dans un instrument de fer solidement fermé par un couvercle, à travers lequel on enfonce une broche que l'on place devant le feu jusqu'à ce qu'il soit bien grillé ; après l'avoir réduit en une très fine poudre, on peut l'utiliser proportionnellement au nombre de gens qui vont le boire : soit un tiers de cuillerée par personne, à mettre dans un verre d'eau bouillante auquel on ajoute un peu de sucre. Après l'avoir laissé bouillir un petit moment, il faut le verser dans de petites tasses de porcelaine ou autre, et le boire petit à petit, aussi chaud qu'on puisse le supporter. »

Bunn et bunchum

Le mot africain pour le caféier était *bun*, qui devint *bunn* en arabe, signifiant à la fois la plante et la baie. Le médecin iranien Rhazès (v. 860-v. 923), disciple de Galien et d'Hippocrate, compila une encyclopédie médicale dans laquelle il faisait référence à la graine sous le terme de *bunchum*. Son débat sur les propriétés curatives du café nous amène à conclure que la plante était déjà connue comme remède il y a plus de mille ans. Des références analogues apparaissent dans les écrits d'Avicenne (980-1037), autre éminent médecin et philosophe musulman.

Le mot « café », qui désigne le breuvage, est une forme modifiée du mot turc *kahve* dérivé de l'arabe *kahwa* (ou *qahwa*).

CI-DESSUS – Portrait d'Avicenne, médecin musulman, peint vers le XVIIe siècle.

LE VIN D'ARABIE

CI-DESSUS – Sur les marches d'une maison de café turque, début du XIXe siècle.

Suivant l'exemple du mufti d'Aden et de ses derviches, les communautés religieuses d'Arabie adoptèrent à leur tour le rite du café. Progressivement, son usage se propagea dans la société, et les citoyens d'Aden comptèrent parmi les premiers à s'y adonner. Le mufti représentant une autorité respectée en matière de loi musulmane, et n'étant pas censé consommer sciemment une substance illicite, ils n'eurent aucune hésitation à l'imiter et à boire cette nouvelle boisson.

Le café se prenait au sein de la mosquée où, après avoir servi les derviches, l'imam l'offrait à tous ceux qui étaient présents. Sur un fond solennel de chants religieux, la consommation de café devint une activité salutaire et pieuse. Le café eut un tel succès que tout le monde ou presque se mit à fréquenter la mosquée.

Désireuses de mettre fin à cette tendance, les autorités religieuses tentèrent en vain de restreindre la consommation du café. Les imams et les religieux avaient l'autorisation de le boire, mais seulement lors de leurs prières nocturnes, et les médecins ne pouvaient le prescrire qu'en petites quantités. Cependant, comme l'usage du café était déjà largement répandu, il se révéla bien difficile d'en proscrire la consommation.

Les fidèles considéraient le café comme un stimulant agréable, propice aux échanges. Très vite, la boisson fut ouvertement vendue dans la région, attirant une foule hétéroclite d'étudiants en droit, de travailleurs de nuit et de voyageurs. Et, finalement, toute la ville se mit à boire du café, non seulement la nuit mais tout au long de la journée et même en privé. En outre, cette boisson chaude et forte était particulièrement appréciée pendant le ramadan, mois pendant lequel les musulmans doivent jeûner entre le lever et le coucher du soleil.

La propagation du café

Le nouveau breuvage conquit rapidement les villes voisines, et vers la fin du XVe siècle, il avait atteint la ville sainte de La Mecque. Là, comme à Aden, le rite du café s'établit d'abord au sein de la communauté des derviches, à la mosquée.

Peu de temps après, les citoyens se mirent à boire du café chez eux et dans les lieux publics réservés à cet usage. Comme en témoigne le récit d'un historien arabe, cette activité leur procurait un plaisir certain : « Là, des foules de gens se rendaient à toute heure de la journée, pour goûter les plaisirs de la conversation, jouer aux échecs et autres jeux, danser, chanter et se divertir de mille et une façons, sous prétexte de boire du café. »

Les pratiques sociales et culturelles de La Mecque – berceau de l'Islam – étaient inévitablement reproduites par les musulmans des autres grandes villes. Le café gagna ainsi presque toute l'Arabie, se propageant à l'ouest jusqu'en Égypte et au nord jusqu'en Syrie. La boisson se répandit plus loin encore grâce aux armées musulmanes qui, à l'époque, avançaient en Europe du Sud, en Espagne et en Afrique du Nord, ainsi qu'en Inde plus à l'est. Partout où elles allaient, elles introduisaient le café.

Le café s'intégra progressivement dans toute la société au Moyen-Orient. Dans de nombreuses régions, les contrats de mariage stipulaient que le mari devait accorder à sa femme autant de café qu'elle le désirait ; le moindre manquement à ce devoir était passible d'une demande de divorce.

Le café en Perse

L'usage du café s'enracina en Perse peut-être même avant d'atteindre l'Arabie. Les guerriers perses, qui auraient refoulé les Éthiopiens essayant de s'établir au Yémen, auraient très certainement pris goût aux cerises de café qui poussaient sur les arbres plantés par les Éthiopiens, et les auraient rapportées dans leur pays. L'histoire du mufti d'Aden fait également référence à la consommation de café en Perse au milieu du XVe siècle.

Très tôt, la plupart des grandes villes perses s'enorgueillirent d'élégantes et spacieuses maisons de café, situées dans les plus beaux quartiers. Ces établissements avaient la réputation de servir le café efficacement et « avec beaucoup de respect ». En règle générale, les discussions politiques et les troubles habituellement associés aux cafés étaient plutôt discrets, la clientèle recherchant avant tout des satisfactions hédonistes. Les cafés perses se forgèrent une réputation de lieu où l'on parlait, écoutait de la musique, dansait et « autres choses de ce genre », et l'on détient même plusieurs récits sur la façon dont le gouvernement devait mettre un frein aux « infâmes pratiques commises dans ces lieux ».

Un voyageur anglais raconte comment l'épouse du schah, non sans tact, chargea un mollah – expert en affaires légale et ecclésiastique – de rendre quotidiennement visite à un café particulièrement fréquenté. Sa mission consistait à s'asseoir et à divertir la clientèle par des discussions fort civilisées sur la poésie, l'histoire et le droit. Homme de grande discrétion, il évitait les sujets politiques les plus controversés et décourageait ainsi les altercations. Le mollah était toujours bien accueilli.

Devant un tel succès, d'autres cafés suivirent cet exemple et embauchèrent leurs propres mollahs et conteurs. Ces nouveaux amuseurs publics se tenaient au centre sur une chaise élevée « d'où ils faisaient leurs discours et racontaient leurs histoires satiriques, jouant ce faisant avec un petit bâton et gesticulant comme nos jongleurs [...] d'Angleterre ».

Le café en Turquie
Bien qu'il eût gagné la Syrie, le café fut relativement lent à se propager en Turquie. Toutefois, avec l'expansion de l'Empire ottoman et la conquête des musulmans arabes, les Turcs se mirent à boire du café à outrance, comme le confirme un médecin anglais à Constantinople : « Quand un Turc tombe malade, il jeûne et prend du Coffa, et si cela ne suffit pas, il fait son testament et n'envisage aucun autre remède ».

De nouveaux débits de boissons D'après un auteur arabe du XVIᵉ siècle, les deux premiers cafés de Constantinople furent fondés en 1554 par deux entrepreneurs syriens. Leurs établissements étaient somptueusement meublés de « très beaux divans et tapis, sur lesquels ils recevaient leur compagnie, qui consistait essentiellement en personnes studieuses, en amateurs d'échecs, de trictrac et autres diversions sédentaires ». D'autres cafés, tout aussi opulents, ne tardèrent pas à ouvrir leurs portes, parfois au grand désarroi des musulmans les plus pieux. Ils étaient richement décorés et les clients s'allongeaient sur

de luxueux coussins pour écouter des histoires et des poèmes, ou assister à des chants et des danses exécutés par des artistes professionnels.

Malgré leur nombre croissant, les cafés étaient toujours bondés. Les historiens divergent quant au statut social de la clientèle, les uns affirmant que les cafés étaient fréquentés presque exclusivement par « les ordres inférieurs », les autres prétendant qu'ils attiraient tous les rangs de la société. Comme Hattox l'écrit dans *The Social Life of the Coffeehouse* : « En supposant que toutes les classes fréquentaient les cafés, il ne s'ensuit pas nécessairement que toutes les classes fréquentaient le même café. »

CI-CONTRE – Domestique turque préparant le café à la maison.

Les hommes de loi tenaient apparemment les cafés pour des endroits propices aux échanges professionnels, les clients d'un certain établissement consistant essentiellement en *cadis* (juges) itinérants venus chercher du travail à Constantinople, en professeurs de droit ou autre, ainsi qu'en étudiants venus passer leurs examens et en quête d'un emploi prestigieux. Même le vizir du palais du sultan et d'autres membres de la haute société s'y rendaient occasionnellement.

Les voyageurs anglais – écrivains, botanistes ou médecins – qui n'avaient jamais rien vu de semblable, noircirent de nombreuses pages au sujet des maisons de café. Dans son *Voyage to the Levant,* Henry Blunt nous fait part de sa stupeur : « Et là, sur des échafaudages d'un demi-mètre de haut recouverts de tapis, ils s'assoient en tailleur à la manière turque, souvent deux ou trois cents à la fois, pour parler, avec probablement une médiocre musique ici et là. »

Sir George Sandys, quant à lui, ne cache pas sa désapprobation : « ils restent assis à bavarder presque toute la journée, et sirotent une boisson appelée Coffa […] dans de petites coupes de porcelaine, aussi chaude que possible, aussi noire que de la suie, et au goût peu différent […] qui aide, selon eux, à la digestion et procure l'allégresse. Beaucoup de patrons ont de jolis garçons, qui servent […] pour leur attirer des clients ».

Le café chez soi Les Turcs buvaient autant de café chez eux qu'ils en consommaient dans les cafés publics. Un voyageur français remarque : « On doit dépenser autant d'argent pour le café dans les familles de Constantinople que pour le vin à Paris. » Henry Blunt écrit dans une lettre à un ami : « …car outre les innombrables maisons de café, il n'y a pas un foyer qui n'en serve toute la journée ». Celui-ci va plus loin, vantant les nombreuses vertus thérapeutiques de la consommation de café : « Ils [les Turcs] reconnaissent tous qu'il les libère des désagréments provoqués par une mauvaise alimentation, ou un logement humide, et dans la mesure où ils boivent du Coffa matin et soir, ils n'ont pas les consommations provoquées par l'humidité, ni les léthargies des personnes âgées, ni encore le rachitisme des enfants, et très peu de nausées chez les femmes enceintes : mais avant tout, ils le considèrent comme une prévention particulière contre les calculs et la goutte. »

CI-CONTRE – Nombre de gens se retrouvent dans les cafés pour bavarder et siroter du café.

LES RITES ET COUTUMES

Dès que le café commença à perdre sa connotation religieuse, les cafés, ou *qahveh khaneh,* se répandirent dans tout le Moyen-Orient. On vit apparaître de minuscules boutiques ainsi que des colporteurs qui réchauffaient le breuvage sur de petites lampes à alcool et en remplissaient les tasses des passants.

Dans le même temps, le café commençait à se boire chez soi et à ponctuer les échanges les plus divers : il était servi par les coiffeurs à leurs clients, par les marchands lors de négociations, dans les réunions de fortune entre amis et à l'occasion de banquets. Les voyageurs européens étaient ahuris par la quantité consommée. L'un d'eux nota : « Ils boivent du café non seulement chez eux, mais également dans la rue, alors qu'ils se rendent à leurs affaires, et parfois trois ou quatre personnes, tour à tour, boivent à la même tasse. »

Un breuvage qui s'améliore

Dès le début du XVIe siècle, on grillait les fèves entières sur des plaques en pierre, puis en métal. Une fois grillées, les graines étaient bouillies pendant trente minutes ou plus, et produisaient un liquide noir et fort que l'on conservait en cuve jusqu'au moment de le boire. Mais devant l'augmentation de la demande, les techniques de préparation s'améliorèrent. On se mit à faire du café à partir de fèves broyées et d'eau bouillante, et l'on y ajouta du sucre et des épices, tels la cardamome, la cannelle ou les clous de girofle, pour en rehausser le goût. Bien que l'utilisation de fèves torréfiées fût devenue pratique courante, le café issu de cerises légèrement grillées – et débarrassées des fèves – était encore très prisé au Yémen, le pays des caféiers. Appelé « café à la sultane », il était surtout consommé par les membres de la haute société, ou par les visiteurs à qui l'on voulait rendre hommage.

Café à la Sultane

« Voici la manière de faire le café à la Sultane. On prend l'écorce de fruits parfaitement mûrs, on les broie et on les place dans une marmite de terre que l'on pose sur un feu de charbon de bois, sans cesser de remuer et en les faisant griller jusqu'à ce qu'elles changent légèrement de couleur. En même temps, on met de l'eau à bouillir dans une cafetière, et quand les écorces sont prêtes, on y jette les enveloppes extérieures et intérieures séparément, à peu près trois fois plus des premières que des dernières, puis on les fait bouillir de la même manière que le café courant. La couleur du liquide ressemble beaucoup à celle de la bonne bière anglaise. Les écorces doivent être conservées au sec jusqu'à leur utilisation, car la moindre humidité en altère le goût. »
Docteur James Douglas, 1727.

CI-DESSUS – *Vendeur de café ambulant à Istanbul au début du XVIIIe siècle.*

La vie dans la maison de café

La concurrence se développa en même temps que proliféraient les cafés. Les patrons de café essayèrent d'attirer des clients « non seulement par la qualité de leur liqueur, par la beauté et l'habileté de leurs serveurs », mais aussi par de somptueux décors et divertissements. Ils embauchaient des musiciens, des jongleurs et des danseurs et organisaient des spectacles de marionnettes, entre autres.

Quand les clients commençaient à se lasser des amusements offerts par la maison et que les conversations se relâchaient, c'était à eux de divertir les foules. On demandait aux poètes de réciter ou bien, si un derviche était présent, on l'invitait à prononcer un court sermon.

Le trictrac, les échecs et les cartes étaient également prisés, tout comme, probablement, les jeux d'argent et la consommation de drogue. Le café était apprécié des amateurs d'opium, et il y avait toujours deux ou trois narguilés à la disposition des fumeurs de haschisch ou de tabac.

Le rite occidental consistant à offrir des consommations vient très certainement d'une coutume turque. Quand un client voyait quelqu'un de sa connaissance s'apprêtant à commander un café, il proférait un seul mot, *caba,* qui signifie « gratis » et indiquait au patron qu'il ne devait pas accepter l'argent de cet homme. Le nouveau venu remerciait alors individuellement toutes les personnes présentes avant de prendre place. Lorsqu'un homme plus âgé entrait, tout le monde se levait respectueusement et on lui cédait le meilleur siège.

Les Turcs avaient l'habitude de boire le café aussi chaud que possible, de sorte qu'il était siroté – ou plutôt bruyamment lapé – dans de petites coupes de porcelaine, encore dépourvues d'anses. Les premiers voyageurs furent probablement amusés par cette étrange habitude. L'un d'eux écrira : « Ils passent parfois près d'une heure sur une tasse [...] et ce n'est pas la moindre des diversions, chez les étrangers, d'entendre cette musique des buveurs de

CI-DESSUS – Café turc, lithographie, 1855.

café dans un établissement public, alors qu'ils sont peut-être plusieurs centaines à boire en même temps. »

L'usage du café à la maison

À Constantinople au XVIᵉ siècle, dans tous les foyers, riche ou pauvre, turc, juif, grec ou arménien, on servait le café au moins deux fois par jour, souvent plus – parfois jusqu'à vingt tasses dans la journée. Il devint courant, dans chaque maison, aussi modeste fût-elle, d'offrir le café aux visiteurs, et il était extrêmement impoli de le refuser. Dans les banquets officiels, les convives étaient accueillis avec du café dès leur arrivée et ne cessaient d'être servis tout au long du festin, qui pouvait durer jusqu'à huit heures.

Malgré sa rapide intégration dans les mœurs, le café n'en conserva pas moins sa part de magie. La façon dont il était servi, par exemple, était toujours cérémonieuse. On échangeait un long protocole de salutations courtoises, de questions sur la santé et la famille, de louanges à Dieu et de rituels élaborés, aussi complexes que ceux de la céré-monie du thé au Japon. Des graines de melon et des dattes accompagnaient souvent ces rites.

La plupart des maisons aisées pos-sédaient des serviteurs dont l'unique fonction consistait à préparer et offrir le café. Le serviteur en chef, appelé *kah-veghi*, avait le privilège d'un « apparte-ment » situé à proximité de la salle où les visiteurs étaient reçus. Cette salle était décorée de tapis et de coussins richement colorés, ainsi que de cafe-tières ornementales. Le café était servi avec solennité sur des plateaux d'argent ou de bois peint, pouvant recevoir vingt tasses de porcelaine. Celles-ci étaient remplies à moitié pour éviter que le café déborde et que l'on puisse la tenir avec le pouce sur le bord supérieur et deux doigts par-dessous.

Les maisons les plus cossues avaient également des pages, ou *itchoglans*, qui, au signal du maître de maison, pre-naient le café des mains des serviteurs et, avec une dextérité impressionnante, le tendaient aux visiteurs sans toucher le bord, ni se brûler ou le renverser.

CI-DESSUS – *Dans les maisons aisées, des serviteurs étaient voués à préparer et servir le café.*

Lord Byron et le café

Le célèbre poète anglais nous livre dans ce poème son point de vue sur le café turc :

Et la baie de Moka, pure et venant d'Arabie,
Dans de fines tasses de porcelaine était servie ;
Des coupes d'or filigranées, faites pour empêcher
la main de se brûler, sous elles étaient placées.
De la girofle, de la cannelle et du safran, avec le Café
étaient bouillis, ce qui, à mon avis, le gâchait.

LE CAFÉ, SOURCE DE CONFLIT

Au cours du XVIᵉ siècle, en Arabie, les chefs politiques et religieux se sentirent menacés par l'extraordinaire développement des cafés et ne purent plus longtemps ignorer ce qui s'y passait.

Comme le note Hattox dans son ouvrage consacré aux cafés, l'atmosphère conviviale et détendue provoquée par la caféine faisait inévitablement naître des idées nouvelles, voire subversives, vis-à-vis de l'État.

Pis encore, la fréquentation de la mosquée commençait à décliner sérieusement depuis que le café pouvait se consommer dans d'autres lieux.

La répression toucha d'abord la ville sainte de La Mecque, où une assemblée de muftis, de juristes et de médecins déclara que la consommation du café était non seulement contraire à la loi religieuse, mais également mauvaise pour la santé.

Les débats qui s'ensuivirent illustrent bien la passion que suscitait le café et le dilemme qu'il provoqua chez les personnes désireuses de se conformer à l'ordre établi.

Le café mis au ban

D'après la légende, le gouverneur de La Mecque aurait été scandalisé par le comportement d'un groupe de buveurs de café qui, au sein de la mosquée, se préparaient légitimement à une longue nuit de prière. Il pensa d'abord qu'ils prenaient du vin, ce qui était formellement interdit par la loi islamique. Assuré du contraire, le gouverneur en conclut que le café enivrait les gens, ou du moins qu'il risquait de les entraîner à des troubles publics. Il décida alors d'en interdire l'usage, après avoir toutefois convoqué des experts juridiques pour leur demander leur avis.

Ces derniers s'accordèrent à dire que les cafés publics nécessitaient effectivement d'être réformés, mais qu'il était difficile de savoir si le café était véritablement mauvais pour la santé. Soucieux de ne pas endosser la responsabilité d'une affaire aussi sérieuse et délicate, ils déclarèrent que la décision revenait aux médecins.

Deux frères perses, qui pratiquaient la médecine à La Mecque, furent ainsi convoqués. À cette époque, la médecine reposait sur le concept des humeurs corporelles, et les frères déclarèrent que le *bunn,* dont était généralement fait le café, était « froid et sec », et donc mauvais pour la santé. Cependant, un autre médecin décréta qu'il « brûlait et consumait le flegme ».

Après moult débats, on décida plus prudent de déclarer le café substance illicite, conformément au souhait initial du gouverneur. À la suite de quoi, un grand nombre des personnes présentes confirmèrent avec empressement que le café avait effectivement « désordonné leurs sens ». L'un d'eux avoua par inadvertance que le café produisait sur lui les mêmes effets que le vin, ce qui signifiait évidemment qu'il avait dû enfreindre la loi islamique pour le savoir. Interrogé, il reconnut imprudemment qu'il avait bu du vin, et fut dûment puni.

Le mufti de La Mecque, saint homme et juriste de métier, s'opposa violemment à cette décision, mais il fut le seul à défendre la boisson. Passant outre, le gouverneur signa une déclaration

CI-CONTRE –
À mesure que les cafés gagnaient en popularité, le comportement jovial et détendu des buveurs de café attirait l'attention des chefs religieux et politiques.

prohibant la vente et la consommation de café dans les lieux publics comme privés. Tous les magasins contenant la séditieuse baie furent brûlés, les maisons de café furent fermées et leurs propriétaires évacués. La déclaration fut envoyée au sultan d'Égypte qui, au grand embarras du gouverneur, se montra surpris par la condamnation d'une boisson que tout Le Caire estimait saine et bénéfique. En outre, les hommes de loi du Caire, qui avaient un statut bien plus élevé que ceux de La Mecque, ne trouvaient rien d'illégal à sa consommation. Le gouverneur fut sévèrement réprimandé et on lui rappela qu'il ne devait user de son autorité que pour empêcher les troubles qui pouvaient se produire dans les cafés publics.

Ainsi, la consommation du café, qui s'était poursuivie de façon illégale, prit un nouvel essor. Un an plus tard, le sultan condamna le gouverneur à mort pour son crime contre le café, et les deux médecins perses connurent le même sort.

Il s'ensuivit d'obscurs débats religieux. À Constantinople, par exemple, les dévots proclamèrent avec véhémence que le processus de torréfaction réduisait le café à du charbon et que la consommation d'une telle boisson à table était extrêmement impie. Le mufti approuva et déclara le café illicite.

Néanmoins, l'interdiction ne fut jamais respectée à la lettre et les hommes de loi, découragés, commencèrent à autoriser la vente et la consommation du café en privé. Finalement, un mufti moins scrupuleux fut nommé et les cafés rouvrirent leurs portes.

Par la suite, les propriétaires des cafés de Constantinople furent soumis à un impôt qui devait être proportionnel au chiffre d'affaires. Malgré ce nouveau moyen d'enrichir les coffres de l'État, le prix de la tasse de café resta très peu élevé, preuve de la quantité consommée.

Au fil des années, les chefs religieux et politiques tentèrent plusieurs fois, en vain, de supprimer le café au Moyen-Orient. Chaque fois, le cortège de plaintes habituel rencontra la même résistance. Dépourvues de soutien populaire et confrontées aux opinions

CI-DESSUS – Du plant de caféier à la dégustation en passant par la torréfaction, gravure du XVIIe siècle.

divergentes des hommes de loi, des médecins et des experts religieux, les tentatives échouèrent inexorablement. À la fin du XVIe siècle, la consommation de café au Moyen-Orient était une coutume largement ancrée qu'aucune prohibition ne pouvait plus ébranler.

LE PARCOURS DU CAFÉIER

Vers la fin du XVIe siècle, les récits de voyageurs et de botanistes sur cette nouvelle plante et boisson gagnent l'Europe depuis le Moyen-Orient. Ces documents étant de plus en plus nombreux et fréquents, les marchands européens commencent à s'intéresser à cette denrée. Entretenant déjà des relations commerciales avec le Moyen-Orient, les Vénitiens ne tardent pas à faire venir les premiers sacs de café vert en provenance de La Mecque, au début des années 1600.

Le monopole arabe

L'approvisionnement des Vénitiens en café marquera le début d'un commerce fort lucratif pour les Arabes, qu'ils conserveront jalousement pendant près d'un siècle. Ils s'assurent scrupuleusement qu'aucune graine susceptible de germer ne quitte le pays ; les fèves sont ébouillantées ou grillées, et les visiteurs sont éloignés des plantations. Jusque vers la fin du XVIIe siècle, le Yémen reste l'unique centre de ravitaillement des importateurs européens.

L'entreprise hollandaise

Au moment où les Vénitiens prennent livraison de leur premier lot de café vert, des marchands hollandais, qui possèdent déjà une quantité d'informations considérable en provenance des botanistes, étudient les possibilités de culture et de commerce du café. À l'époque, les Hollandais sont probablement les commerçants les plus actifs d'Europe, et ceux qui possèdent les meilleurs navires de commerce. Il n'est donc pas surprenant qu'un marchand hollandais ait réussi à dérober, en 1616, quelques plants de café de Moka et à les ramener intacts à Amsterdam où ils seront soigneusement conservés au Jardin botanique. Ces plants seront à l'origine de la majeure partie des plantations dans l'archipel indonésien.

Au cours du XVIIe siècle, la Compagnie hollandaise des Indes orientales s'implante à Java et y fait des essais de culture et, dès les années 1690, les plantations se succèdent dans les colonies insulaires de Sumatra, du Timor, de Bali et des Célèbes. L'audacieuse Compagnie entame également une culture à grande échelle à Ceylan, où la plante a déjà été introduite par les Arabes.

La pépinière universelle du café

En 1706, les cultivateurs hollandais de Java expédient chez eux la première récolte de fèves – Amsterdam devenant le centre de ravitaillement du café en provenance des colonies néerlandaises –, ainsi que quelques plants de caféier qui vont bientôt prospérer. Ce modeste envoi est déterminant dans l'évolution du commerce du café car de jeunes plants seront ensuite emportés vers le Nouveau Monde. James Douglas, scientifique du XVIIIe siècle, considéra que ces plants étaient à l'origine des plantations de café en Occident, et baptisa le Jardin botanique d'Amsterdam de « pépinière universelle du café ».

L'Arbre du roi

En 1714, le bourgmestre d'Amsterdam offre à Louis XIV un caféier sain d'un mètre cinquante de haut, cultivé dans

COFFEE MERCHANTS.

CI-DESSUS – Les marchands arabes exerçaient un contrôle strict sur le commerce de Moka produit au Yémen.

CI-DESSUS – *Dès que les Hollandais brisèrent le monopole arabe, le café se propagea dans toutes les parties du monde, peinture de H. Vroom, 1640.*

le Jardin botanique. Les Français, qui ont saisi l'enjeu commercial, ont déjà subtilisé des graines à Moka pour les réimplanter sur l'île de La Réunion. Toutefois, ils ont des difficultés à faire pousser cette plante, et « l'Arbre », ainsi que sera appelé ce spécimen d'Amsterdam, est accueilli avec la plus grande gratitude. Il est confié aux soins du botaniste royal du Jardin des Plantes, où une serre lui est spécialement construite.

Louis XIV nourrit alors l'ambition de garder les graines de l'Arbre pour ses futures plantations de café dans les colonies. Son souhait se réalise : l'Arbre fleurira, portera des fruits et sera à l'origine de la plupart des caféiers aujourd'hui cultivés en Amérique centrale et latine.

Le café gagne le Nouveau Monde

La question de savoir si ce sont les Hollandais ou bien les Français qui ont introduit les premiers la culture du café dans le Nouveau Monde fait l'objet de maintes controverses. Un an après la livraison de l'Arbre aux Français, les Hollandais envoient des plants de café, cultivés dans le Jardin botanique d'Amsterdam, à leurs territoires de Guyane, au nord de l'Amérique du Sud. Fin 1720, le capitaine d'infanterie français, Gabriel de Clieu, déterminé à implanter la culture du café dans le Nouveau Monde, se procure, non sans peine, quelques plants du Jardin des Plantes.

De Clieu embarque avec son précieux chargement et se rend à l'île de la Martinique, au nord de la Guyane. Le périple s'avère long et semé d'embûches. De plus se pose le problème de l'approvisionnement en eau que de Clieu arrivera cependant à apporter aux jeunes pousses. Miraculeusement, ils

survivront tous les deux, et les caféiers seront transplantés dans le jardin du capitaine. Ils s'y acclimatent et donnent leur première récolte en 1726.

Cinquante ans plus tard, la Martinique compte quelque dix-neuf millions de caféiers. À partir de ces deux centres producteurs de café que sont la Martinique et la Guyane hollandaise, la culture se propagea aux Antilles ainsi qu'en Amérique centrale et latine.

LES PREMIÈRES PLANTATIONS

Si les colons européens emportent le café partout où ils vont, les missionnaires catholiques et les communautés religieuses contribuent également à le répandre largement. Généralement férus de botanique, les moines s'intéressent à la plante et, comme autrefois au Yémen, des caféiers sont cultivés et étudiés dans les jardins des monastères.

La France sera le premier fournisseur de café en Europe. Les Français transplantent le café de la Martinique aux îles de la Guadeloupe et de Saint-Domingue (aujourd'hui Haïti) et, à partir de 1730, la culture s'étend rapidement dans toutes les Antilles françaises.

Simultanément le café gagne du terrain. Les Espagnols l'introduisent à Porto Rico et à Cuba, puis plus tard en Colombie, au Venezuela et aux Philippines. De la Guyane hollandaise (aujourd'hui le Surinam), la culture se propage à la Guyane française et, de là,

en 1727, les Portugais l'acclimatent au Brésil. En 1730, les Anglais l'implantent en Jamaïque, où l'on produit toujours le célèbre Blue Mountain.

Vers 1830, les colonies hollandaises de Java et Sumatra deviennent les principaux fournisseurs de café en Europe. Les Portugais et les Hollandais important un nombre considérable d'esclaves africains au Brésil et à Java, la production de café augmenta considérablement dans ces régions.

Financés par les Anglais, l'Inde et Ceylan essaient de faire concurrence aux Hollandais, mais ne parviennent pas à les détrôner. Au cours du XIXᵉ siècle, une rouille du nom d'*Hemileia vastatrix* ravage toute l'Asie et décime les récoltes, donnant au Brésil l'opportunité qu'il attend depuis longtemps. En quelques années, le Brésil devient le premier producteur mondial, un rang qu'il conserve encore aujourd'hui.

La dernière étape d'un long voyage

À la fin du XIXᵉ siècle, le café s'était répandu à l'est comme à l'ouest dans une ceinture comprise de part et d'autre des tropiques du Cancer et du Capricorne. Les Hollandais, les Français, les Anglais, les Espagnols et les Portugais ont réussi à établir de prospères plantations de café dans toutes les colonies de cette zone.

La dernière étape du long périple du café a lieu au début des années 1900, dans les pays d'Afrique orientale sous protectorats britannique et allemand, les actuels Kenya et Tanzanie. Les colons plantèrent du café sur les versants des monts Kenya et Kilimandjaro, à quelques centaines de kilomètres seulement de son berceau éthiopien d'origine. C'est ainsi que s'achèvent les neuf siècles de propagation du café dans le monde.

CI-DESSUS – Travailleurs dans une plantation de café en Amérique du Sud, gravure du XIXᵉ siècle de F. M. Reynolds.

LES PLANTATIONS BRÉSILIENNES

Au début du XVIIIe siècle, le Brésil ne cultive pas encore de café. En 1727, sollicités pour régler un conflit frontalier entre les Guyanes française et hollandaise, les Portugais profitent de leur rôle de médiateur pour subtiliser quelques précieux plants de café.

Le lieutenant Francisco de Mallo Palheta est envoyé en Guyane pour arbitrer le différend. Dépêché auprès du gouverneur en poste et de son épouse, il règle bientôt le litige. En remerciement de ses services, l'épouse du gouverneur lui aurait, dit-on, offert un bouquet de fleurs parmi lesquelles se seraient trouvées quelques boutures de caféier. La version rapportant qu'il reçut officiellement mille graines et cinq plants vivants est cependant plus plausible. Quoi qu'il en soit, Palheta rentra au Brésil avec ses boutures, graines ou plants.

La culture commença d'abord sur une petite échelle, pour la consommation locale. Mais la plante s'adapte si bien à la topographie, au sol et au climat du pays qu'elle fait bientôt l'objet d'une culture intensive. En 1765, les premières cargaisons de café arrivent à Lisbonne.

Les planteurs pionniers

Les premiers planteurs eurent à défricher, sous une chaleur torride, de vastes étendues de jungle infestées de moustiques. Ils devaient planter non seulement des caféiers, mais surtout des cultures vivrières pour se nourrir. Ils avaient également à protéger leur famille, leurs esclaves, leurs machines et leurs récoltes. En plein cœur de la forêt, ils étaient dans l'isolement le plus total et leurs *fazendas,* ou plantations, constituaient les seuls noyaux de vie humaine dans la végétation tropicale.

Mais à mesure que le goût pour le café se répandait parmi les populations urbaines d'Europe et d'Amérique, les planteurs s'enrichirent, les *fazendas* s'agrandirent et la vie devint plus agréable. Ce fut une époque de prospérité sans précédent.

Comme le note Stanley Stein dans *Vassouras, a Brazilian Coffee County, 1850-1900,* la culture du café au Brésil eut un impact colossal sur la vie économique et sociale. D'un point de vue économique, cette culture créa une dépendance pernicieuse vis-à-vis d'une denrée sujette aux fluctuations du marché mondial et sensible aux caprices du temps : les vents glacials provenant des Andes provoquaient de sévères gelées et, à plusieurs reprises, les plantations faillirent être entièrement détruites.

D'un point de vue social, la culture du café fut à l'origine d'une nouvelle aristocratie : celle des magnats du café possédant d'énormes *fazendas* et ayant un style de vie autocratique. Elle provoqua également un afflux considérable d'esclaves africains qui travaillèrent dans des conditions particulièrement inhumaines. Rares étaient ceux qui réalisaient la somme de souffrances qu'entraînait l'insatiable demande provenant d'Europe.

Le café et l'esclavage

Les *haciendas* et *fazendas* – ces grandes plantations des colonies espagnoles et portugaises – prospérèrent grâce au système de l'esclavagisme. Entre 1840 et 1850, plus de 370 000 esclaves africains furent illégalement, quoique ouvertement, introduits au Brésil. L'esclavage fut aboli dans les colonies hispanophones dans les années 1850, mais perdura jusqu'en 1888 au Brésil.

CI-DESSUS – Cueillette du café, *tableau de Francisco Miranda (1750-1816).*

LE COMMERCE DU CAFÉ

Malgré le monopole arabe, le café se fait connaître très tôt en Grande-Bretagne et en Europe continentale par le biais des botanistes. Au début du XVIIe siècle, on trouve déjà des graines de café dans les cabinets de nombreux botanistes européens. Des petits sacs de café vert sont également rapportés par des particuliers familiarisés avec la boisson, tels les marchands, diplomates, hommes d'affaires ou écrivains voyageurs. Très vite, le café a attiré l'attention des marchands.

Les premières cargaisons

Accoutumés à sillonner les mers orientales et à conclure des affaires à Constantinople, les Vénitiens auraient été les premiers à avoir importé le café en Europe. La date exacte reste inconnue, mais la première cargaison de café dut arriver à Venise vers 1600.

Les suivant de près, les Hollandais commencent à leur tour à expédier du café : des documents commerciaux mentionnent des cargaisons en provenance de Moka dès 1616. Celles-ci ont probablement été confinées dans leurs colonies d'Asie et du Nouveau Monde, car ce n'est que dans les années 1660 que les Pays-Bas reçoivent leur premier vrai lot de fèves. Le café est également introduit très tôt en Autriche et en Hongrie, pénétrant l'Europe par voie de terre, via les extrémités septentrionales de l'Empire ottoman.

Empruntant les grandes routes maritimes, le café gagne alors tous les principaux ports d'Europe – Marseille, Hambourg, Amsterdam et Londres –, mais il faut encore attendre un certain temps avant que des lignes régulières ne soient établies. Le café pénètre en Amérique du Nord dans les années 1660, probablement par l'intermédiaire des colons hollandais de la Nouvelle-Amsterdam (rebaptisée New York en 1664). Un siècle plus tard, il fait le trajet en sens inverse quand le Brésil commence à l'expédier à Lisbonne.

Le commerce du café évolue

Dans son périple de la plantation à la tasse, le café passe inévitablement par les mains des courtiers et marchands. Malgré sa grande instabilité, le négoce du café attire dès le début les spéculateurs et les entrepreneurs.

Dans un premier temps, l'approvisionnement est plutôt inégal en raison des mauvaises conditions climatiques et des moyens précaires de transport. La date de la prochaine cargaison n'est jamais assurée et quand elle finit par arriver, les marchands n'ont pas d'autre choix que de payer ce qu'on leur demande. Des prix arbitraires conjugués à une demande irrégulière font du café un produit de grand luxe.

À l'issue de la révolution industrielle, le transport et les machines associées à la production de café se sont sophistiqués, et les télécommunications ont bientôt permis d'envoyer les prévisions des récoltes par câble. Tandis que les

CI-DESSUS – Dans certains cas, les marchands ordonnaient aux ouvriers de jeter le café à la mer afin d'éviter que les prix ne baissent, illustration, Brésil, 1932.

systèmes d'approvisionnement et de distribution se développent, de plus en plus de commerçants pénètrent le marché. Beaucoup d'entre eux forment des syndicats qui tentent d'accaparer des parts du marché et de faire monter les prix et, dès les années 1860, des Bourses du café sont instituées dans les grands ports commerçants, comme New York et Le Havre.

Le café vendu aux enchères

Dans *The Story of Coffee,* Shapiro raconte qu'à Londres les sacs de café font l'objet d'enchères particulières, au cours desquelles les offres se succèdent tant que la bougie du commissaire-priseur reste allumée. Quand celle-ci s'éteint, le lot revient au dernier enchérisseur. Aux États-Unis, avant que ne soit établie la Bourse new-yorkaise du café et du sucre, les marchands de café arpentaient les rues de certains quartiers, faisant monter les enchères et vendant les sacs au plus offrant à la fin de la journée.

Ces marchands de café étaient redoutables. Un jeune Américain, nouveau venu sur le marché, les décrit ainsi : « Je vous demande de vous représenter ces dignes gentlemen en chapeau de soie, arborant redingote et favoris, que l'on approchait avec une crainte respectueuse et les genoux tremblants, [ils] étaient ces importateurs et courtiers en café qui transportaient d'énormes stocks de récoltes des Indes orientales et d'Amérique centrale et latine pour les vendre aux épiciers en gros et aux négociants. »

Le traitement du café

Dans l'Europe et l'Amérique du Nord du XVIIe siècle, les fèves de café sont, dans un premier temps, vendues vertes et non moulues. Les Américains achètent leur café vert par sac entier ou demi-sac, et le torréfient dans un plat au four ou dans une poêle sur le feu. Les Anglais, eux, sont plus difficiles ; d'après les dires d'un ancien planteur : « Le soin de la torréfaction et de la mouture des fèves était considéré par de nombreux maîtres de maison comme une tâche trop délicate et importante pour être confiée [...] à n'importe quel serviteur. »

L'invention du moulin à café, à la fin du XVIIe siècle, contribue à la rapide expansion du breuvage, mais apporte avec elle le problème du frelatage. La couleur et le puissant arôme du café moulu encouragent en effet les vendeurs les moins scrupuleux à le « couper » de substances diverses, dont le seigle grillé, le pain grillé, les glands rôtis, le sable, l'argile et la sciure. Dans l'est de Londres, on trouve même des *liver-bakers,* ou « cuiseurs de foie », qui « prennent le foie de bœufs et de chevaux, le cuisent et le réduisent en une poudre qu'ils vendent aux marchands de café bon marché. Le foie de cheval est le plus cher des deux ». L'auteur remarque que ce café se reconnaît à l'épaisse peau superficielle qui se forme quand on le laisse refroidir.

CI-DESSUS – La torréfaction de café importé dans une usine anglaise, gravure, 1870.

LE CAFÉ ET LA SANTÉ

Parvenu en Europe, le café passe d'abord des cabinets de botanistes aux boutiques d'apothicaires, où il devient un élément essentiel de la pharmacopée utilisée au XVIIe siècle par les médecins, les chimistes, les herboristes et même les sages-femmes.

Le café est considéré comme un remède, pas seulement en raison de son prix élevé, mais peut-être à cause de son goût puissant – une « méchante liqueur noire du feu de l'enfer ». Hahnemann, le fondateur de l'homéopathie, assure : « Le café est une substance strictement médicale [...]. Personne ne manque d'être dégoûté la première fois qu'il fume du tabac. Aucun palais ne peut trouver bon du café fort, non sucré, la première fois qu'il le goûte. »

La doctrine des humeurs corporelles enseignée par le médecin grec, Galien (v. 131-v. 200), continue à dominer la médecine européenne et musulmane. Cette théorie veut que les quatre humeurs – la bile, l'atrabile, le flegme et le sang – se reflètent dans la constitution physique d'une personne. Le moindre déséquilibre provoque la maladie. De même, chaque humeur est associée à deux qualités physiques – la chaleur, le froid, l'humidité et la sécheresse. Les aliments, les boissons et les médicaments, censés posséder ces mêmes qualités, sont administrés pour compenser les déséquilibres.

Là encore, l'usage du café est controversé. Certains médecins affirment qu'il était froid et sec, d'autres qu'il était chaud et sec. D'autres encore avancent que les qualités de l'écorce du café sont différentes de celles de la graine. Cette confusion apparaît avec évidence dans la variété des maux pour lesquels le café était prescrit.

Une brochure quelque peu ironique, rédigée en 1663, cite des exemples de « personnes [...] qui ont été guéries [par le café] après avoir été délaissées par les médecins ». Parmi celles-ci figuraient « Benjamin Bad-cock [qui] buvait du café à Layden, et sa femme [...] resta stérile quatre ans, après quoi il arrêta de boire du café, et trois trimestres plus tard, elle eut un vrai gaillard de garçon », et « Anne Marine de Rotterdam [...]

affublée d'une verrue sur la lèvre supérieure, plus elle la coupait, plus elle repoussait, de sorte qu'elle finit par boire du café, et que la verrue tomba dans la tasse alors qu'elle la portait à sa bouche ».

Plus sérieusement, un médecin français, en collaboration avec ses confrères, soutient que parmi ses nombreux effets thérapeutiques, le café neutralise l'ivresse et la nausée, favorise le flux d'urine et soulage l'hydropisie, la variole et la goutte. *L'Encyclopédie* Larousse allègue que le café est particulièrement indiqué pour les hommes de lettres, les soldats, les marins et les personnes travaillant dans la chaleur, et, curieusement, pour les habitants des pays où règne le crétinisme.

Le café et la créativité

Avec plus d'enthousiasme encore, Balzac, dans son *Traité des excitants modernes*, en 1839, écrit : « Ce café tombe dans votre estomac [...]. Dès lors, tout s'agite, les idées s'ébranlent comme les bataillons de la grande armée sur le terrain d'une bataille, et la bataille a lieu. Les souvenirs arrivent au pas de charge, enseignes déployées. »

CI-DESSUS – Honoré de Balzac, *huile sur toile de Louis Boulanger (1806-1867).*

Le café comme stimulant

Les effets secondaires de la caféine ne passent pas inaperçus. Un éminent médecin rapporte à ce sujet : « Quand je me réveille, j'ai l'intelligence et l'énergie d'une huître. Immédiatement après notre café, nos stocks de mémoire bondissent, pour ainsi dire, à notre langue ; et le bavardage, la hâte et la révélation de quelque chose que l'on n'aurait pas dû mentionner en sont souvent la conséquence. La modération et la prudence manquent cruellement. »

De manière plus positive, un certain Dr Thornton déclare : « Une tasse de café renforce et exalte nos facultés mentales et corporelles ; et rien n'est plus rafraîchissant pour les studieux comme pour les laborieux. »

D'autres écrivains illustres ont loué la capacité du café à stimuler la créativité. Balzac, Zola, Baudelaire, Hugo, Molière et Voltaire comptent parmi ses plus fervents adeptes. Voltaire et Molière feront tous deux la remarque que le café est un poison lent : « J'en ai bu pendant cinquante ans, et s'il n'était pas effectivement très lent, je serais certainement mort depuis longtemps ».

Les réactions dues à l'excès de café donnent lieu à de nombreux débats médicaux. Hahnemann mentionne la « maladie du café », qui provoque « un désagréable sentiment d'existence, un degré inférieur de vitalité, une sorte de paralysie ». Parmi ses autres effets négatifs, la mélancolie, les hémorroïdes, les maux de tête et le manque de libido sont le plus souvent cités.

On s'inquiète aussi des effets nocifs que le café peut avoir sur les enfants et les mères nourricières. On le tient responsable des caries dentaires et du rachitisme infantile, ainsi que de certains problèmes d'allaitement.

Parmi les nombreux détracteurs du café figure Sinibaldi, un éminent écrivain italien, qui affirme : « Le commerce que nous avons ouvert avec l'Asie et le Nouveau Monde, outre la variole et autres maladies, nous a valu une nouvelle boisson, qui a contribué de façon fort choquante à la destruction de nos constitutions [...]. Elle provoque la débilité, altère le suc gastrique, trouble la digestion et produit

CI-DESSUS – *« Le café revigore ! »,
tel est le message de cette publicité
du Bureau panaméricain du café,
parue dans les années 1950.*

souvent des convulsions, la paralysie des membres et le vertige. »

La querelle médicale continuera pendant de nombreuses années, les médecins ne parvenant à s'accorder sur les effets bénéfiques ou nocifs du café sur le corps et l'esprit. Le débat est d'ailleurs toujours d'actualité.

Le café et la peau

Consommateurs de thé vert depuis près de mille ans, les Japonais ont été lents à adopter le café. Il n'est introduit qu'au XIXe siècle, et constitue encore aujourd'hui un marché assez peu développé. Mais, à défaut de le boire, les Japonais se servent du café pour s'y ensevelir, car il contiendrait des éléments particulièrement bénéfiques pour la peau.

*CI-CONTRE – Au Japon, on
pense que le café aurait
des vertus thérapeutiques
pour la peau.*

LA CONSOMMATION DU CAFÉ SE DÉVELOPPE

Entré à part entière dans les mœurs, le café se répand dans toute l'Europe durant la première moitié du XVIIᵉ siècle. Toutefois, il faut attendre la seconde moitié du siècle pour en savoir plus sur le commerce et la consommation du café.

Les principaux instigateurs de son développement n'étaient pas nécessairement les marchands, les aristocrates ou les voyageurs des classes aisées. Comme le note Shapiro dans son ouvrage, *The Story of Coffee*, il s'agit plutôt des « innombrables colporteurs anonymes qui parcouraient les rues d'Europe, portant sur leur dos l'attirail scintillant de leur commerce : des cafetières, des plateaux, des tasses, des cuillères et du sucre. Ces hommes répandaient le brûlant et puissant évangile du café au-delà des frontières de l'Orient et jusqu'aux confins d'un Occident encore profane ».

Au début, cependant, le café subit de sévères critiques de la part de l'Église catholique. Des prêtres fanatiques déclarent que si le vin, sanctifié par le Christ, était interdit aux musulmans, le café devait être un substitut inventé par le diable. Le pape Clément VIII, au XVIᵉ siècle, finit par clore le débat en goûtant lui-même le café et en le déclarant parfaitement inoffensif. L'approbation papale s'étant fait connaître, la consommation du café se propage librement dans toute l'Europe.

Les changements sociaux et la naissance des cafés

Mais les raisons de la popularité rapide et quasi universelle du café ne se limitaient pas à une bénédiction papale ou à sa grande accessibilité. *Dans Drugs and Narcotics in History,* Porter et Teich suggèrent que le facteur temps avait aussi son importance et que l'on était prêt à adopter cette boisson. La période comprise entre les XVIIᵉ et XIXᵉ siècles est une ère de profonds changements sociaux, culturels et intellectuels et le café va y jouer un rôle crucial.

Tout d'abord, on ressent le besoin d'établir des échanges en dehors des contraintes familiales, et l'on se met en quête de nouveaux lieux de rencontre. Pour l'aristocratie, le déclin progressif de la vie culturelle à la cour engendre le besoin d'un nouveau type de cercle.

Ensuite, la période est marquée par un formidable courant d'idées progressistes : le siècle des lumières en France, puis l'ascension du Risorgimento en Italie – avec le recul, on constate que pour une époque aussi ouverte aux idées nouvelles, l'accroissement considérable du nombre d'esclaves expédiés dans les plantations brésiliennes offre un parallèle dérangeant. Les réunions publiques et les harangues ne faisant pas partie de la culture, les cafés deviennent le principal lieu où l'on débat de politique et de faits de société.

Enfin, parallèlement à ces changements se développe une hostilité croissante vis-à-vis des effets nocifs du vin et de la bière. Le café, de toute évidence, constituait un substitut idéal car il facilitait les échanges humains sans risque d'intoxication.

En Europe, comme en Turquie, le café attire une clientèle très disparate : les avocats et les politiciens y côtoient les commerçants, les artistes et autres roturiers. De nouveaux liens sociaux se créent : les marchands lassés des débits de bière cherchent un lieu où ils pourront effectuer leurs transactions,

CI-DESSUS – Marchande de café, Paris, illustration de M. Engelbrecht, vers 1735.

CI-DESSUS – Scène de discussion fort animée à l'intérieur du café Offley's, vers 1820.

comme le feront les métiers de la finance et des assurances. Les artistes et les écrivains, vivant généralement dans l'isolement, peuvent s'y retrouver et rencontrer d'autres gens.

Lorsque les premiers établissements ouvrent, les services de communication et d'information n'existent pas encore. Le patron de café remplit alors le rôle multiple d'arbitre social, de diplomate, d'entremetteur et de confident. Comme George Mikes nous l'apprend dans *Coffee Houses of Europe* : « Il [le maître d'hôtel] partageait vos secrets ou les connaissait si vous ne les partagiez pas avec lui, vous prêtait de l'argent et mentait pour vous lorsque vous étiez poursuivi par un tenace créancier, et vous gardait vos lettres, en particulier celles qui ne devaient pas tomber entre les mains de votre femme. Tout le monde ne connaissait pas votre adresse privée, mais tout le monde savait quel café vous fréquentiez. »

Les impôts et taxations

Conscients du potentiel que représente la consommation du café, certains gou-vernants de l'époque tentent de stimu-ler la demande en abandonnant leur politique de prohibition en faveur de l'imposition.

En 1663, le gouvernement anglais accorde des licences aux maisons de café et prélève une contribution indi-recte sur le café vendu. Malgré cela, le café, par rapport à l'alcool, reste très bon marché. Les cafés anglais éloignent un nombre considérable d'ouvriers des maisons de bière, à la grande satisfac-tion – au début, du moins – des épouses et de l'État, mais pas à celle des brasse-ries. Comprenant qu'une taxation exces-sive renverserait la tendance, le gouver-nement réduit peu à peu l'impôt, favorisant à chaque fois une nouvelle envolée de la consommation.

À l'autre extrême, Frédéric II le Grand de Prusse soutient les cultiva-teurs d'orge et les brasseries en interdi-sant le café aux ouvriers et en insistant pour qu'ils boivent de la bière.

La consommation de café

Les chiffres montrent la croissance rapide de la consommation du café au XIXᵉ siècle, notamment aux États-Unis où il n'était pas soumis à des taxes d'importation.

Poids en millions de livres	1832	1849
Pays-Bas	90,7	125
Allemagne et Europe du Nord	71,7	100
France et Europe du Sud	78,4	95
Grande-Bretagne	23,5	40
États-Unis et Provinces britanniques d'Amérique du Nord	45,9	120 (US) et 15 (PBAN)

LES CONSOMMATEURS DE CAFÉ

Le café connaît une renommée universelle mais, dans certains pays, il est beaucoup plus qu'une simple boisson. Les lieux où on le consomme ainsi que les personnes avec qui on le partage contribuent grandement au plaisir que l'on en tire.

Italie

L'Italie est le premier pays d'Europe à importer le café. Les premières cargaisons arrivent à Venise vers 1600, suivant celles des agrumes venus d'Orient. Les colporteurs d'alors arpentaient les rues pour vendre de la limonade, de l'orangeade, du chocolat ou de la tisane. Quand le café est enfin accessible, ils l'ajoutent à leurs produits mais conservent leurs titres de *limonáji* (vendeurs de limonade) au détriment de *caffetiéri* (vendeurs de café). Le café est immédiatement bien accueilli par les Italiens et devient une boisson courante.

Parallèlement à l'engouement pour le café, les établissements prolifèrent. L'un des premiers cafés connus, situé à Livourne, daterait de 1651. C'est un voyageur anglais, intrigué par la torréfaction des fèves, qui le mentionne en présumant « que la torréfaction est due au hasard ou peut-être à un palais débauché, comme il est vrai que certains d'entre nous aiment les parties brûlées de la viande grillée ».

Vers la fin du siècle, Venise s'enorgueillit de plusieurs cafés, établis tout autour de la place Saint-Marc. Le Caffè Florian, qui deviendra l'un des plus célèbres cafés d'Europe, ouvre ses portes en 1720. Les Vénitiens et l'élite internationale s'y précipitent pour y discuter et écouter de la musique jouée par un orchestre en terrasse. Il est fréquenté par des artistes et écrivains célèbres, dont Byron, Goethe et Rousseau. Le Florian est l'un des premiers établissements à admettre les femmes ; c'est peut-être la raison pour laquelle on y rencontrait Casanova.

À Padoue, un ancien vendeur de limonade ouvre un superbe café kitsch, le Pedrocchi. Le Caffè Greco, à Rome, baptisé d'après la nationalité de son propriétaire, est fréquenté par des musiciens venant de toute l'Europe, notamment Mendelssohn, Liszt et Toscanini.

CI-DESSUS – Le Café Greco à Rome, *peinture de Ludwig Passini (1832-1903).*

Oxford par un réfugié turc. La boisson connaît un grand succès auprès des étudiants et des professeurs, qui découvrent bientôt que ses propriétés stimulantes favorisent le travail prolongé ou nocturne. Le *Oxford Coffee Club,* qui va devenir la *Royal Society,* est ainsi fondé. Vers 1650, un juif du nom de Jacob ouvre la première c*offee house,* baptisée The Angel. Une autre suit à Londres, dans le quartier de Cornhill, fondée par un Grec du nom de Pasqua Rosée.

La nouvelle boisson possède ses partisans, mais également ses adversaires. Un commentateur du XVIIᵉ siècle écrit avec dégoût qu'elle est « faite de vieilles croûtes et de lambeaux de cuir brûlés et réduits en poudre » ; un autre parle de « sirop de suie et d'essence de vieilles chaussures ». Le journaliste, réformateur et homme politique, William Cobbett (1763-1835), enfin, sera l'un des rares parmi ses pairs à qualifier le café de « lavasse ».

Les maisons de café s'institutionnalisent

Quoi qu'il en soit, en 1660, les cafés évoluent en véritable institution et vont le rester pendant cinquante ans. Même des catastrophes comme la grande peste de 1665 et l'incendie de Londres en 1666 ne parviennent pas à freiner leur incroyable essor dans la capitale. Ces établissements deviennent indispensables aux hommes d'affaires : ils s'y réunissent, y traitent leurs affaires, signent les contrats et échangent des informations. De colossales institutions telles la Bourse et les compagnies d'assurances Baltic et Lloyds y voient le jour. Les *coffee houses* servent également de débit de boissons aux artistes, poètes et écrivains, aux avocats et politiciens, aux philosophes et aux sages, qui tous ont leurs établissements de prédilection. Dans son Journal, Samuel Pepys (1633-1703), le fameux mémorialiste, évoque en détail de nombreux établissements de Londres.

Certaines maisons exigent un tarif d'entrée d'un penny et, en retour, les clients peuvent débattre des questions d'actualité. Surnommées les *penny universities,* elles constituent le centre des courants politiques et littéraires de l'époque.

Dans les cafés, les potins vont bon train, ainsi qu'en témoigne cet extrait d'une dénonciation verbale du Salon des commérages :

« Vous y apprendrez quelles sont les modes,
Comment on frise les perruques ;
Et pour un penny vous saurez
Toutes les nouvelles du monde... »

CI-DESSUS – *Altercations dans un café anglais, vers la fin du XVIIᵉ siècle.*

La prohibition du café

En 1675, craignant des troubles politiques, Charles II ordonne la fermeture de tous les cafés. Il a déjà le soutien des Londoniennes qui, dans une pétition acerbe et frisant l'obscénité, ont exprimé leur inquiétude quant à « l'usage excessif de cette liqueur desséchante et débilitante ». Alléguant que le café rend leurs maris impuissants, les femmes, qui n'ont pas le droit de fréquenter les cafés, se plaignent du fait que leurs maris gaspillent leur temps et leur argent loin de la maison, et qu'en conséquence « la race entière est en danger d'extinction ».

Malgré cela, la fermeture des cafés reste de courte durée. Après maintes pétitions, on autorise leur réouverture à la condition que les propriétaires empêchent « la lecture de tous les journaux, livres et écrits diffamatoires, et défendent à quiconque de déclarer, proférer ou divulguer le moindre rapport faux et outrancier contre le gouvernement ».

CI-DESSUS – *La salle de la grande souscription du Brook's Club, St. James's Street, Londres. Gravure de Rowlandson et Pugin, 1809.*

CI-DESSUS – Éventaire de café, vers 1860, *peinture de C. Hunt, 1881.*

Mais ces exigences, difficiles à respecter, sont bientôt abandonnées, et les cafés continuent à fonctionner comme à l'accoutumée.

Parallèlement à la popularité croissante du café, le mouvement anti-alcoolique gagne du terrain. Sous son influence, les classes laborieuses commencent à délaisser les débits de bière en faveur des maisons de café. À présent que les cafés sont fréquentés par tous les milieux, on s'inquiète – dans certains cercles, du moins – des effets d'une telle promiscuité, et des règlements sont affichés dans tous les endroits en vue pour éviter les débordements (voir encadré).

Le déclin de la consommation du café

Au début du XVIIIe siècle, en dépit de la clarté des règlements, l'atmosphère des cafés a bien changé. Dans nombre d'entre eux, on sert de l'alcool, attirant une clientèle éclectique. En conséquence, l'intelligentsia se réunit pour former des clubs littéraires, tandis que les « gentlemen » se retirent à l'abri de leurs clubs élégants de Pall Mall et St James. Les milieux commerçants et financiers trouvent plus commode d'opérer depuis leurs bureaux ou au sein des nouvelles associations professionnelles. L'augmentation du nombre des bibliothèques de prêt au cours de la seconde moitié du XVIIIe siècle contribue également à ce retournement de situation. Jusqu'alors, les cafés avaient été le lieu privilégié de consultation des journaux et pamphlets mais, dorénavant, les bibliothèques offraient tous les genres de littérature ainsi que la presse anglaise et étrangère.

Malgré son incursion auprès des classes bourgeoises, le café est vite supplanté par le thé. D'autres types d'établissements ouvrent, proposant diverses boissons non alcoolisées et de la nourriture. À la fin du XVIIIe siècle, le café périclite et ne réapparaîtra en force qu'à la fin du XXe siècle.

CI-CONTRE – Les somptueux intérieurs du Club de l'armée et de la marine, à Londres. Lithographie de Robert Kent Thomas.

CI-DESSUS – Rassemblement d'hommes et de femmes buvant du thé et du café devant un café ambulant nocturne à Londres, en 1923.

Ordres et règlements de la maison de café

« Les nobles comme les commerçants sont ici bienvenus,
Et peuvent sans offense s'asseoir ensemble :
On ne pensera pas au privilège du rang
Mais l'on prendra le premier siège que l'on trouve…
Que le bruit des disputes nous soit épargné,
Ainsi que les larmes des amoureux transis,
Soyons vifs, et bavardons, mais pas trop,
Des choses sacrées, ne songeons pas à parler…
Pour garder le café loin du bruit et du blâme,
Bannissons les cartes, les dés et tous les jeux… »

L'Amérique du Nord

Les colons hollandais consomment probablement du café dès leur arrivée à la Nouvelle-Amsterdam (rebaptisée New York en 1664), mais la première référence fiable quant à son introduction en Amérique du Nord date de 1668. Deux ans plus tard, une autorisation de vendre le café est accordée à Dorothy Jones à Boston, et des cafés ouvrent bientôt dans toutes les colonies de la côte Est.

À cette époque, la gérance des maisons de café est généralement confiée à des femmes, même si la plupart d'entre elles n'y mettent jamais les pieds. Contrairement aux habitudes européennes, on ne fréquente pas les cafés pour passer le temps. Les établissements n'offrent d'ailleurs pas l'atmosphère feutrée de leurs homologues européens, et la majorité propose des chambres aux travailleurs et aux soldats et accueille une clientèle peu raffinée. L'un des plus respectables est le célèbre Green Dragon de Boston, siège des colons révolutionnaires qui, de ce fait, ne diffère guère des cafés du reste du monde.

La Boston Tea Party

En réponse aux lourdes taxes d'importation sur le thé exigées par l'Angleterre, des manifestations violentes ont lieu, dont la Boston Tea Party (1773). Symbole du pouvoir britannique, le thé est proscrit et le café est reconnu comme boisson nationale. Dès lors, les cafés prolifèrent dans les grandes villes, certains jouant un rôle majeur dans la vie sociale du pays.

La Merchants Coffee House de New York devient le théâtre d'interminables débats, déclarations et stratégies politiques. Son célèbre rival, le Tontine, ouvert en 1792 par une centaine de marchands, fonde une association pour les hommes d'affaires ; il sert également de Bourse, de salle de banquet et de bureau d'enregistrement maritime.

Mais à l'instar de leurs homologues anglais, les habitués des cafés américains finissent par traiter leurs affaires dans ces nouvelles institutions sociales que sont les associations commerciales, les clubs de *gentlemen,* les banques ou les Bourses.

Même si la vogue des cafés diminue à New York, la boisson connaît de plus en plus d'adeptes, notamment parmi les nombreux immigrants européens. Le café accompagne les pionniers lors de leurs périples vers l'Ouest. Il est également apprécié des Amérindiens, et l'on rapporte que certaines terres furent cédées en échange d'outils, d'armes et de sacs de café de Java.

Le café constitue une part essentielle des rations des combattants de la guerre du Mexique et de la guerre de Sécession. Ils aiment leur café « chaud, noir et suffisamment fort pour marcher tout seul ». Le café est tellement prisé que les soldats s'assurent qu'il est distribué équitablement.

Vers le milieu du XIXe siècle, le café fait partie intégrante de la vie des Américains. Ils en consommaient jusqu'à huit livres et demie par personne chaque année, contre une livre et demie en Europe. On le consomme dans tous les milieux, à la ville comme à la campagne. Le café est tout simplement devenu la boisson nationale.

CI-DESSOUS – Des patriotes, déguisés en Indiens, manifestant contre les taxes imposées sur le thé par l'Angleterre, jettent la cargaison de la Compagnie des Indes dans le port de Boston, lithographie, 1846.

LES CAFÉS AUJOURD'HUI

Dans les années 1900, le café est la boisson de prédilection des Européens, et les cafés font parte de la culture. Les intellectuels et les artistes les fréquentent massivement, notamment en Allemagne et en Europe de l'Est.

Le café en Europe continentale

En Allemagne, Berlin commence à devenir une métropole internationale. Les cafés, comme le Nollendortplatz, constituent des lieux de rendez-vous très appréciés des jeunes Allemands, Scandinaves et émigrés russes et juifs qui s'y retrouvent pour lire leurs pièces et leurs poèmes en public. De plus en plus de personnes s'y rendent afin de participer simplement à la vie de l'époque.

À Vienne, la clientèle des cafés est tout aussi cosmopolite. En 1910, la ville abrite d'innombrables immigrants venus des proches pays du Danube et d'au-delà. À l'exception de Paris, peu de villes européennes constituent un tel lieu de rencontre intellectuel. Certains cafés restent ouverts tant qu'ils ont des clients et de nombreux écrivains et étudiants, qui vivent dans des logements minuscules et bruyants, y élisent domicile. Pour le prix d'une tasse de café, ils peuvent lire ou écrire toute la journée, au chaud et confortablement installés. De plus, les cafés reçoivent directement la plupart des publications, faisant ainsi office de bibliothèque publique. Cet avantage est d'autant plus apprécié qu'en 1900 il faut encore une autorisation pour vendre les journaux dans la rue, ce qui ne les rend guère accessibles.

Budapest et Prague, elles aussi, comptent un nombre considérable de cafés qui, à leur manière, contribuent au développement d'importants mouvements artistiques et littéraires. À Budapest, le Café Vigadó – ou, selon d'autres sources, le New York – tient de lieu de réunion au comité de rédaction du célèbre magazine *Nyugat* (Ouest) ; le Café Gresham accueille tout un groupe d'artistes, de négociants et d'experts, connus dans le monde de l'art comme le Cercle Gresham. La lecture de la première ébauche de *La Métamorphose,* de Kafka, se passe dans l'arrière-salle du Café Central de Prague.

Malgré le rôle social et culturel majeur joué par les cafés, ceux-ci ne peuvent longtemps faire face aux impératifs économiques de la vie urbaine. Comment, en effet, payer les baux quand une personne « occupe une table pour elle seule, y restant des heures pour le prix d'un café, et insistant pour avoir des verres d'eau et tous les journaux et magazines d'Europe » ? Bon nombre de ces endroits uniques ont été transformés en cafés-restaurants, perdant tout leur charme. Dans ceux qui subsistent, le prix du café reflète la réalité économique.

Le café en Grande-Bretagne

Au début du XXe siècle, les Anglais ont pratiquement délaissé le café au profit du thé. Encouragée par l'État, la East

CI-DESSUS – Un café dans l'entre-deux-guerres.

India Company importe de plus en plus de thé d'Asie et, par conséquent, en fait une boisson prisée dans toutes les couches de la société.

Mais la culture de la *coffee house* connaît un certain renouveau avec l'ouverture de grands établissements comme le Café Royal de Londres. Tenu par des Français, le Café Royal attire une clientèle sophistiquée d'artistes, de poètes et d'écrivains, dont Oscar Wilde et Aubrey Beardsley, mais il ne s'agit que d'une pâle imitation de la scène parisienne.

Avec l'émergence de ces somptueux cafés, apparaît le phénomène de la « *café society* », avec tout son cortège de luxe et d'apparat. Ainsi que le comique américain Bob Hope le fit remarquer : « La *café society* est l'endroit où l'on prend du vison pour son petit déjeuner. »

Dans un tout autre registre, le café – si on peut l'appeler ainsi – se vend également dans de sordides buvettes et cafés de gare, accompagné de mauvais sandwiches et de gâteaux rassis.

Après la Seconde Guerre mondiale, on sort enfin de la pénurie et c'est le début de la célébration de la nouvelle culture anglaise contemporaine. Dans la liesse générale, The Coffee House ouvre près de Trafalgar Square à Londres, dans le but d'offrir un lieu de rendez-vous, où café et snacks seraient servis dans un décor agréable, ainsi qu'un espace d'exposition pour les jeunes artistes en vogue. The Coffee House est bientôt imité par un autre établissement dans le quartier de Haymarket. Celui-ci constitue un monument à la gloire du design contemporain, et l'on peut y admirer d'immenses vitraux colorés sur lesquels s'écoule un filet d'eau. Ces deux établissements tentent de recréer l'ambiance des anciens cafés, mais diffèrent totalement par leur atmosphère et leur décor.

L'époque des salles feutrées aux lambris de bois sombre est bel et bien

CI-DESSUS – *Même si de nombreux établissements en Grande-Bretagne s'inspirent de la traditionnelle terrasse de café parisienne, la plupart des nouveaux lieux, tel celui-ci situé dans Coventry Street à Londres, se distinguent vite par leur style propre.*

CI-CONTRE – *En été, la foule afflue aux terrasses des cafés de l'avenue des Champs-Élysées, à Paris.*

CI-DESSUS – Durant les années 1950, en Grande-Bretagne, de nombreux cafés-bars voient le jour, ouverts aux hommes comme aux femmes.

révolue : le café moderne se transforme en un « brillant édifice de chrome et de verre, à la couleur éclatante et au design contemporain », et son style va marquer les années à venir.

Le *coffee bar* La fin des années 1950 assiste à l'émergence du *coffee bar*, avec sa bruyante machine à espresso et sa clientèle jeune. Les premiers à ouvrir dans le quartier de Soho sont The Moka Bar, Act One Scene One, The Two I's, Heaven and Hell et le Macabre, ce dernier entièrement peint en noir et doté de cercueils en guise de tables. Le nom de ces établissements est à jamais ancré

dans la mémoire de ceux qui vécurent le début des années 1960, car ils évoquent les débuts de l'industrie musicale actuelle. Ces cafés accueillent également les premiers juke-boxes.

À l'instar de leurs homologues du XVIIe siècle, ces établissements suscitent maints débats houleux. C'est l'époque d'une jeunesse exubérante et un grand nombre de troubles sont imputés à la caféine. Décriée par certains, la musique que l'on y passe est considérée par d'autres, au contraire, comme un « stabilisateur émotionnel ». Un article d'un magazine de la restauration de

l'époque déclare non sans emphase : « Les juke-boxes ont prouvé leur mérite en éloignant les jeunes des rues et des pubs, en les incitant à boire du café et des boissons non alcoolisées. La plupart des cafés-bars sont fréquentés par des jeunes gens bien éduqués […] le plus souvent, ils se contentent de parler, d'écouter, de chantonner ou de pianoter sur le comptoir […] au lieu de se mettre à swinguer. »

Les *coffee bars* gagnent rapidement la province. En 1960, on en compte plus de 2000, et au moins 200 à Londres, dans le West End. Ils attirent non seulement les jeunes mais aussi des clients venus se restaurer rapidement entre deux achats, ou avant et après le théâtre. Et, contrairement aux établissements du XVIIe siècle, les femmes y sont parfaitement acceptées.

Malgré leur joyeuse atmosphère, les cafés-bars des années 1950 et 1960 périclitent peu à peu. Une fois de plus, un grand nombre d'entre eux se transforment en restaurants ou en débits d'alcool, avant de subir une nouvelle concurrence dans les années 1970 : celle des bars à vin.

Le renouveau des années 1990 Au cours des années 1990, on assiste cependant au renouveau des cafés. L'expansion fulgurante du réseau Internet conduit à l'ouverture de cybercafés, équipés d'ordinateurs et de machines à café, où les adeptes peuvent surfer sur le web à leur guise. Ces endroits répondent à un besoin en constituant un lieu de rencontre pour des gens partageant la même passion.

Parallèlement se développent des boutiques spécialisées, vendant des crus réputés tout aussi sérieusement que l'on vend du vin de qualité. En outre, des établissements à l'architecture minimaliste, aux antipodes du *coffee bar* des années 1950, s'ouvrent et proposent un choix étourdissant de cafés venus du monde entier.

Le café aux États-Unis

Les habitudes – ainsi que les goûts et les établissements – des Américains évoluent tout à fait différemment de celles des Européens. Aux yeux des

CI-DESSUS – Petit déjeuner à l'américaine : café, jus de fruit, et lecture du journal au comptoir d'un étal de rue, vers 1949.

voyageurs américains de la fin du XIXᵉ siècle et du début du XXᵉ siècle, le café européen ne souffre pas la comparaison avec celui qu'ils confectionnent chez eux. Dans son ouvrage *A Tramp Abroad*, Mark Twain déclare : « Ce que le maître d'hôtel européen appelle café […] ressemble au vrai café comme l'hypocrisie ressemble à la sainteté. C'est un genre de breuvage insipide, sans caractère et peu inspirant, presque aussi imbuvable que s'il avait été fait dans un hôtel américain. »

À l'inverse, les Européens parcourant l'Amérique déplorent le manque d'établissements propices à passer agréablement le temps.

Au début du XXᵉ siècle, les importations de café aux États-Unis ont triplé, et la consommation annuelle s'élève à 11 livres par personne. Elle atteint son apogée après la Seconde Guerre mondiale avec, en 1946, 20 livres par personne.

Durant les années 1920, on assiste à l'ouverture d'un certain nombre de cafés dans le quartier new-yorkais de Greenwich Village, traditionnellement fréquenté par des artistes. Bientôt surnommés les Java spots, ces établissements séduisent des écrivains, producteurs, chanteurs et acteurs, ainsi que bon nombre d'artistes immigrés.

Pendant les années 1960, ces cafés drainent davantage la jeunesse américaine. Ainsi, l'exemple du musicien Bob Dylan qui, venu de l'Ouest américain, aurait atterri au Café Wha de Greenwich, et demandé au patron s'il pouvait chanter quelques chansons.

Depuis lors, la consommation du café au sein de la population américaine est tombée de 60-70 % à 50 % ; ceci est en partie dû à la concurrence croissante d'autres boissons, ainsi qu'à une prise de conscience accrue en ce qui concerne la santé, particulièrement sensible chez les femmes.

Le café dans les années 1990 Bien que la majorité des Américains consomment leur café chez eux, des magasins spécialisés, comme Starbucks, proposant des crus réputés ainsi que différentes variétés de cappuccino, d'espresso et de cafés aromatisés, se créent.

Comme dans de nombreux pays d'Europe, on compte également un nombre croissant de cybercafés et de *drive-through* (endroits où l'on commande sans sortir de sa voiture), ainsi que des espaces réservés à la consommation de café dans des épiceries fines et des librairies.

L'ART DE PRÉPARER LE CAFÉ

Depuis que le café existe, l'homme n'a cessé de faire preuve d'imagination pour parfaire l'art de sa confection. Peu satisfaits par la méthode consistant à verser de l'eau chaude sur du café moulu et à le laisser infuser, d'ingénieux inventeurs ont réussi à mettre au point une variété extraordinaire d'appareils à café : goutte-à-goutte, filtres, percolateurs et machines à pression, pour n'en citer que quelques-uns. Edward Bramah, dans son fameux *Tea and Coffee,* nous apprend qu'« entre 1789 et 1921, l'Office américain des brevets enregistra à lui seul plus de 800 appareils à faire le café, sans parler des 185 moulins, 312 grilloirs et 175 inventions diverses ayant trait au café ». Les distributeurs automatiques viendront ensuite compléter cette liste.

La cafetière

L'un des premiers appareils, la cafetière, apparaît en France aux alentours de 1685, et son usage se répand sous le règne de Louis XV. Il s'agit simplement d'une carafe munie d'une plaque chauffante, réchauffée par une lampe à alcool. Elle est éclipsée vers 1800 par le premier percolateur, inventé par Jean-Baptiste de Belloy, archevêque de Paris. Dans la « De Belloy », le café moulu était placé dans un récipient perforé formant la partie supérieure de la cafetière, et l'on versait de l'eau chaude dessus. L'eau passait à travers les petits trous du récipient pour tomber dans la partie inférieure.

Les premières créations insolites

Quelques années après l'invention de la cafetière, un Américain du nom de Benjamin Thompson, qui prendra le titre de comte Rumford, s'installe en Grande-Bretagne. Déçu par le café que l'on y prépare – il était à l'époque soumis à une longue ébullition – il invente une machine à café qui prend bientôt le nom de percolateur Rumford. Celui-ci rencontre un grand succès et trouve sa place dans les annales de l'histoire du café.

Juste avant 1820, le *coffee biggin,* ou l'ancêtre du filtre, se popularise en Angleterre. Dans cet appareil, le café moulu était placé dans une pochette de flanelle ou de mousseline que l'on suspendait au rebord d'une cruche. On versait de l'eau dessus mais, à cause de la pochette, le café restait plus longtemps en contact avec l'eau, ce qui produisait une infusion particulière.

La confection du café à grande échelle

Jusqu'à la révolution industrielle, le café n'est pas préparé en grande quantité. Toutefois, le développement des ateliers et des usines, conjugué aux longues journées de travail, fait naître le besoin d'une boisson adaptée. Les premiers

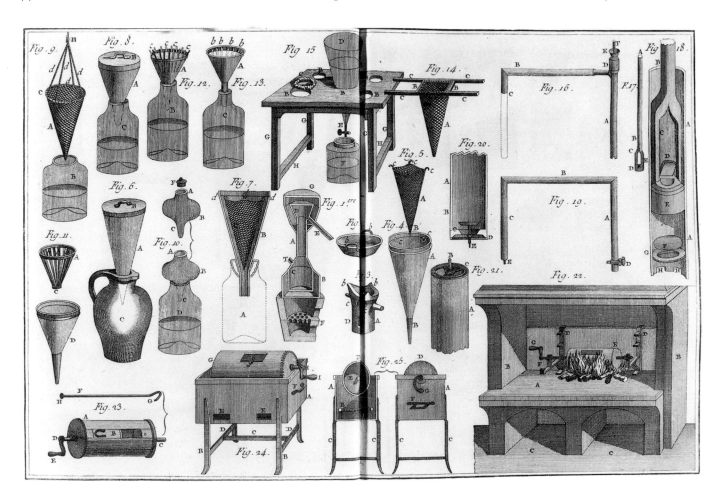

CI-DESSUS – *Les premières inventions dans le domaine de la préparation du café datent de la fin du XVIIIe siècle.*

CI-DESSUS – *L'usage de la machine à espresso, ici au Parisian Grill à Londres,*
va radicalement transformer les habitudes de consommation.

trains apparaissent et, avec eux, les buffets de gare. En même temps, les cafés, suivis par les hôtels et les restaurants, doivent trouver le moyen de produire une boisson en quantité suffisante, et de façon rapide et efficace. C'est ainsi que se développe le matériel de restauration.

Vers 1840, en Angleterre, Robert Napier, ingénieur dans la marine écossaise, invente un appareil fantaisiste. Dans sa machine, qui repose sur le principe du vide, le café siphonné passait d'un récipient chauffé à un récipient « receveur », via un filtre. Quoique peu efficace, son appareil allait servir de modèle à des machines capables de produire du café en grande quantité.

En France, le café se développe à l'échelle industrielle, grâce à un engin très volumineux mis au point en 1843 par Édouard Loysel de Santais. Cet appareil fonctionnait sur le principe de la pression hydrostatique, selon lequel l'accumulation de vapeur force l'eau chaude à passer une valve et à retomber sur le café moulu. Cette machine, qui fait sensation à l'Exposition universelle de Paris en 1855, était censée produire deux mille (petites) tasses de café à l'heure.

La Cona

La Cona (cafetière à dépression) est un système assez original qui se répand à la fin des années 1930. Elle se compose de deux globes de verre communicants superposés et chauffés par une lampe à alcool ou à gaz, ou électriquement. L'eau du globe inférieur monte dans le globe supérieur où se trouve le café moulu, puis redescend dans le ballon du bas.

La machine à espresso

Perfectionnant l'ancien système de Loysel, les Italiens ont créé la révolutionnaire machine à espresso, qui allait faire partie intégrante de leur quotidien. Inventée en 1948 par le Milanais Achille Gaggia, elle effraie d'abord par ses impressionnants sifflements et volutes de vapeur, mais produit un café noir et riche encore inégalé. Cette machine est également capable de produire une mousse de lait fumante qui transforme l'espresso en onctueux cappuccino, ainsi baptisé d'après la robe brun pâle des moines capucins. Le cappuccino traditionnel est un double espresso coiffé de lait mousseux et parfois saupoudré de cacao en poudre.

UN CAFÉ SELON LES GOÛTS

La plupart des premiers amateurs européens confectionnaient leur café un peu à la manière turque. Ils versaient de l'eau bouillante sur le café finement moulu au fond de leur tasse, et obtenaient ainsi un breuvage noir et puissant. Toutefois, avec le développement des machines à café, la préparation divergea selon les préférences nationales ou l'excentricité de quelques particuliers.

La perfection française

Le café tel qu'on le préparait en France était généralement reconnu par les connaisseurs comme le meilleur. Les grilloirs en fonte et les moulins en bois sont de rigueur dans tous les ménages. Au lieu de faire bouillir le breuvage pendant des heures, les Français marquent une nette préférence pour l'infusion, puis pour la cafetière à filtre et, plus tard, pour le percolateur, d'un genre plus sophistiqué.

Napoléon Bonaparte avait sa propre manière de préparer le café, en employant de l'eau froide. Un connaisseur

CI-DESSOUS – Association classique d'un café et d'un petit verre d'alcool.

de l'époque décrit ceci précisément : « Mettez deux onces de café moulu par personne dans un percolateur, en pressant avec une baguette, puis retirez celle-ci et mettez le couvercle destiné à répandre l'eau sur le café. Versez sur le café de l'eau froide, et quand une quantité suffisante a filtré, plongez le pot contenant le liquide dans de l'eau bouillante, juste avant de le servir. » Certaines maisons du XIXe siècle concoctent des spécialités, tel le *mazagran*, un extrait de café de style algérien dilué à l'eau froide et versé dans un verre à pied de forme conique. La pratique consistant à prendre son café avec de l'alcool se développe également. Un chroniqueur anglais, William Ukers, décrit un café glacé servi en Normandie : « L'homme [...] prend une demi-tasse de café, la remplit de Calvados, adouci avec du sucre, et la

CI-DESSUS – Le café viennois, une spécialité des établissements autrichiens.

boit avec un plaisir manifeste. Le café glacé grésille presque au contact du Calvados. Il a un goût de tire-bouchon, et une seule gorgée a le même effet sur la tête qu'un coup de marteau. »

Les amateurs de crème

Les buveurs de café autrichiens préconisaient la méthode française du filtre ou le percolateur à pompe, dit aussi cafetière viennoise. Ils comptent parmi les premiers à avoir servi le café avec un nuage de crème fouettée.

Quand on entre dans un café autrichien, le terme concernant le choix du café est phénoménal : fort, faible, court, long, grand, moyen, petit, dans un verre, un pot de cuivre, brun clair, avec du lait, de la crème fouettée, espresso, turc, doré, ambré, brun foncé, Schwarz (noir) ou Brauner (plus clair), avec du rhum, du whisky ou de l'œuf...

L'Europe du Nord et la Scandinavie partagent le goût autrichien pour la crème, même si les Danois ont une préférence pour le café noir. Les Hollandais proposent le café dans un pichet placé sur un plateau, accompagné d'un pot de crème, d'un verre d'eau et d'une petite soucoupe garnie de morceaux de sucre.

En Scandinavie, les machines à café européennes les plus sophistiquées n'ont guère eu de succès. Le café est généralement bouilli ou infusé dans une bouilloire, puis servi dans une cafetière, voire à même la bouilloire. Les Finlandais, quant à eux, se sont aussi servis d'écailles de poisson pour fixer le marc et clarifier le breuvage.

Des méthodes originales

Le café anglais au XIXᵉ siècle ne fait pas toujours l'unanimité. Désespérant de se procurer une bonne tasse de café en Angleterre, un ancien planteur conclut : « Le café est gâché par l'ébullition, et l'on ne prend pas suffisamment de soin pour le préparer. » Il continue en déplorant « la méthode antédiluvienne » qui consiste à rôtir le café avec du beurre, déclarant : « Aux familles qui boivent ce breuvage chaque jour, il faudrait fournir un grilloir [...]. Ceux qui n'ont pas la possibilité de griller les fèves eux-mêmes devraient avoir recours à un grand torréfacteur [...] à qui l'on peut sans crainte confier ses [...] baies. »

Lentement mais sûrement L'Écossais William Gregory ne jurait que par la lente percolation à l'eau froide, qui requérait un dispositif de cylindres, d'entonnoirs et de bouteilles digne d'un laboratoire. Le processus prend trois ou quatre jours, ce qui, selon ses propres dires, était un peu pénible : « Il est nécessaire, dès que la première portion est épuisée, d'en mettre une deuxième en cours. Ainsi, on en aura toujours sous la main. »

Des excentricités américaines Les Américains ont adopté une manière bien à eux de préparer le café. La décoction est restée la technique préférée, qu'elle dure dix minutes ou plusieurs heures. Certaines anciennes recettes préconisaient d'incorporer le blanc, le jaune et même la coquille écrasée d'un œuf, afin d'obtenir une belle couleur quand on ajoutait du lait. À défaut d'œufs frais, un morceau de peau de morue crue peut faire l'affaire. Ces curieuses techniques restèrent prisées de nombreux amateurs de café jusqu'en 1880.

Conseil d'un gastronome au XIXᵉ siècle

« ...On proposait de le faire brûler sans le mettre en poudre, de l'infuser à froid, de le faire bouillir pendant trois quarts d'heure, de le soumettre à l'autoclave, etc.

J'ai essayé toutes ces méthodes et celles que l'on a proposées jusqu'à ce jour, et je me suis fixé, en connaissance de cause, à celle que l'on appelle *à la Dubelloy*, qui consiste à verser de l'eau bouillante sur du café mis dans un vase de porcelaine ou d'argent, percé de très petits trous. On prend cette première décoction, on la chauffe jusqu'à ébullition, on la repasse de nouveau, et on a un café aussi bon que possible. J'ai essayé, entre autres, de faire du café dans une bouilloire à haute pression ; mais j'ai eu pour résultat un café chargé d'extractif et d'amertume, bon tout au plus à gratter le gosier d'un cosaque... »
Brillat-Savarin,
La Physiologie du goût, 1825.

CI-CONTRE – *Malgré la grande simplicité de la préparation du café, les variantes sont aussi nombreuses qu'ingénieuses. Chacun affectionne une méthode particulière, comme en témoigne cette technique ajoutant de l'œuf, datant du XIXᵉ siècle.*

Variations sur un thème

Extrait de café Le célèbre extrait de café liquide Camp, dans sa haute bouteille carrée, apparaît sur le marché au début du siècle, et continue à se vendre aujourd'hui. Il connaît une grande faveur pendant les deux guerres, alors que le café était rationné. L'extrait à base de chicorée est sucré et traditionnellement préparé avec du lait chaud.

Café instantané En 1901, le premier extrait sec de café soluble est inventé par Sartori Kato, un scientifique américain d'origine japonaise, vivant à Chicago. Facile à préparer, il ne laisse aucune mouture à jeter, et son goût est constant. Il est tout de suite adopté par les membres d'une expédition dans l'Arctique qui le testèrent. Grâce à sa facilité de préparation, le café instantané trouve un marché lors de la Première Guerre mondiale, notamment auprès des forces américaines en Angleterre. Sollicité pour trouver une solution à long terme concernant les surplus de café brésiliens, Nestlé introduit le « Nescafé » en Suisse, en 1938. Ce dernier investit rapidement le marché.

CI-DESSUS – Publicité pour l'extrait de café « Camp » de Paterson's, 1890.

CI-DESSOUS – On peut ajouter au café de nombreux sirops, extraits et arômes, comme la vanille et la cannelle.

Décaféiné En 1903, un importateur allemand de café, du nom de Ludwig Roselius, ayant reçu une cargaison de fèves trempées d'eau de mer, la donne à des chercheurs. Utilisant une combinaison d'extraction par la vapeur et de solvants à base de chlorine, ceux-ci mettent au point une façon d'éliminer la caféine sans changer le goût du café. Roselius dépose le brevet en 1905 et commence à vendre le café décaféiné sous le nom de Kaffee Hag. Le produit est introduit aux États-Unis en 1923, sous le nom de Sanka, une contraction du français « sans caféine », et réjouit tous les amateurs de café soucieux de limiter les effets de la caféine.

Café aromatisé Dans les années 1970, de petites sociétés de torréfaction américaines produisent du café aromatisé. Au début, les arômes devaient se substituer à ceux de l'alcool, tel l'Irish Cream ou l'amaretto. Toutefois, une tendance plus récente les a remplacés par des arômes plus doux, destinés aux jeunes ou aux néophytes. Ainsi, des parfums comme le tiramisu, la vanille et le *toffee* connaissent de plus en plus d'amateurs. Les arômes épicés, assez semblables à ceux de la Turquie au XVIe siècle, et les notes fruitées gagnent également du terrain. Les épices comme la cardamome, la cannelle, le zeste d'orange et la figue grillée comptent parmi les plus courantes.

Café en canette Des canettes de café prêt-à-consommer sont mises sur le marché japonais en 1969, suite au succès des machines automatiques au Japon. Cette vogue fait peu d'adeptes en Europe et aux États-Unis, mais jouit d'une grande popularité dans toute l'Asie.

CI-DESSOUS – Canettes de café japonaises.

LE CAFÉ
DANS LE MONDE

La ceinture tropicale qui entoure la Terre est émaillée

de plantations de café. On cultive le caféier et on récolte

ses fruits dans plus de soixante-dix pays. Dans bon nombre

d'entre eux, les petites cerises rouges du fragile caféier

représentent le principal moyen de subsistance de milliers

de personnes. Une analyse exhaustive, menée pays par pays,

étudie et décrit les différents cafés du monde. Ce chapitre

couvre également toutes les étapes — de la cueillette à la

torréfaction, en passant par le traitement, le triage et

le calibrage — nécessaires à la transformation de la fève

verte en un grain de café torréfié, délicieusement parfumé.

QU'EST-CE QUE LE CAFÉ ?

La plante *Coffea* fait partie de la famille des rubiacées. Du fait de leurs nombreuses espèces, variétés et souches, la classification des caféiers est difficile. Les deux espèces dont proviennent la plupart des cafés commercialisés sont le *Coffea arabica,* une espèce complexe aux variétés multiples, et le *Coffea canephora,* communément appelé Robusta, du nom de sa variété la plus productive. Parmi les autres espèces de caféier, on recense le *Coffea liberica,* découvert au Liberia en 1843, et le *Coffea dewevrei,* dont la variété la plus connue est l'Excelsa, tous deux dotés des qualités du Robusta et d'un goût passablement médiocre. Maints efforts ont été mis en œuvre pour développer des caféiers hybrides, mais l'on s'est rendu compte qu'en dépit de leur productivité, de leur haute résistance et de leur durée de vie, ces caféiers donnaient un café moins bon que les autres.

Tous les cafés sont produits dans la ceinture tropicale qui entoure l'Équateur, entre les tropiques du Cancer et du Capricorne, mais en fonction de leur

CI-DESSUS – Des grappes de fruits verts se forment sur les branches du caféier.

espèce et de leur variété, les plants ont un aspect très différent. Le feuillage persistant se décline dans toutes les nuances de vert, du jaunâtre au vert foncé, voire bronze, et les feuilles sont généralement gaufrées, notamment chez les Robustas. Certains caféiers gardent leur forme de petits arbustes, tandis que d'autres peuvent atteindre 18 m s'ils ne sont pas taillés pour faciliter la récolte.

Le caféier

Un plant de café, s'il n'est pas issu d'une bouture, se présente sous la forme d'un germe sorti d'une graine « en parche » semée dans un sol sableux et peu profond. Tandis que la pousse prend racine, elle entraîne la graine hors du sol. En quelques jours, les deux premières feuilles émergent de la graine, qui coiffe la plantule. La vieille enveloppe, à présent vide, tombe sur le sol. Ensuite, le jeune plant est transféré dans un pot individuel, placé en pépinière. Pendant un an, il fera l'objet de soins constants, puis sera endurci aux conditions extérieures : quelques heures de soleil par jour lui suffisant, le « toit » de rondins ou autres protections de la pépinière sont progressivement retirés. La petite plante est alors mise en terre, éventuellement à l'ombre d'un bananier si la plantation est située dans un terrain plat proche de l'Équateur, soumis aux rayons directs du soleil. Lorsque le caféier est planté sur le versant d'une montagne, il n'a pas

CI-DESSUS – L'une des plus belles plantes de la nature : le caféier et son luxuriant feuillage.

CI-DESSUS – Les ravissantes fleurs blanches ont l'aspect et le parfum du jasmin.

nécessairement besoin de protection, le versant recevant la lumière directe du soleil seulement une partie de la journée. Enfin, s'il est planté sur de hauts plateaux, il bénéficie de l'humidité et de l'écran formé par la couverture nuageuse d'altitude.

Durant plusieurs années, l'arbre ne produit aucun fruit, mais exige de nombreux soins : irrigation, taille, désherbage, arrosage, fertilisation et paillage, ces deux derniers étant indispensables lorsque le sol n'est pas constitué d'un riche terreau issu de cendres volcaniques, gorgé d'azote, de potasse et d'acide phosphorique. Enfin, après quatre ou cinq ans, l'arbre porte ses premiers fruits. Il atteint sa maturité productive en deux ans, mais continue à donner pendant vingt à vingt-cinq ans, à condition d'être constamment entretenu.

CI-DESSUS – Arrosage matinal dans une caféière d'Indonésie.

Tous les caféiers peuvent porter des fleurs, des fruits verts et des fruits mûrs simultanément sur la même branche, ce qui rend quasiment obligatoire la cueillette manuelle. Le caféier produit une ou deux récoltes principales, parfois quelques récoltes secondaires, les saisons variant selon l'espèce et le lieu. Une plantation de café est donc rarement dépourvue de fleurs. Celles-ci, se développant en touffes, sont blanc crème et exhalent un parfum de jasmin. La floraison ne dure que quelques jours, bientôt supplantée par des grappes de petites baies vertes, qui mettent plusieurs mois à devenir des cerises rouges mûres, prêtes à être récoltées.

CI-DESSUS – Jeunes plants de café.

Les différentes espèces

Les divers facteurs qui affectent la culture du café dépendent largement de l'espèce, et varient considérablement d'un pays à l'autre.

CI-DESSOUS – La version nicaraguayenne des Maragogypes donne le plus gros café du monde.

Arabica L'Arabica, la plus ancienne espèce connue de café, est cultivé sur des plateaux montagneux ou des versants de volcan, à des altitudes maximales de 1 000 à 2 000 m, où les précipitations annuelles atteignent 1 500 à 2 000 mm, et où la douceur du jour alterne avec le froid de la nuit dans une échelle moyenne de températures comprise entre 15 et 24 °C. Les caféiers Arabicas fleurissent après chaque saison des pluies, après quoi les fruits mettent neuf mois environ à mûrir. En un an, un caféier Arabica type produit généralement moins de 5 kg de fruits, ce qui donne à peine 1 kg de fèves. La plupart des récoltes d'Arabicas dans le monde sont « lavées », ou traitées à l'eau ; les fèves, qui sont généralement plus grosses, longues et plates que celles du Robusta, et moins riches en caféine, ont un délicat arôme acidulé.

L'Arabica représente environ 70 % du café mondial mais, plus sensible aux maladies, aux parasites et au gel, il est difficile à cultiver et de fait, plus cher.

Parmi les nombreuses variétés d'Arabica, le Typica et le Bourbon sont très réputés, et ont donné d'autres souches, comme le Tico, le Kent, le Moka, le Blue Mountain, l'hybride brésilien Mondo Nuevo (ou Mundo Novo), le Garnica et le Mibirizi, pour n'en citer que quelques-unes. Les cultivars de la variété Mundo Novo incluent le Villa Sarchi, le Geisha et le Villalobos ; le Catuai est issu du croisement entre le Mundo Novo et le Caturra (un mutant Bourbon à grosses fèves). Le fruit du Catuai peut être jaune *(amarelo)* ou rouge *(vermelho)*. Le San Ramon est un autre mutant Typica à gros grains.

Maragogype La fameuse mutation Typica fut découverte dans la région du Maragogype, dans l'État brésilien de Bahia. Les caféiers Maragogype produisent les plus gros grains du monde, parfois qualifiés de « fèves monstrueuses ». Les Maragogypes croissent dans plusieurs pays et donnent un café recherché pour son arôme doux autant que son bel aspect. Malheureusement, en raison d'une production peu élevée, les caféiers Maragogype sont difficiles à entretenir et, à la fin de leur vie productive, bon nombre sont remplacés par des espèces plus ordinaires.

Canephora ou Robusta L'espèce Canephora est très différente de l'Arabica : elle est aussi forte de goût et résiste aux maladies et aux insectes. Cependant la force ne fait pas le meilleur café, et son goût est moins prisé que celui de l'Arabica. En conséquence, le Robusta ne représente que 30 % de la production mondiale de café, malgré un prix moins élevé. Commercialement, le Robusta s'utilise dans les mélanges, où l'on apprécie son caractère fort, et dans le café soluble ou instantané, où le traitement atténue son goût puissant. Bien qu'ils doivent être pollinisés ou cultivés à partir de boutures, les caféiers Robusta sont plus faciles à cultiver, et quand de nombreuses plantations d'Arabica furent détruites par la rouille durant la seconde moitié du XIXe siècle, la plupart furent replantées en Robusta. On le cultive actuellement dans toute la zone tropicale, mais la grande majorité provient d'Afrique occidentale et centrale, d'Asie du Sud-Est et du Brésil, où il pousse à des altitudes de 0 à 700 m.

Le Robusta supporte de fortes pluviosités de 3 000 mm ou plus, mais les arbres ne doivent jamais stagner dans l'eau. En revanche, les racines peu profondes du Robusta lui permettent de croître là où les précipitations sont imprévisibles, voire rares. De même, il survit à de très hautes températures équatoriales, quoiqu'il préfère pousser entre 24 et 30 °C.

Les caféiers Robusta fleurissent assez irrégulièrement, et mettent 10 à 11 mois à donner des fruits mûrs. Les cerises sont généralement cueillies à la main, sauf au Brésil où le relief plat et les grands espaces se prêtent à la récolte mécanique. Le Robusta est essentiellement traité selon la « voie sèche », et ses grains sont petits et arrondis. On les distingue également par de petits points de part et d'autre du sillon de la fève. Les caféiers Robusta produisent un peu plus par hectare que les Arabicas. Les variétés les plus courantes sont le Conillon du Brésil, le Java-Ineac, le Nana, le Kouillou et le Congensis.

Autres cultivars L'hybridation a donné lieu à d'autres cultivars, que l'on multiplie par boutures plutôt que par graines, comme c'est le cas du fameux Arabusta, développé dans les années 1960 par l'Institut français du café et du cacao, et exporté depuis la Côte d'Ivoire à de nombreux pays du monde. Il s'agit de combiner les qualités de l'Arabica, du Robusta et peut-être de quelques-uns des meilleurs mutants, dans le but de les améliorer. L'Hibrido de Timor nature, le Ruiru Eleven nain du Kenya, le Catimor résistant à la rouille et l'Icatu font partie de certaines souches impliquées dans ou résultant des expériences d'hybridation.

Ce n'est pas un hasard si le développement des hybrides de café fait l'objet de telles recherches dans le monde. Dans plusieurs cas, ces efforts ont donné des récoltes plus importantes, des grains plus gros ou uniformes, de meilleurs arômes, des arbres plus résistants, une adaptabilité à certains sols et diverses teneurs en caféine. Mais pour les chercheurs, le principal défi reste le traitement des deux grands ennemis du café : les insectes et les maladies.

CI-DESSUS – Une Javanaise cherche les fruits mûrs parmi les feuilles du caféier.

LES ENNEMIS DU CAFÉ

Nombreux sont les fléaux qui ravagent chaque année dans le monde les plantations de café. Il est d'ailleurs étonnant que le café soit la deuxième production mondiale, après l'huile, quand on sait la quantité de désastres naturels auquel il est sujet, qu'il s'agisse d'insectes parasites, de maladies ou de catastrophes climatiques.

Les insectes nuisibles

On estime à 850 au moins le nombre d'espèces nuisibles au café. Il y a les insectes qui se nourrissent des jeunes feuilles tendres, notamment les mineuses et les squelettiqueuses des feuilles, les thrips, d'innombrables chenilles, ainsi que les cochenilles vertes, blanches ou brunes, qui laissent derrière elles un exsudat sucré favorisant le développement d'un champignon appelé fumagine. Il y a ceux qui préfèrent les racines, telles les cochenilles blanches et nématodes, dont les ravages passent inaperçus jusqu'à ce que la plante semble souffrir de problèmes nutritionnels, et les insectes foreurs des troncs et des branches qui se nourrissent de sève. La punaise bigarrée du caféier, qui a une prédilection pour les fruits verts, ne dédaigne ni les bourgeons ni les rameaux : personne ne se doute qu'elle a opéré tant que le dépulpage n'a pas exposé les parches, zébrées et tachées de noir, et les fèves qu'elles renferment, flétries et noires, pourries par le champignon qui les accompagne souvent. La mouche méditerranéenne des fruits saccage les caféiers en pondant ses œufs dans la pulpe du fruit, qui devient alors un véritable nid d'asticots. Enfin, il arrive au tarsonème du théier de se tromper de plante, mais cela ne l'empêche pas d'y rester.

Toutefois, l'insecte de loin le plus nuisible est le staphanodère ou scolyte du grain, la *broca del cafeto* en brésilien, un petit coléoptère femelle noir qui creuse la cerise de café pour pénétrer dans les fèves mêmes, où elle pond ses œufs. Si la fève n'est pas totalement détruite par les voraces larves mineuses, elle succombera au champignon secondaire porté par l'insecte. Les scolytes furent remarqués pour la première fois

CI-DESSUS – *La sauterelle est l'un des nombreux prédateurs du caféier.*

en Afrique en 1867, et ont, depuis lors, infesté tous les continents producteurs de café, provoquant des dégâts de plusieurs milliards de dollars.

Les mouvements internationaux de lutte contre les insectes tentent de réduire, voire d'endiguer l'utilisation des pesticides chimiques par l'introduction et le développement des prédateurs et parasites naturels des insectes nuisibles. Par exemple, un projet actuel de l'Organisation internationale du café, financé par le Fonds commun pour les produits de base (ONU), espère venir à bout des scolytes dans au moins sept pays producteurs membres, et ce en lâchant une certaine variété de guêpes qui se nourrit de ces insectes.

Les maladies

Malheureusement, les maladies du café n'ont pas de prédateurs naturels et, si elles sont moins importantes en nombre que les insectes nuisibles, elles sont encore très largement contrôlées par voie chimique. Les fongicides ne sont peut-être pas aussi nuisibles à l'environnement que les pesticides et les herbicides, mais tous ces traitements chimiques coûtent cher. Le meilleur moyen de lutter contre les maladies est d'imposer une quarantaine aux caféiers, mais cette mesure est difficile à appliquer, en raison notamment de l'étendue

des plantations dans le monde. L'une des maladies les plus destructrices est la rouille du café *(Hemileia vastatrix)*. Enregistrée pour la première fois en Afrique en 1861, elle avait, en 1870, complètement ravagé l'industrie caféière de Ceylan, qui se tourna alors vers la culture du thé. La virulente rouille du café se propagea dans tous les continents

CI-DESSUS – *La rouille du caféier.*

producteurs, épargnant toutefois quelques pays. On pense que cette maladie se répand par le biais de spores qui s'accrochent aux vêtements des voyageurs, notamment de ceux qui travaillent dans le commerce du café. La rouille est fatale aux plants d'Arabica, mais les caféiers Robusta lui résistent.

Une autre maladie dévastatrice, la trachéomycose, également connue sous le nom de carbunculariose, provient d'un champignon du sol et touche surtout le Robusta. En fait, c'est cette maladie qui détruisit presque totalement les premières plantations de Liberica de la Côte d'Ivoire dans les années 1940, et qui incita le pays à produire du Robusta et à développer l'Arabusta. Dans la République démocratique du Congo, la production de café a considérablement chuté depuis 1994, à cause de cette maladie et des guerres tribales qui affectent la région.

Une autre maladie très nuisible aux caféiers Arabica est l'anthracnose des baies du caféier *(Colletotrichum coffeanum)*. Ce champignon, identifié pour la première fois au Kenya dans les années 1920, peut attaquer un caféier dans le sillage de son porteur, la punaise bigarrée. Les gouttes de pluie peuvent aussi propager les résidus de la maladie, même d'une récolte ancienne. L'anthracnose attaque les cerises, les noircissant et les pourrissant avant qu'elles n'aient le temps de mûrir. Les pulvérisations de fongicide parviennent dans une certaine mesure à limiter la maladie, qui a donné lieu à de nombreuses recherches d'hybridation.

L'hybridation, qui viendra peut-être à bout de certains ennemis du café, consiste à croiser une variété sensible à un insecte ou à une maladie particulière avec une autre variété, naturellement résistante. Mais si l'hybridation réussit à faire disparaître certaines maladies du café (pour l'instant, on observe plutôt une disparition du goût), elle ne pourra jamais stopper le troisième fléau commun à toutes les variétés de café : les catastrophes naturelles.

CI-CONTRE – Une caféière brésilienne ravagée par le gel.

Les catastrophes naturelles

En raison du climat et du sol particuliers qu'exige la culture du café, les plantations sont parfois établies de façon précaire sur des terrains volcaniques. En activité ou non, les volcans occupent des régions d'instabilité sismique, comme en témoigne le terrible tremblement de terre de janvier 1999 qui ébranla Armenia, un centre colombien producteur de café déjà victime de séisme en 1988. D'ailleurs, depuis 1972, le Mexique, les Philippines, le Panama, le Costa Rica, le Guatemala et le Nicaragua ont tous été plus ou moins touchés par des activités sismiques.

Les cyclones sont endémiques aux tropiques, et bien que le café ne soit guère cultivé dans les régions côtières, presque toutes les îles tropicales et les pays de l'isthme d'Amérique centrale sont sujets à de violentes tempêtes. Des 30 % de perte enregistrés par le Nicaragua lors du passage du cyclone Mitch en 1998, 10 % seulement consistaient en caféiers détruits, essentiellement par les coulées de boue ; le reste n'était que des cerises pourries, du fait de l'impraticabilité des routes d'acheminement. Les raz-de-marée sont moins fréquents que les cyclones, mais tout aussi dévastateurs, comme l'atteste celui qui ravagea la Papouasie-Nouvelle-Guinée en 1998.

La sécheresse, la famine, les intempéries sont omniprésentes dans les pays dépendant du café : la terrible tempête de grêle d'octobre 1998, qui frappa l'État brésilien de São Paulo, passa presque inaperçue aux yeux du monde car elle ne détruisit que 100 000 sacs de café environ. S'ajoutent également les troubles politiques et, bien sûr, l'ennemi tant redouté qui fait s'envoler les cours mondiaux du café : le gel.

Le gel est surtout le grand fléau du café brésilien, mais il peut se produire dans n'importe quel pays où le café est cultivé en altitude, aux extrémités de la ceinture tropicale. Si un gel léger peut être légèrement atténué par des machines à air chaud, une seule nuit affichant des températures au-dessous de zéro suffit à endommager sévèrement les plantations ; un gel très dur, en revanche, détruira tous les caféiers. Étant donné les années de travail et les frais impliqués dans une plantation de caféiers matures, on imagine aisément le découragement des hommes devant un tel désastre.

LA RÉCOLTE ET LE TRAITEMENT

Une plantation de café demande bien plus que l'entretien des plants et la récolte des fruits. Quand les cerises parviennent à maturité, elles doivent être cueillies presque immédiatement, ce qui n'est pas évident quand les fruits d'un seul caféier sont à divers stades de maturité. Dans la plupart des régions productrices d'Arabicas, les cerises mûres sont soigneusement cueillies à la main et déposées dans un panier dont le poids déterminera le salaire du cueilleur. Dans les régions de plaines où les caféiers sont petits, ledit panier peut peser jusqu'à 100 kg à la fin de la journée. Le même caféier sera exploité à plusieurs reprises, à mesure que les cerises mûrissent.

CI-DESSOUS – Ces cueilleuses se rendent dans les plantations des régions montagneuses de Java, où elles utilisent des échelles pour atteindre la cime des caféiers.

CI-DESSUS – Le criblage requiert l'usage d'un grand tamis avec lequel on lance la récolte en l'air pour ne récupérer que les cerises.

Les cueilleurs pratiquent également une méthode qui consiste à passer la main le long des branches, de façon à faire choir toutes les cerises, mûres ou non. Une autre méthode fait usage d'un gros véhicule que l'on conduit lentement entre les rangs de caféiers et dont les bras tournants font tomber les cerises les plus mûres. Les machines à récolter sont utilisées essentiellement au Brésil, qui bénéficie d'un relief plat et de vastes *fazendas* (plantations), permettant aux caféiers d'être espacés à intervalles réguliers.

Lorsque les fruits jonchent le sol, ils sont passés au crible : à l'aide de grands tamis, les cueilleurs les lancent en l'air à plusieurs reprises pour ne rattraper que les cerises, laissant les brindilles, feuilles, poussière et autres résidus légers retomber sur le sol. Le problème majeur de ces deux méthodes est qu'un certain nombre des cerises récoltées ne sont pas parfaitement mûres : les fruits verts ou trop mûrs devront être triés à la main afin de ne pas affecter la qualité du café. Tous les Arabicas de qualité sont triés plusieurs fois, d'abord manuellement, par les femmes et les enfants.

La cerise de café

Le fruit du café est surnommé cerise par analogie à la taille, à la forme et à la couleur du fruit de même nom. Sous la peau rouge vif se cache la pulpe, une substance collante, jaunâtre et sucrée, qui devient mucilagineuse au centre du fruit ; celle-ci entoure les fèves, qui ne sont autres que les graines. Il y a généralement deux fèves convexes par cerise. La surface des fèves est enveloppée d'une très fine pellicule argentée, appelée tégument séminal. Chaque fève (et sa pellicule) est enfermée dans une enveloppe protectrice rigide, de couleur crème, que l'on appelle parche et qui sert à

CI-DESSUS – Cerises de café mises à sécher sous le soleil kenyan.

protéger la fève du mucilage. Les fèves destinées à être semées pour donner des plants de café doivent rester dans leur parche pour germer.

Les caféiers produisent parfois des cerises plus petites qui ne contiennent qu'une fève. Cette fève unique, appelée caracoli ou « café perle », n'a pas de côté plat : elle est petite et presque entièrement ronde. Triées et séparées des autres, ces fèves se vendent à un prix très élevé. D'aucuns leur trouvent un goût bien meilleur que les fèves normales, mais c'est peut-être tout simplement parce qu'étant plus soigneusement triées, elles comptent peu ou pas de fèves défectueuses.

Le traitement de la cerise

L'étape suivante consiste à dégager les fèves de la pulpe, ce qui se fait soit par la voie humide (lavage), soit par la voie sèche. Cette dernière méthode s'utilise dans les régions manquant d'eau, de matériel ou des deux. La plupart des Robustas ou des Arabicas de qualité inférieure étant traités par voie sèche,

beaucoup, y compris des experts, pensent à tort que le café traité à sec ou « nature » est inférieur. Au contraire, la plupart des merveilleux Arabicas d'Éthiopie sont traités à sec, et certains d'entre eux comptent parmi les plus grands crus du monde. En outre, presque tous les Arabicas du Brésil sont nature, ou non lavés, et certains sont d'excellente qualité.

Méthode sèche La méthode sèche commence par le lavage des cerises tout juste récoltées, dans le but de les nettoyer mais aussi pour favoriser une autre méthode de triage, les cerises flottantes – abîmées par les insectes ou trop mûres – qui se détectent facilement à ce stade. Les cerises sont ensuite exposées au soleil pendant environ trois semaines sur des terrasses, où elles sont ratissées, ou sur des claies surélevées sur lesquelles elles sont alors retournées à la main. On les protège de la rosée et de la pluie – quoique cette méthode s'emploie surtout dans les régions sèches – et l'on termine parfois le traitement par

des machines à air chaud. Quand elles ne contiennent plus que 12 % d'humidité, elles sont entreposées dans des silos ou envoyées, pour le traitement final, dans un moulin ou une usine souvent contrôlé(e) par l'État. Là, elles sont passées à la décortiqueuse qui débarrasse les fèves de leur peau, pulpe et parche.

À partir de ce stade, les procédures restent identiques pour les grains lavés ou non : ils sont criblés et triés – des traitements généralement effectués à l'aide de machines sophistiquées. Enfin, ils sont calibrés et mis en sac. Les sacs de café vert (non torréfié) seront alors stockés ou exportés.

Méthode humide Ce système est beaucoup plus cher, en raison d'exigences bien plus élevées en termes de matériel, de main d'œuvre, de temps et d'eau. Avant que la fermentation n'ait le temps d'altérer les cerises fraîchement récoltées, celles-ci sont préalablement triées, lavées dans de grandes cuves, puis évacuées dans un système de canaux. Ce contact permanent avec l'eau courante

CI-CONTRE – *Les fèves entourées de pulpe sont dirigées dans un système de canaux qui les trie selon leur taille et leur poids.*

leur permet de perdre leur peau externe, avant de passer au dépulpeur, qui élimine la peau et une partie de la pulpe. Ensuite, les fèves encore enveloppées de leur parche et d'une partie de leur mucilage sont dirigées vers divers cribles et tamis qui les classent selon leur taille et leur poids.

Enfin, les fèves arrivent dans une cuve de fermentation, où le mucilage restant est décomposé par des enzymes naturelles pendant trente-six heures. La fermentation est strictement contrôlée, car elle doit simplement ôter le mucilage, sans altérer le goût des fèves. Débarrassées de leur mucilage, les fèves encore couvertes de parche sont alors rincées, égouttées et mises à sécher au soleil sur des terrasses ou sur des claies.

Comme pour la méthode sèche, on ratisse ou on retourne les fèves à la main durant une à deux semaines, ou bien on les place dans des appareils de séchage jusqu'à ce que le taux d'humidité avoisine 11 à 12 %. Les dernières étapes sont critiques car un séchage excessif peut les rendre cassantes et affecter leur qualité ; un séchage insuffisant, en revanche, les rendra sensibles à la fermentation, aux champignons et aux bactéries, ou à l'écrasement pendant le décorticage. Les fèves « en parche » sont entreposées et contrôlées pendant un mois ou plus. Quand l'exportation est imminente, les fèves sont passées à la décortiqueuse, et les grains lavés subissent les mêmes traitements finaux que les grains nature.

CI-CONTRE – *Une fois terminées les diverses étapes de trempage et de dépulpage, les fèves sont rincées, égouttées et mises à sécher sur de grandes terrasses ou sur des claies.*

LE TRIAGE ET LA CLASSIFICATION

Les gouvernements des pays exportateurs gèrent ou conseillent souvent un service ou un office qui fixe les normes de qualité, réglemente et surveille le commerce du café et évalue la qualité des fèves par le biais d'un contrôle de qualité. Dans certains pays, l'administrateur est un membre du *Coffee Industry Board* ; dans d'autres, il s'agit d'un institut, parfois sous contrôle du ministère de l'Agriculture ou de celui du Commerce et de l'Industrie.

La classification du café

Il n'y a hélas pas de norme internationale en matière de qualité du café, chaque nation établissant elle-même ses propres critères. Un échantillon de fèves est prélevé d'un sac, jugé selon les normes du pays et le sac est doté d'une note qualitative, bonne ou mauvaise selon le résultat de l'évaluation. Le café est généralement classé selon son apparence (taille, homogénéité, couleur), le nombre de fèves défectueuses par échantillon, la dégustation (jugeant l'arôme et le corps) et la facilité de torréfaction des fèves. La classification qualitative et la terminologie descriptive diffèrent d'un pays à l'autre, et les critères de qualité ne sont pertinents que par rapport aux variétés de café du pays : par conséquent, il n'est pas facile d'interpréter les véritables mérites d'un café sans avoir une certaine connaissance du système de classification du pays d'origine. Il existe toutefois une référence constante, valable dans tous les pays : la taille des fèves, que l'on détermine à l'aide de trémies standards et qui permet à l'acheteur de ne pas se perdre en conjectures quant à la relative grosseur d'un grain.

Un café porte généralement un nom géographique et/ou est classifié selon son traitement – lavé ou non. Il peut inclure un titre descriptif ou une simple lettre de l'alphabet, parfois suivie d'un chiffre. Par exemple, dans les pays où l'industrie caféière est nationalisée, le système de classification n'est guère parlant, comme c'est le cas au Kenya où un sac de café peut porter la mention « AA » lavé, suivie d'un nombre désignant la qualité gustative sur une

CI-DESSUS – La tâche consistant à trier les fèves lavées est très méthodique.

échelle de 1 à 10. Pour la plupart des experts, ce café d'apparence ordinaire est considéré comme l'un des meilleurs du monde. En Inde, toutefois, un sac Plantation A – sous-entendu « lavé » car les non lavés sont désignés par le terme de « cerise » – faisait autrefois partie des meilleurs cafés disponibles, sans toutefois égaler le café kenyan. À présent qu'elle a opté pour le marché libre, l'Inde doit réviser son système de classification.

La majorité des pays antillais et d'Amérique centrale classent les cafés selon l'altitude à laquelle ils ont été cultivés : les régions orientales du Costa Rica produisent du LGA (low grown Atlantic), du MGA (medium grown Atlantic) et du HGA (high grown Atlantic), tandis que les versants occidentaux cultivent du HB (hard bean), du MHB (medium hard bean), du GHB (good hard bean) et du SHB (strictly hard bean) : plus dure est la fève, plus l'altitude et les prix sont élevés. Les meilleures plantations du Costa Rica peuvent donner un label à leurs sacs et indiquer l'altitude, et le Costa Rica comme le Nicaragua utilisent aussi des noms régionaux. Le Nicaragua indique également la qualité et l'altitude par des appellations comme Central Bueno Lavado (MG), Central Altura pour le café d'altitude, et Central Estrictamente Altura (SHG). Le Guatemala est un peu moins clair dans ses classifications d'altitude, les adjectifs employés, purement descriptifs, désignant des altitudes de 700 à 1 700 m : Good Washed, Extra Good Washed, Prime Washed, Extra Prime Washed, Semi Hard Bean (SH), Hard Bean (HB), Fancy Hard Bean et Strictly Hard Bean (SHB).

Les systèmes de classification nationaux

Parmi les pays répertoriant le café selon des procédés originaux figure le Brésil, qui classe chaque sac selon l'espèce de café, le port d'exportation (Santos, Parana, etc.), et le nombre de fèves défectueuses par échantillon : par exemple, NY signifiant « nous comptons les défauts à la manière américaine »

et Standard 3 précisant qu'un échantillon moyen de 300 g contient 12 fèves défectueuses. Les défauts comprennent également la présence de cailloux et de brindilles. La classification brésilienne inclut aussi la taille, la couleur, la densité, la forme, le potentiel de torréfaction, la qualité gustative, la méthode de traitement, l'année de récolte et le numéro de lot des fèves.

L'Éthiopie, qui détient des crus de renommée mondiale, note le traitement, le nom de la région productrice et un chiffre compris entre 1 et 8, indiquant un certain nombre de défauts. La classification colombienne est encore plus simple : chaque sac, qui porte le nom de la région, est trié selon la taille des grains : les fèves Excelso, par exemple, sont plus petites que les Supremo.

L'Indonésie a récemment changé son ancien système de notation hollandais.

Aujourd'hui, R se rapporte à Robusta, A à Arabica, WP à wet processed, DP à dry processed ; les six chiffres désignent un classement de qualité (1 et 2 : haute ; 3 et 4 : moyenne ; 5 et 6 : basse) ; AP après le chiffre signifie After Polished, et L, M et S correspondent aux différentes tailles de fèves, grosse, moyenne, petite. Ainsi, R/DP Grade 2L évoque un Robusta à gros grains traité à sec, de très grande classe, et A/WP Grade 3/AP désigne un Arabica lavé de qualité moyenne.

Le glossaire de la page suivante recense certains des termes utilisés dans l'industrie du café pour décrire les fèves et leurs attributs. Parfois, plusieurs explications sont données pour pallier l'absence de standardisation et éviter toute divergence ou contradiction d'interprétation.

CI-DESSUS – Les trieurs professionnels classent les fèves de café selon leur taille, en les plaçant méthodiquement dans les trous correspondants.

Terminologie de la classification

Bien qu'ils varient légèrement d'un pays à l'autre, les termes suivants constituent une terminologie universellement acceptée, et leur définition vous donnera une excellente idée de la façon dont on distingue les différents cafés verts.

CI-DESSUS – Fèves noires.

Café en coque nom donné aux fèves lors du séchage avant l'opération de décorticage.

Café en parche Fèves traitées par voie humide, débarrassées de leur peau et de leur pulpe mais encore couvertes de la parche.

Caracoli Parfois appelé « café perle », petite fève ronde unique (malformation) trouvée dans une cerise. Triés à part, les caracolis se vendent à des prix très élevés.

Coquille (ou oreille) Cerise difforme contenant une grosse fève encerclant partiellement une fève plus petite ; les deux parties imbriquées peuvent se séparer pendant la torréfaction, sans que cela nuise au goût (Afrique orientale).

Fève blanche légère Grain de café immature ou trop mûr, très léger, ou fève qui flotte à la surface de l'eau pendant le lavage (manque de densité).

Fève brisée Partie de grain de café d'un volume égal ou supérieur à celui d'une demi-fève.

Fève éléphant voir Fève monstrueuse.

Fève en cerise Grain de café comportant tout ou partie de ses enveloppes externes. Constitue un défaut.

Fève immature Grain de café non mûr, présentant souvent une surface ridée.

Fève marbrée Grain de café montrant des zones irrégulières de coloration verdâtre, blanchâtre ou parfois jaunâtre.

Fève meurtrie au cours du dépulpage Grain de café préparé par voie humide, coupé ou écrasé au cours du dépulpage, présentant souvent des tâches brunes ou noirâtres.

Fève monstrueuse Jargon désignant la variété Maragogype, la plus grosse du monde ; généralement prisée pour son aspect, sa bonne torréfaction, son goût agréable ; en voie de disparition car non rentable ; désigne aussi un grain difforme, de grande dimension, parfois appelé fève éléphant.

Fève nature Grain de café ayant été traité par voie sèche (non lavé).

CI-DESSUS – Fèves abîmées par les insectes.

Fève noire Abîmée par les insectes ; cerise morte tombée avant la cueillette ; fève décomposée ; trop mûre ; contaminée par le métal.

Fève pâle Grain de café de couleur jaune, issu de cerises immatures ou abîmées par la sécheresse ; ne se torréfie pas bien et dénote un goût désagréable qui peut contaminer tout un lot.

CI-CONTRE – Fèves trop fermentées.

Fève puante Cerise trop mûre ou trop fermentée ; fève abîmée par des insectes ou des microbes ; odeur putride et nauséabonde ; indécelable à l'œil nu, mais « brille » sous les ultraviolets des trieuses électroniques ; peut contaminer tout un lot.

Fève ridée Grain de café ridé et de faible masse.

Fève rousse Grain de café teinté d'une couleur roussâtre, peut-être trop mûr ou trop fermenté ; indique également un séchage trop poussé.

CI-DESSUS – Fèves meurtries par le dépulpage.

Fève sûre Grain de café d'aspect cireux, de couleur brun ou rougeâtre et dégageant une odeur désagréable.

Hard bean Arabica de qualité assez médiocre, cultivé à une altitude relativement basse par rapport au strictly hard bean.

Lavé Café vert traité par voie humide.

M'buni Terme d'Afrique orientale désignant la cerise traitée par voie sèche (au soleil) ; indique aussi un goût aigre et acide, trop fruité.

Non lavé Café vert traité par voie sèche.

Oreille voir Coquille.

Parche Enveloppe protectrice (endocarpe) entourant la fève à l'intérieur de la cerise ; doit être intacte pour que la fève puisse germer.

Strictly hard bean (SHB) Arabica de qualité cultivé à des altitudes très élevées, reconnaissable à sa forte acidité.

Strictly high grown (SHG) Terme plus ou moins synonyme de strictly hard bean.

LA DÉGUSTATION DU CAFÉ

La dégustation est l'évaluation du café, impliquant non seulement le goût, mais aussi l'odorat et le corps. L'odorat et le goût sont interdépendants et difficiles à séparer. Certains cafés n'offrent pas la saveur que l'on sent, mais en général l'attribut du parfum s'applique autant à l'arôme qu'au goût, et l'arôme est un très bon indicateur du goût qui va suivre. On recense quatre goûts fondamentaux – salé, sucré, acide et amer – et la plupart rentrent dans l'une de ces catégories. La dégustation du café sert aussi à évaluer le corps du café, c'est-à-dire son poids, sa rondeur et sa persistance en bouche.

Les fèves de café sont régulièrement goûtées tout au long du transport, mais la dégustation la plus sérieuse a lieu au moment où le café est classifié, dans son pays d'origine, puis, dans un deuxième temps, au moment où il est vendu au pays importateur.

Comment goûter le café

Il convient tout d'abord de préparer les échantillons et le matériel requis : de préférence des tasses identiques pour chaque café à tester, les échantillons de café et une mesure à café, une tasse vide, une cuillère à soupe (traditionnellement en argent), un verre d'eau dans lequel rincer les cuillères, un verre d'eau à température ambiante (ou un biscuit sec salé) pour se rincer la bouche, une carafe ou un crachoir et une bouilloire d'eau frémissante.

• Prévoyez de goûter au moins deux cafés, de façon à avoir une base de comparaison.

• La mouture doit être moyenne (mouture « piston » ou « percolateur »). Lorsque les cafés sont moulus successivement dans le même moulin, nettoyez-le soigneusement entre chaque mouture.

• Si la dégustation se fait dans un but professionnel, le degré de torréfaction doit être plus ou moins le même pour tous les échantillons ; par contre, pour choisir son café préféré, le degré de torréfaction peut être différent. Plus la torréfaction est légère, plus elle libère le véritable goût du café ; à l'inverse, plus elle est forte, plus les cafés ont tendance à se ressembler, et moins les

défauts apparaissent. Dans une torréfaction poussée, le café a une saveur moins acidulée, mais l'acidité étant le principal indicateur de l'altitude, de la qualité et du prix, il serait dommage qu'elle disparaisse à la torréfaction.

• Mettez la même quantité de café sec dans chaque tasse, soit environ 8 g pour 15 cl d'eau. Sentez les cafés secs. Inscrivez toute observation pertinente sur l'odeur à sec. Il est recommandé de disposer les cafés en rang, en plaçant ceux qui sont censés être les plus forts – notamment les Robustas – en dernier.

• Versez une même quantité d'eau frémissante dans chaque tasse. Ne remuez pas. Attendez deux minutes, puis penchez-vous sur chaque tasse et humez la surface, où le café moulu est remonté.

• Brisez la croûte (le marc qui flotte en surface) en y glissant la cuillère, et inhalez l'arôme de très près. Vous

pouvez également recueillir du café au fond de la tasse et le humer – cela vous aidera en tout cas à faire retomber le marc.

• Avec la cuillère, écumez légèrement le reste de marc de la surface, et déposez-le dans la tasse vide. Vous pouvez rincer la cuillère pour la nettoyer parfaitement.

• Prenez une cuillerée de café, placez-la contre vos lèvres et aspirez-la bruyamment en faisant entrer beaucoup d'air afin de diriger le café au fond de la bouche. Faites tourner le liquide dans la bouche puis, au bout de quelques secondes, recrachez-le. Inscrivez quelques informations, rincez la cuillère et passez au café suivant.

• Essayez de goûter tous les cafés à la même température et sans délai entre chaque. Quand les cafés ont refroidi, goûtez-les à nouveau car les arômes peuvent changer sensiblement.

CI-DESSOUS – Un dégustateur professionnel devant des échantillons de café.

Terminologie du dégustateur

Cette liste peut vous sembler impressionnante, mais n'oubliez pas que ce que vous recherchez dans un café est essentiellement le corps, l'arôme et le goût. Choisissez un café que vous aimez et vérifiez si certains des termes suivants s'y appliquent. N'hésitez pas à comparer différentes variétés.

Acide Qualité de café très appréciable, qui se traduit par une acidité à l'avant de la bouche ; gage de qualité et d'altitude ; peut-être une sensation fruitée – goût d'agrume, de citron, de fruit rouge, etc. – ou véritablement acide : les cafés du Costa Rica, du Kenya et du Mexique en sont de bons exemples.

Agrume Goût rappelant les agrumes en raison de sa forte acidité ; très apprécié, gage de qualité et de culture en altitude.

Amer Un des goûts de base, détecté au fond de la bouche et sur le voile du palais, souvent en arrière-goût, appréciable jusqu'à un certain degré, comme dans l'espresso. À ne pas confondre avec l'acidité.

Animal Arôme et goût évoquant la peau d'animal ou le cuir.

Âpre Goût fort et désagréable ; s'utilise aussi pour décrire un goût rioté ou iodé.

Aromatique Café au parfum intense et agréable (cafés d'Hawaii, de Colombie, de Jamaïque ou de Sumatra, par exemple).

CI-CONTRE – La base d'un bon café : des fèves entières torréfiées.

CI-DESSUS – *La dégustation du café sert à évaluer le corps, l'arôme et le goût.*

Arrière-goût Goût ou sensation qui reste après que le café a quitté la bouche, parfois très différent(e) du goût du café.

Astringent Sensation caractéristique, qui « resserre » la langue et les tissus, souvent en arrière-goût.

Bois Goût très particulier de bois mort (signe d'une récolte ancienne, ou d'un stockage trop long) ou vert, rappelant la sciure fraîche ; peu agréable. On dit aussi ligneux.

Brûlé Goût et arôme de charbon, comme dans le pain trop grillé ; torréfaction excessive.

Caoutchouc Arôme et saveur pas forcément négatifs, souvent détectés dans certains Robustas.

Caramel Goût sucré proche du sucre caramélisé ou du sucre filé (barbe à papa).

Cassis Goût rappelant celui du cassis ou des fruits rouges ; une certaine acidité, mais avec des nuances que l'on ne trouve pas dans les cafés très acidulés ; ce n'est pas un terme négatif.

Cendre Café au goût et à l'arôme de cendres de bois froides.

Céréale Goût de céréales fade et peu plaisant que l'on trouve

parfois dans les Robustas qui ont été torréfiés trop clair.

Chocolaté Goût rappelant le chocolat, notamment dans les cafés venant d'Australie, de Nouvelle-Guinée et d'Éthiopie.

Corps Perception de texture ou de poids du liquide dans la bouche ; un corps léger ou fin peut donner une impression mince (quelques Arabicas d'altitude) ; un café qui a du corps est lourd, comme les cafés de Sumatra, Java et la plupart des Robustas.

Douceâtre Café doux peu acide, plutôt agréable.

Doux/strictement doux Café à l'acidité faible, agréable au palais (d'une certaine façon, similaire au Lambrusco, le célèbre vin rouge italien) ; caractérise certains Santos brésiliens.

Dur Goût, à ne pas confondre avec la fève dure. Dans ce contexte, dur dénote un manque de douceur et de suavité.

Épicé Arôme et goût d'épice, un peu sucré ou poivré, que l'on devine dans certains cafés, notamment de Java, du Zimbabwe et du Guatemala, ou, plus rarement, dans les cafés du Yémen et d'Éthiopie.

Faisandé Goût rare et intéressant, rencontré souvent dans les cafés traités à sec d'Afrique orientale (Éthiopie ou Djimmah, par exemple), faisant penser au fromage, mais sans aigreur.

Floral Fèves à l'arôme entêtant de fleurs fraîches (chèvrefeuille, jasmin).

Fruité Goût et arôme souvent détectés dans les bons Arabicas, rappelant toutes sortes de fruits : agrumes, fruits rouges, groseilles, etc., toujours accompagné d'un certain degré d'acidité ; généralement positif, mais peut indiquer une maturité ou une fermentation excessives.

Fruité-citron Goût de citron doux que l'on rencontre dans les cafés très acides, comme ceux du Kenya.

Fumé Goût aromatique de fumée de bois, très agréable, que l'on trouve dans certains cafés du Guatemala et, moins souvent, dans les Arabicas indonésiens.

Herbeux Arôme « vert » astringent, ou goût de feuilles, d'herbes légèrement fermentées, que l'on découvre parfois dans les cafés du Malawi et du Rwanda.

Levure/pain grillé Goût rappelant le pain levé non cuit ou le pain légèrement grillé.

Ligneux Goût évoquant la matière végétale sèche ou les tiges de plantes.

Malpropre Boisson désagréable dont on n'arrive pas à définir précisément le goût.

Malté Goût très proche du malt, parfois associé à un goût de chocolat.

Médicamenteux Café à l'arrière-goût peu naturel de produit pharmaceutique.

Métallique Acidité légèrement sûre, caractéristique de certains cafés du Nicaragua.

Mild, doux Café fluide, à l'acidité faible ou moyenne ; certains cafés du Mexique, du Honduras et de Saint-Domingue affichent ces caractéristiques.

Moelleux Sensation non astringente, agréable, parfois accompagnée d'un goût de vin.

Moisi Goût typique d'un mauvais séchage, généralement indésirable.

Moka Arabica baptisé d'après un ancien port yéménite, aujourd'hui associé au café Harrar éthiopien. Rien à voir avec le chocolat, même si le moka est souvent combiné à celui-ci.

Neutre Café fade, à l'acidité très faible ; pas négatif car il est dépourvu d'arrière-goût ; bon pour les mélanges (beaucoup d'Arabicas brésiliens ordinaires sont neutres).

Noisette Goût agréable rappelant la noisette ou la cacahuète (certains cafés de Jamaïque).

Papier Goût et arôme identiques à celui du vieux papier, assez proche de poussiéreux.

Phénolique Goût et arôme fortement médicinaux, dont l'odeur rappelle le phénol.

Plein Tasse donnant l'impression d'une bonne combinaison de goût, d'acidité, de corps et peut-être d'arôme.

Poussiéreux Goût et arôme de terre sèche, à distinguer toutefois d'un goût sale ou terreux.

Propre Goût très pur, sans nuances ou changements en bouche, ni arrière-goût (les cafés du Costa Rica en sont de bons exemples).

Puant Goût de pourri indiquant une éventuelle contamination du café par une fève « puante ».

Pyroligneux Goût ou odeur faisant penser aux produits de pyrolyse du bois.

Rance/fétide Goût d'huile d'olive ou d'arachide rance ; assez écœurant ; peut provoquer un haut-le-cœur.

Rhumé Goût et arôme évoquant la distillation du rhum.

Rioté Goût d'iode et d'encre dû à des fèves infectées par des microbes. Très prisé pour le café turc, grec ou du Moyen-Orient.

Rond Café équilibré sans caractéristique dominante ; peut également signifier que le café est agréable en bouche, sans acidité.

Salé L'un des quatre goûts fondamentaux, qui intervient parfois dans le café ; peut aussi dénoter la présence de chicorée dans le mélange.

Sauvage Terme décrivant certains cafés éthiopiens ou yéménites, suggérant un caractère insolite et intéressant ; parfois associé à l'épicé ; également exotique, puissant, complexe.

Sec Un certain type d'acidité et/ou de sensation en bouche, mais pas, comme dans le vin, à l'opposé du sucré ; accompagne souvent les cafés légers,

voire délicats, comme ceux du Mexique, d'Éthiopie ou du Yémen.

Suave Doux et agréable ; s'utilise parfois pour décrire des cafés doux, mais également des cafés très acidulés.

Sûr, aigre Goût indésirable dû à une fermentation excessive.

Tabac Arôme et goût caractéristiques du tabac à priser non fumé.

Térébenthine Odeur ou saveur rappelant une substance chimique, de type phénolique.

Terreux Arôme/goût rappelant la terre noire humide, l'humus et la cave (par exemple, dans les cafés « passés » de Java ou de Sumatra).

Vert Arôme et saveur de fruit ou de plante immatures, telles des tiges ou des feuilles écrasées ; peut trahir un manque de torréfaction.

Vin Combinaison d'un goût légèrement fruité, d'une sensation très moelleuse et d'une texture rappelant celle du vin. À ne pas utiliser sans discernement pour dénoter l'acidité ; à réserver de préférence pour les cafés ayant une véritable consistance (outre un goût) de vin, assez rare mais immédiatement reconnaissable (dans certains arrière-goûts kenyans, dans certains Harrars éthiopiens ou cafés yéménites, etc.).

CI-CONTRE – Une torréfaction forte peut masquer les caractéristiques indésirables d'un échantillon de café de qualité inférieure.

LES PAYS PRODUCTEURS DE CAFÉ

Aujourd'hui, grâce au développement des transports et des communications, le monde nous paraît bien petit, et tout ou presque nous semble accessible. Or le café, comme s'il était étranger à cette modernisation, continue à suivre les anciennes routes coloniales. Ceci s'explique en partie par les sélections effectuées à l'époque où les puissances européennes soutenaient ou exploitaient leurs propres colonies, soit en utilisant les plantes endémiques, soit en y introduisant d'autres cultures rentables.

Lorsque le café, denrée extrêmement lucrative et recherchée, ne poussait pas à l'état naturel dans une colonie, sa culture était rapidement encouragée et entretenue. Par exemple, une bonne partie du café consommé aujourd'hui en France comprend une quantité impressionnante de Robustas, la variété de café produite dans les pays d'Afrique occidentale qui composaient l'empire français et qui, géographiquement, constituaient ses colonies les plus proches.

Du fait des activités de la East India Company, qui vendait du café en Orient mais introduisit le thé en Inde et en Grande-Bretagne, les Anglais se mirent à boire beaucoup plus de thé que de café dès le milieu du XVIIIe siècle. Les colonies britanniques à la fin du XIXe siècle et après la Première Guerre mondiale se concentraient essentiellement en Afrique orientale, une région productrice d'Arabicas ; avec celui de Jamaïque, le café principalement consommé en Angleterre était de l'Arabica. Aujourd'hui encore, alors que maintes sociétés de café anglaises importent du Robusta, le café de prédilection reste l'Arabica.

Le Portugal, ancienne grande puissance exploratrice et coloniale, a perdu toutes ses colonies (notamment le Brésil, en 1822), mais reste actuellement le principal acheteur de ses dernières colonies productrices de café, l'Angola et les îles du Cap-Vert, indépendantes depuis 1975. Le Mozambique, qui accéda à l'indépendance la même année, cessa de cultiver le café dès le départ des colons.

L'Amérique du Nord est également importatrice de toutes sortes de cafés, destinés à répondre aux goûts variés de chacun.

Les chiffres utilisés ci-après dans l'étude des différents pays producteurs se fondent sur les informations reçues au moment de la publication. Dans certains cas, les statistiques estimées, données pour un pays, diffèrent des renseignements communiqués à la fin de l'ouvrage : ceux-ci représentent les derniers chiffres globaux pour la récolte

CI-CONTRE – Pour vous aider à vous familiariser avec les innombrables types de café disponibles, mémorisez les pays producteurs et groupez-les selon quelques grandes régions productrices. Ici, la production mondiale de café a été divisée en quatre régions principales : l'Afrique, l'Amérique centrale et les Antilles, l'Amérique du Sud, ainsi que le Pacifique Sud et l'Asie du Sud-Est.

La carte ci-contre représente tous les pays mentionnés dans les pages suivantes, en indiquant les principaux types de café qui y sont cultivés : Arabica, Robusta, mélange des deux ou nouveaux produits hybrides.

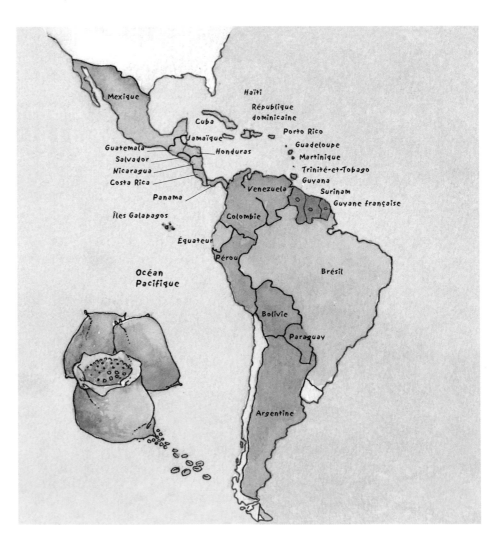

1998-1999. Les chiffres concernant les sacs représentent une unité de 60 kg de café vert, quelle que soit la taille du sac utilisé par le pays. En outre, les chiffres de production exportable peuvent diverger de ceux des exportations véritables, le café vert pouvant être stocké un certain temps avant d'être expédié. L'Organisation internationale du café (OIC) attendait une très bonne récolte 1998-1999, soit 105 241 000 sacs environ. Les statistiques des pays producteurs de café non membres de l'OIC ne sont pas incluses dans ce chiffre.

CI-CONTRE – Chaque année, près de 80 millions de sacs de café sont exportés dans le monde.

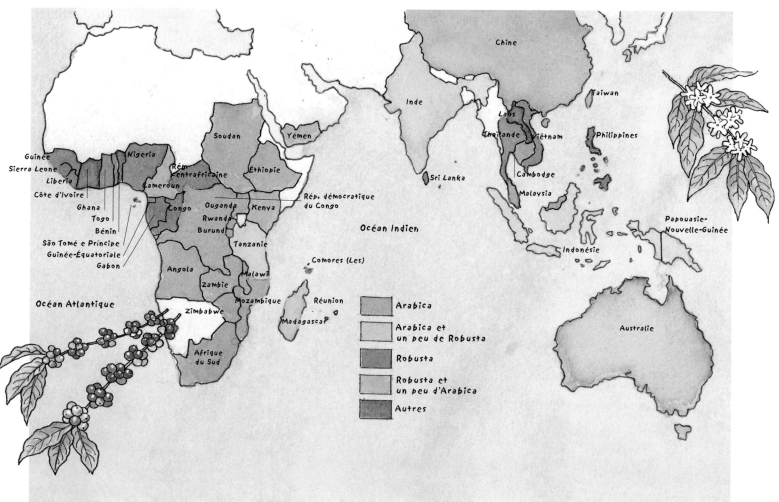

AFRIQUE

Berceau du café, le continent africain produit certains des meilleurs cafés du monde. Dans plusieurs pays, toutefois, les problèmes sociaux, politiques et économiques entravent sérieusement sa production.

Afrique du Sud

L'Afrique du Sud a longtemps cultivé de l'Arabica de qualité, issu de plants Bourbon et Blue Mountain, originaires du Kenya. La région productrice est essentiellement celle du Kwazulu-Natal qui, avec le sud du Brésil, est l'une des rares régions à oser cultiver du café en dehors de la ceinture tropicale. Divers facteurs s'opposent toutefois à l'accession de ce café sur le marché mondial : la Constitution actuelle est encore fragile, et les tensions raciales et la criminalité galopent ; le pays est très peuplé et doit importer une grande partie du café qu'il consomme ; enfin, le commerce international dépend essentiellement des ressources minérales et minières, plus lucratives. La forte main-d'œuvre requise et les bénéfices assez lents de l'industrie caféière ne semblent guère prometteurs aux yeux des amateurs de bon café.

Angola

Au XVIIIe siècle, les colons portugais commencèrent à cultiver le café dans ce qui est aujourd'hui la République populaire d'Angola. Bien que le terme de Robusta n'évoque généralement pas un café de haute qualité, celui d'Angola (Ambriz et Amboin) est très supérieur aux autres. Les fèves sont de taille et de couleur uniformes, traitées proprement (essentiellement par voie sèche), triées et soigneusement classées. Le Robusta se cultive sur des caféiers ombragés dans les plaines du Nord, près du delta du Congo. En revanche, le plateau intérieur de l'Angola bénéficie d'un climat beaucoup plus tempéré et d'une altitude de 1 800 m qui permet la culture d'un Arabica doux, assez neutre et remplaçant facilement certains Santos brésiliens dans les mélanges. Depuis les ravages de la guerre civile, toutefois, il est devenu rare : avant le traité de paix de 1994, la production était tombée à 33 000 sacs, contre 3,5 millions en 1973.

Bénin (ancien Dahomey)

Longue bande étroite, le Bénin ne peut cultiver du café que dans le Sud, région la moins aride, où les petits exploitants parsèment les caféières de palmiers.

CI-DESSUS – Café vert lavé du Burundi, de qualité supérieure.

La production du Bénin – du Robusta et un peu d'Arabusta – n'est pas suffisante pour figurer en pourcentage dans la production mondiale, mais le pays continue probablement d'exporter plus qu'il ne produit, notamment par ses activités frauduleuses avec le Nigeria.

Burundi

Dans cette petite enclave africaine, le café constitue la culture la plus rentable. S'ils apprécient le très bon Arabica lavé, qu'ils produisent en plus grande quantité que le Robusta, les Burundais en consomment moins de 1 %, préférant exporter le reste, qui est de bonne qualité, propre et bien calibré, au corps dense et au bon goût acidulé. Toutefois, les conflits tribaux risquent de

mettre en péril la production de café de ce pays.

Cameroun

Le Cameroun est un grand producteur de Robusta, bien qu'un tiers de sa culture soit un Arabica de la variété Blue Mountain, cultivé dans les régions volcaniques de l'Ouest. Essentiellement traités par voie humide, les Arabicas autrefois produits dans les plantations dites « européennes » pouvaient rivaliser avec les grands cafés d'Amérique centrale. Le Robusta, apporté du Zaïre, pousse aujourd'hui dans tout le pays, sauf à l'extrême nord.

Cap-Vert (îles du)

Les îles du Cap-Vert, au large de la côte occidentale africaine, ne faisant pas partie de l'OIC, on ne dispose d'aucune statistique sur sa production de café. Les Portugais, qui colonisèrent ces îles du XVe siècle à 1975, plantèrent les premiers caféiers d'Arabica en 1790. La transformation progressive des îles en désert, en raison d'importantes sécheresses, a confiné la culture du café en sol volcanique aux plus hauts sommets, à des altitudes situées entre 500 et 900 m.

Sans énergie hydroélectrique, aucune irrigation n'est possible, mais malgré la rareté de l'eau, l'humidité du brouillard créé par les vents de nord-ouest suffit à maintenir les quelques plants restants, qui font également office de coupe-vent et d'anti-érosion. Les bonnes années, le café traité à sec est en quantité suffisante pour être

CI-DESSUS – Fèves vertes de Robusta camerounais.

exporté, essentiellement au Portugal, mais les insulaires, eux-mêmes amateurs de café, doivent aussi en importer, le plus souvent d'Angola, pour répondre aux besoins locaux.

Centrafricaine (république)

La République centrafricaine, qui faisait partie de l'Afrique équatoriale française, vend encore la plus grande partie de son café – une culture très importante pour le pays – à la France, suivie par l'Italie. Les variétés de Robusta incluent l'ordinaire Canephora et le plus intéressant Robusta Nana, découvert à l'état sauvage sur les berges de la rivière Nana, à l'extrême ouest du pays.

Le café soigneusement classifié présente une qualité et une torréfaction constantes, mais en raison de sa situation enclavée, le pays est souvent sujet à des difficultés de transport. C'est d'ici que provient la terrible maladie du café, la trachéomycose.

Comores (Les)

Entre la côte du Mozambique et l'île de Madagascar s'étendent quatre petites îles qui restèrent longtemps sous le contrôle français. Aujourd'hui, elles forment la République fédérale islamique des Comores, bien que l'une d'entre elles, Mayotte, ait choisi de rester française. Le café, en grande partie du Robusta, est cultivé sur les îles de Mayotte et Mohéli, à l'ombre de bananiers et cocotiers. La qualité des fèves cueillies à la main et séchées à sec n'est pas mauvaise, et près des deux tiers de la petite récolte (souvent inférieure à 1 000 sacs) sont exportés. Le reste est vendu à la population locale, qui s'élève à environ 600 000 habitants.

Congo

Composé de sept provinces et incluant une petite partie de littoral atlantique, ce pays constituait autrefois le cœur de l'Afrique équatoriale française. L'équateur coupe le tiers supérieur du pays, qui bénéficie du climat chaud et humide des régions équatoriales.

La culture de Robusta produite par la république semble être en hausse. Ici, le café n'est pas classé selon la taille des fèves, qui sont uniformes, mais selon le nombre de grains défectueux. La variété Extra Prima, d'ailleurs, n'en possède aucun. Ce café de qualité moyenne à bonne est neutre et propre.

CI-CONTRE – Dans maints pays, l'exportation du café fournit les plus grosses recettes du commerce extérieur.

Congo (république démocratique du ; ex-Zaïre)

On y cultive du Robusta, essentiellement de type Marchand, mais l'Arabica, qui représente moins de 20 % de la récolte globale, est beaucoup plus intéressant. Ces caféiers croissent à très haute altitude, dans les plateaux montagneux de la province de Kivu, près des montagnes volcaniques qui marquent le bord de la Rift Valley et des frontières lacustres que le pays partage avec la Tanzanie, le Burundi, le Rwanda et l'Ouganda.

La plupart des Arabicas lavés, d'une belle couleur bleu vif ou bleu-vert et d'aspect homogène, ont très peu de défauts. Les meilleurs Arabicas Kivu se décrivent comme des cafés fins, parfaitement équilibrés, avec du corps et de l'acidité, et le Maragogype donne un café doux extrêmement agréable.

Malheureusement, la récolte est en déclin depuis dix ans. Les grandes plantations sont mal entretenues, et les meilleurs cafés, cultivés dans une région confrontée aux conflits tribaux et à la trachéomycose, doivent être transportés à la frontière orientale, via plusieurs pays, avant de pouvoir être exportés des ports de l'Océan Indien. Les Arabicas Kivu sont donc extrêmement rares. Le nouveau régime de Kabila envisage de rétablir une économie de marché, qui sera, on l'espère, favorable à la production de café.

CI-DESSUS – Sidamo éthiopien lavé n° 2, torréfaction moyenne.

CI-CONTRE – Arabica Kivu de la République démocratique du Congo.

Côte d'Ivoire

La Côte d'Ivoire est généralement le deuxième producteur de café d'Afrique.

Les trente-trois ans de présidence stable qui ont précédé les événements actuels, conjugués à une aide monétaire et militaire (passive) de la France, dont elle était une colonie, ont permis d'obtenir l'équilibre requis par une industrie aussi intensive et étalée dans le temps qu'est celle du café. La qualité moyenne et la production constante et fiable du Robusta de Côte d'Ivoire le rendent très attractif aux yeux des fabricants de mélanges, bien qu'il soit essentiellement acheté par la France et l'Italie (probablement additionné de café issu des pays voisins, le Mali au nord, et la Guinée à l'ouest). Un centre de recherche agricole près d'Abidjan a récemment développé l'Arabusta, l'hybride de café le plus satisfaisant qu'on ait produit jusqu'à maintenant.

Éthiopie

Tous les récits anciens sur le café désignent cette région de l'ancienne Abyssinie comme son pays d'origine ; d'ailleurs, le café aujourd'hui traité par les villageois provient encore de caféiers sauvages. Malgré une extrême pauvreté, une infrastructure détruite par la guerre civile et des ravages dus à la sécheresse, l'Éthiopie est un important pays producteur, autant en termes de quantité que de qualité, qui parvient à exporter certains des crus les plus fins et les plus originaux du monde, dont quelques-uns naturellement pauvres en caféine. Les meilleures régions productrices sont Sidamo, Kaffa, Harrar et Wollega, et chacune d'entre elles cultive des cafés nature ou lavés.

En général, les cafés non lavés sont décrits comme ayant une saveur sauvage ou faisandée, qui n'est pas appréciée de tous, mais peut être très intéressante quoique variable. Parfois, d'autres termes comme citronné, délicat, vineux, floral et doux s'appliquent aux cafés éthiopiens.

D'un point de vue esthétique, les fèves sont sans intérêt, voire repoussantes, et, dans certains cas, le traitement est effectué sans soin, ce qui ne contribue certainement pas à l'homogénéité de la production. Quoi qu'il en soit, ces cafés ont une certaine originalité et illustrent bien toutes les nuances de la dégustation.

CI-DESSOUS – Fèves torréfiées Djimmah d'Éthiopie.

Parmi les cafés les plus réputés, on peut citer le Djimmah, l'Illubador, le Lekempti, le Harrar (à grains longs ou à grains courts, prisés pour leur goût doux et vineux de Moka), le Limu et le Yrgacheffe.

En raison de leur goût unique et extrêmement délicat, il est déconseillé de trop griller les fèves éthiopiennes. Tout café un peu trop torréfié pourrait dissimuler un cru de qualité inférieure.

CI-DESSUS – Robusta du Ghana, torréfaction moyenne.

Gabon

L'ancienne colonie française vend encore une bonne partie de sa récolte de Robusta neutre à la France, et le reste aux Pays-Bas. Il est intéressant de constater que la plupart des plantations du Gabon se trouvent au Nord et, comme le pays semble parfois en exporter plus qu'il n'en produit, on peut supposer que l'active Guinée-Équatoriale en introduit clandestinement au Gabon, où la faible population, en grande partie urbaine, profite de la relative prospérité que lui offrent ses ressources naturelles pétrolifères.

Ghana

L'ancienne Côte-de-l'Or fournit 15 % du cacao mondial, dont la culture est plus économique que celle du café. Dans les régions où le sol n'est pas favorable au cacao, toutefois, l'État encourage la culture de caféiers. Le Robusta ordinaire produit par le Ghana est acheté par l'Angleterre, l'Allemagne et les Pays-Bas.

Guinée

En 1895, les Français introduisirent de l'Arabica de Tonkin dans leur colonie, mais la récolte fut maigre. Toutefois, le climat et le sol de cette république (depuis 1958) permettent de cultiver un bon Robusta « neutre » à l'ombre des forêts. Malheureusement, vingt-cinq années de régime autoritaire ont été fatales aux relations commerciales entre la Guinée et les pays occidentaux et, aujourd'hui, les rivalités ethniques, ajoutées à des élections législatives truquées et à une dette mondiale écrasante, ne favorisent pas le rétablissement d'un marché stable, nécessaire à l'amélioration qualitative et quantitative du café. Une partie du café guinéen passe en Côte d'Ivoire.

Guinée-Équatoriale

Le café est la deuxième industrie vivrière, après le cacao, de ce beau pays, composé de quelques îlots et d'un peu d'Afrique continentale. On y cultive du Robusta et du Liberica, mais aussi un peu d'Arabica. L'indépendance, acquise en 1968 après presque deux siècles de domination espagnole, fut suivie de dictatures désastreuses et, aujourd'hui, en dépit d'un sol riche et fertile, le pays a du mal à rétablir sa production de café et de cacao. La Guinée-Équatoriale a renoué avec l'Espagne, qui lui achète la quasi-totalité de ses grains.

Kenya

D'un point de vue qualitatif, l'Arabica lavé d'altitude du Kenya arrive en tête des cafés mondiaux. La fourchette assez restreinte de ses goûts est bonne

CI-DESSUS – Caracolis verts du Kenya.

et homogène, probablement parce que l'industrie kenyane est soumise au strict contrôle du Comité kenyan du café, à Nairobi, qui conditionne chaque sac de fèves, et mélange parfois plusieurs cafés verts de différentes plantations sous le label House Blend. Ces sacs marqués « AA » sont de qualité supérieure et très recherchés des amateurs. Le café kenyan est réputé pour son goût mordant, fruité, voire de citron ou d'agrumes, dû à sa forte acidité, ainsi que pour l'aspect très uniforme de ses grains (petits, ronds et d'un bleu-vert intense), qu'il s'agisse de fèves « AA », ou plus couramment de « AB », ou encore des précieux et coûteux caracolis kenyans.

Liberia

Que dire d'un pays qui, en 1980, produisait 165 000 sacs – bien qu'ils ne fussent probablement pas tous issus de ses plantations – de café exportable, et qui, aujourd'hui, n'en produit plus que 5 000 ? Malgré une qualité assez médiocre, le Robusta du Liberia était utilisable – les États-Unis étaient son principal acheteur –, ce qui n'était pas le cas du Liberica. On forgeait de grands espoirs sur la création d'Arabusta, et une usine de café soluble avait même été envisagée. Hélas, les factions et la corruption politique ont récemment décimé l'économie nationale.

CI-CONTRE – Robusta n° 2 de Côte d'Ivoire.

Madagascar

Si l'île est un grand producteur mondial de vanille, le café reste sa principale exportation. Colonie française jusqu'en 1960, Madagascar, après dix-huit ans de socialisme radical, est devenue une démocratie pluraliste qui tente de rétablir ses liens avec le commerce occidental et de réorganiser ses programmes agricoles. La production de Robusta, majoritaire, provient des versants du littoral oriental, tandis que le plateau central est voué à l'Arabica. D'une manière générale, le café malgache, vendu en grande partie à la France, est excellent, et l'on parle même de développer de nouvelles plantations, d'autant plus que les 12 millions d'habitants sont consommateurs. Toutefois, les projets d'expansion ne devront pas ignorer le problème de la déforestation, qui pourrait nuire aux nombreuses espèces endémiques.

Malawi

Quand le Malawi (ancien Nyassa et ex-colonie britannique) accéda à l'indé-

CI-DESSUS – Café du Malawi, torréfaction moyenne.

pendance en 1964, il subit pendant presque trente ans le despotisme de Banda. Maintenant qu'il possède un régime pluraliste stable, la pauvreté reste préoccupante mais les droits de l'homme, l'éducation et l'alphabétisation se développent, ce qui ne peut que profiter aux plantations de café. L'Arabica est essentiellement cultivé dans de petites exploitations et traité sur les hauts plateaux, aux extrémités de cet étroit pays. La sécheresse est un problème crucial, mais l'on espère qu'une plus grande quantité de cet

excellent café, proche d'un café kenyan moyen, sera bientôt disponible sur le marché mondial.

Mozambique

Le Portugal utilisa cette colonie pour cultiver le thé, réservant le café à l'Angola. En conséquence, l'Arabica (de la variété Blue Mountain) cultivé au Mozambique, ajouté au Racemosa sauvage, répond uniquement à la demande locale. Après l'indépendance en 1975 et une guerre civile de quinze ans, le Mozambique est devenu l'un des pays les plus pauvres du monde. Aujourd'hui, fort d'une démocratie (quoique fragile) et d'une aide humanitaire conséquente, il peut envisager d'exporter à nouveau du bon café, car, s'il possède le climat et le sol adéquats, il abrite aussi le deuxième port d'Afrique.

Nigeria

Le bilan du café de cette ancienne colonie britannique n'est guère positif. La production majoritaire de Robusta est de qualité médiocre et irrégulière, même si la Grande-Bretagne reste acheteuse. La contrebande, la corruption, la criminalité, la dette, la pollution et la violation des droits de l'homme (qui empêche toute aide humanitaire) ont favorisé le déclin de l'économie depuis le boom pétrolier des années 1970, boom dont les divers régimes militaires ont profité au détriment d'une aide agricole à long terme.

Ouganda

Depuis 1986, la démocratie du président Museveni a sauvé l'Ouganda des tensions ethniques qui ont ravagé l'économie du Rwanda et du Soudan, et qui ont entraîné l'entrée de milliers de réfugiés. Les privatisations ont attiré les aides et les investissements du secteur privé ; le réseau routier est en reconstruction et la production de café, essentiellement de Robusta, est élevée. Les experts savent toutefois qu'il n'est pas très sain qu'une seule culture fournisse 93 % des recettes d'exportation d'un pays. Quoi qu'il en soit, les amateurs de café ne s'en plaignent pas, car l'Ouganda, qui consomme essentiellement du thé, produit un petit pourcentage

CI-DESSUS – Ces cerises tout juste cueillies présentent un mélange de fruits mûrs et verts.

d'excellent Arabica lavé, cultivé en grande partie dans la région de Bugisu, près de la frontière du Kenya (dont le café est très similaire). D'ailleurs, avant la privatisation, certaines fèves d'Arabica étaient passées en contrebande au Kenya, qui pratiquait des prix non contrôlés plus intéressants. Depuis la privatisation, la fraude a lieu pour échapper aux taxes gouvernementales.

Réunion (La)

À l'heure actuelle, la principale culture de cette petite île volcanique située à 800 km au large de Madagascar est le sucre de canne. L'époque où la culture du café était obligatoire pour tout citoyen libre, où la destruction d'un caféier était passible de mort et où la monnaie était basée sur le café, est aujourd'hui révolue. L'île Bourbon, ainsi que s'appelait la colonie française, donna son nom à la variété la plus ancienne – et la meilleure – d'Arabica, et c'est à partir de deux caféiers réunionnais rapportés du Yémen en 1715 que proviennent la plupart des plantations du monde.

Rwanda

Les colons allemands et belges ont toujours soutenu la domination tutsi du Rwanda, et depuis qu'un gouvernement hutu a obtenu l'indépendance en 1962, les guerres tribales n'ont cessé de sévir. L'Arabica est généralement de bonne qualité, mais presque excessif : le sol extrêmement riche, la forte pluviosité, le soleil puissant et la croissance rapide contribuent peut-être au goût herbeux caractéristique des cafés rwandais, sauf ceux de qualité supérieure. Le café reste encore la principale source de revenus du pays, et en dépit des guerres et des insectes nuisibles, sa production est en hausse. Le Comité rwandais du café projette actuellement de réhabiliter 76 des 140 communes productrices en fournissant engrais, pesticides et nouveaux plants à haut rendement.

Sainte-Hélène

Cette île de l'Atlantique Sud, qui bénéficie encore d'une aide financière britannique, fut annexée par la Compagnie anglaise des Indes orientales en 1659 et commença à produire du café à partir de graines rapportées du Yémen en 1732. La culture fut abandonnée un temps, ne laissant que quelques caféiers sauvages.

Les principales activités économiques de l'île ne peuvent aujourd'hui soutenir la population, mais un torréfacteur entreprenant réhabilita, en 1980, une petite industrie caféière qui pourra bientôt être reconnue pour son café biologique de qualité, produit à la main, acide et bien équilibré.

São Tomé e Príncipe

Si le cacao rapporte 90 % de ses revenus à l'exportation, São Tomé produit

CI-DESSUS – Les cerises de café perdent leur peau et leur pulpe dans les dépulpeuses à eau.

*CI-DESSUS – Les cerises, mises à sécher, doivent être ratissées et retournées
pour un séchage complet et homogène précédant le décorticage.*

encore du café, notamment un Arabica assez prisé, cultivé dans le riche sol volcanique. Depuis que le régime marxiste, qui avait nettement réduit la culture du café, a cédé la place à une constitution démocratique en 1991, les îles cherchent à nouer des relations plus étroites avec les pays occidentaux, notamment leur ancien colonisateur, le Portugal, et avec les États-Unis. Leur café sera alors peut-être davantage présent sur le marché mondial.

Sierra Leone
Voici un nouvel exemple de pays décimé par les coups d'État et la guerre civile. Jusqu'en 1985, le Robusta cultivé dans cette ancienne colonie britannique comptait parmi les meilleurs cafés à mélange d'Afrique, en raison de sa qualité assez bonne et de la neutralité de sa tasse, critère très important pour le Robusta.

Soudan
Ce pays bénéficie de hautes altitudes et le café, propagé par les oiseaux et autres animaux d'Éthiopie, y pousse à l'état sauvage. Toutefois, les ambitieux projets d'il y a quelques années, visant

à cultiver davantage de cet excellent Arabica, n'ont rien donné. Une série de fléaux – guerres civiles, sécheresses, maladie et famine – ainsi que l'isolement international dû à des questions de droits de l'homme et de terrorisme ont contribué à l'anéantissement de toute l'industrie caféière.

Tanzanie
Malgré sa grande pauvreté, la Tanzanie progresse dans tous ses domaines d'activité. Le programme de réforme économique a réduit l'inflation et le déficit budgétaire, et l'aide du FMI lui permet de réorganiser son secteur agricole. Le café est la principale culture de la Tanzanie, mais alors qu'autrefois la majorité de l'Arabica provenait des grandes plantations, laissant le Robusta aux petits exploitants, aujourd'hui, de nombreuses petites caféières ayant accès au matériel d'une coopérative peuvent cultiver de

CI-CONTRE –
Chagga de Tanzanie.

l'Arabica. L'excellent café lavé rappelle le café kenyan, mais son acidité est moins intense et l'impression générale est celle d'un café plus doux et léger. En outre, sa qualité n'est pas aussi constante que celle du café kenyan. L'ancienne variété Bourbon produit encore le meilleur goût, arôme et corps. Moshi, près du Kilimandjaro, est un grand centre commercial de café, dans une région où nombre de petits exploitants cultivent plusieurs variétés de café à l'ombre des bananiers.

CI-CONTRE –
Jamaica Blue
Mountain torréfié.

autres cafés antillais. Une bonne récolte donne une tasse bien équilibrée, au goût de noisette, à l'acidité forte mais non dominante, à la saveur suave et à la tasse « propre » mais intéressante. Le corps est peut-être un peu faible, et quiconque aime le café corsé devra augmenter la dose pour obtenir une tasse à son goût. Une récolte inférieure, d'autant plus probable que ces dernières années ont connu une surproduction et sans doute un traitement moins soigneux, peut être tout à fait décevante et aisément dépassée par un café costaricain, guatémaltèque ou même cubain.

Le marché du JBM est en passe de changer : le Japon qui, pendant près de trente ans, était son principal acheteur, a été sévèrement touché par la crise économique de l'Asie, ce qui pourrait bien altérer la répartition de ce café le plus cher du monde s'arrachant à des prix exorbitants.

Martinique

Cette île au milieu des Petites Antilles, décrite par Christophe Colomb comme « le plus beau pays du monde », est l'endroit où, dans les années 1720, le capitaine Gabriel de Clieu décida de planter le caféier issu de la serre royale de Louis XIV. Premier spécimen de café à pénétrer l'hémisphère occidental, il croissait dans le riche sol volcanique de la montagne Pelée, et fut à l'origine de millions de caféiers cultivés dans le Nouveau Monde au début de l'ère coloniale.

Après un siècle de succès, les plantations périclitèrent, gravement endommagées par les catastrophes naturelles que l'île, située dans « l'Allée des cyclones », subit tous les cinq ans environ.

Aujourd'hui, les Martiniquais, comme les Guadeloupéens, sont fortement touchés par le chômage et, en dépit de l'aide française, le café a pratiquement disparu. Les quelques vieux plants restants sont irrégulièrement entretenus, néanmoins le climat, le sol et la main d'œuvre étant très propices, on peut espérer que la situation s'améliore.

Mexique

Le Mexique, qui cultive plusieurs Arabicas de qualité moyenne, essentiellement lavés, classe ses récoltes selon des termes d'altitude similaires à ceux du Guatemala. De nombreuses régions du sud du pays cultivent le café et, certaines variétés poussant en altitude et présentant des goûts intéressants, difficiles à décrire et parfois imprévisibles, se distinguent.

Dans l'État de Veracruz, dans le golfe du Mexique, la région montagneuse près de Coatepec produit un excellent Altura, caractérisé par un corps léger, une acidité à peine piquante et sèche, parfois teintée de notes noisetées ou chocolatées. Les Alturas de Huatusco, non loin, et d'Orizaba, plus dans les terres, sont également très fins. Oaxaca, l'État à l'extrême sud-ouest, donne son nom à de bons cafés, dont l'Oaxaca Pluma. Chiapas, qui jouxte la frontière sud avec le Guatemala, cultive de

CI-DESSUS –
Café vert Jamaica
Blue Mountain.

CI-DESSUS – La première étape du traitement des cerises consiste à les rincer à l'eau.

CI-CONTRE –
*Café mexicain
torréfié.*

Dans des conditions normales, Matagalpa et la ville voisine de Jinotega produisent le meilleur café nicaraguayen, dont le SHG, réputé pour ses grosses fèves, son acidité légèrement salée, son corps assez prononcé et son bon arôme. La version locale de la variété Maragogype présente les fèves les plus grosses du monde, mais son goût n'est pas aussi universellement apprécié que celui du Maragogype du Guatemala.

grandes quantités d'Arabica vendu sous le nom de Tapachula. Riches en goût et très aromatiques, tirant parfois sur l'aigre, les Alturas et les SHG mexicains ne sont certes pas du goût de tout le monde.

Comme la plupart des pays d'Amérique centrale, le Mexique est sujet aux séismes, notamment dans les régions montagneuses où croissent les meilleurs cafés. En raison de sa taille et de sa situation géographique, le Mexique n'est toutefois pas toujours touché par les catastrophes qui dévastent les autres pays d'Amérique centrale. Alors que le Honduras, le Salvador, le Nicaragua, le Guatemala et le Panama subissaient les inondations, la pluie et l'humidité provoquées par le cyclone Mitch, le Mexique était en proie à une sécheresse qui dura six mois et entraîna la perte d'environ 400 000 sacs.

Nicaragua

Ce pays très pauvre, dont le café représente la principale culture d'exportation, enregistra des pertes de 30 % (sur une récolte qui s'élevait à un million de sacs) lors du cyclone Mitch de 1998. Néanmoins, 20 % des dégâts dus à l'impraticabilité des routes ne constituaient pas une perte définitive. Les 10 % restants furent totalement détruits par la coulée de boue du volcan Casita qui ravagea des plantations entières dans la région de Matagalpa. Tous les cafés sont des Arabicas traités par voie humide et cultivés dans des sols volcaniques.

Panamá

Les principaux cafés panaméens poussent dans l'Ouest, près de la frontière costaricaine, sur les hauts versants du volcan Barú, où les noms régionaux sont David et Boquet. La région de Chiriquí et, un peu plus à l'est, Tole, produisent des Arabicas lavés d'altitude assez réputés. Le Café Volcan Barú est un nouveau café gastronomique issu de la même région. Les cafés SHB se distinguent par leur couleur vert foncé, leur corps léger, leur acidité puissante mais non mordante et leur agréable saveur suave ; les principaux acheteurs sont les Français et les Scandinaves. Les dégâts causés par le cyclone Mitch représentent un cinquième de la récolte 1998-1999, soit environ 45 000 sacs.

Porto Rico

Cette île antillaise a su réhabiliter une activité caféière en pleine agonie. Reconnu pour sa production des meilleurs crus du monde, Porto Rico est le fournisseur du Vatican. Il y a quelques années, il produisait moins de café qu'il n'en consommait et, en 1968, il cessa complètement d'exporter du café car il devait en importer.

CI-DESSUS – *SHG du Nicaragua,
torréfaction moyenne.*

Parallèlement, la loi américaine sur les salaires minimums, en vigueur dans l'État libre associé de Porto Rico, conférait aux travailleurs portoricains un niveau de vie nettement supérieur à celui des autres nations des Caraïbes, et attirait l'industrie américaine vers sa main-d'œuvre « bon marché ». Comme presque aucune plantation de café ne pouvait payer les salaires minimums exigés par les États-Unis, la production du café cessa, à l'exception de quelques milliers de petits exploitants qui se regroupèrent en coopératives locales. Aujourd'hui, au moins deux de ces coopératives, Yauco (qui propose un Yauco Selecto exquis) et Lares, ont ravivé l'industrie caféière en produisant,

CI-DESSOUS – *Maravilla
torréfié du Nicaragua.*

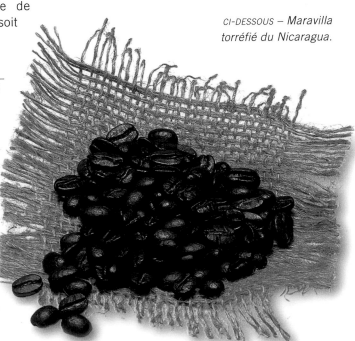

CI-DESSUS – *Café de Boquet, au nord-ouest de Panama, torréfaction moyenne.*

conformément à la demande américaine en cafés d'exception, des fèves d'anciennes grandes variétés, soigneusement cueillies et triées. Ces cafés gastronomiques sont peu rentables et affichent des prix élevés que certains amateurs étrangers sont prêts à payer.

Les crus portoricains, que l'on peut qualifier de plus « puissants » du monde, sont réputés pour leur arôme intense et leur goût profond, riche et étonnamment suave, qui est parfaitement compensé par un liquide épais. On peut se réjouir de les voir à nouveau sur le marché.

Salvador

Ce petit pays pauvre et surpeuplé, traversé par deux chaînes volcaniques, ne possède aucune ressource naturelle. Son infrastructure (routes, ponts et électricité), détruite par dix ans de guerre civile, ne tient plus que par le café et l'aide internationale. Ayant peu de chance de se diversifier, le pays compte sur son Arabica pour lui fournir 90 % de ses recettes à l'exportation, malgré les attaques de rouille et d'insectes.

En octobre 1998, les pluies torrentielles du cyclone Mitch dévastèrent au moins 150 000 sacs, et plus encore furent probablement détruits par les champignons issus de l'humidité. Le café du Salvador (son nom de marque) pousse à diverses altitudes, souvent hautes, et sa classification varie en conséquence : le SHG bleu-vert, avec son goût acidulé, sa texture relativement dense et ses notes suaves, est le meilleur. Pipil est le nom de marque d'un excellent café biologique.

Trinité-et-Tobago

Ces deux îles, au nord-est du Venezuela, cultivent de « petites quantités » de Robusta, essentiellement destiné à la production de café soluble. En fait, ces quantités forment une récolte qui excède chaque année celles réunies du Liberia, du Gabon, de la Guinée-Équatoriale et du Bénin. Après s'être défaites du joug britannique en 1962, ces îles pétrolifères connurent une grande prospérité en augmentant l'extraction et le raffinage de leur pétrole.

Récemment, toutefois, les prix mondiaux du pétrole ont incité le pays à se diversifier. Tobago, dont les plages mais aussi les papillons sont très réputés, a fini par développer son tourisme. Derrière sa façade optimiste, l'intérieur de Trinité abrite bon nombre de fermiers touchés par la pauvreté ; le chômage, la criminalité, la drogue et les marées noires constituent une menace constante. Cependant, on peut espérer que la culture du café, activité exigeante mais gratifiante, offre bientôt une solution annexe à l'industrie touristique.

CI-DESSUS – *Caféier couvert de cerises mûres prêtes à être cueillies.*

AMÉRIQUE DU SUD

En qualité de plus gros producteur de café du monde, le Brésil domine cette région, mais ne saurait éclipser les cafés très intéressants de certains autres pays.

Argentine

L'Argentine produit tellement peu de café que ses chiffres de production sont difficiles à obtenir. Le Tropique du Capricorne coupe l'extrême nord du pays, et les deux grandes régions où l'on peut cultiver le café sont le nord-est tropical, modérément humide, où il fut introduit par les Jésuites en 1729 à Misiones, et les provinces andines du nord-ouest, près de Tucumán. Situés hors de la zone tropicale, les caféiers Arabicas argentins sont sujets aux ravages périodiques du gel.

Bolivie

Le café bolivien est un Arabica lavé récolté à la main. Bien que la plus grande partie soit exportable, la Bolivie est un pays enclavé, peu propice à l'acheminement. Le café est cultivé sur 12 000 ha environ, notamment dans des régions si reculées qu'il n'y a pratiquement aucun moyen de transporter les fèves en dehors de certaines saisons. En outre, comme pour d'autres pays sud-américains, la tentation de produire du cacao est souvent très forte pour les populations habitant les régions les plus pauvres.

Les cafés sont légèrement amers, mais, à en juger par les chiffres des dernières années, la production s'améliore de manière quantitative et qualitative, les vieux caféiers étant peu à peu remplacés. Peut-être la Bolivie pourra-t-elle bientôt fournir au marché mondial un café plus accessible.

Brésil

Énorme, tel est le terme qui s'applique à la production de café brésilienne qui, malgré la fluctuation des chiffres d'une année à l'autre, représente généralement un tiers de la production mondiale. Cependant, à la différence de nombreux autres pays producteurs qui exportent tout leur bon café et n'en gardent que très peu, les Brésiliens consomment en un an près de 12 millions de sacs, la majorité sous la forme du très prisé *cafèzinho,* cette petite tasse de bon café noir qu'ils boivent plusieurs fois par jour.

On constate d'ailleurs qu'au Brésil, « petit déjeuner » se dit *café da manhã* (café du matin), alors qu'au Portugal, qui en théorie parle la même langue, cela se traduit un peu comme en français par *primeiro almoço* ou *pequeno almoço.*

Types de café Le Brésil cultive de l'Arabica et du Robusta, mais sa récolte consiste surtout en Arabica, généralement traité par voie sèche. Traversé par l'Équateur et le Tropique du Capricorne, le pays occupe une grande part de zone tropicale, et environ 3 millions d'hectares sont dédiés au café. Au nord du pays, où le climat est plus chaud et le relief plus plat, on cultive le Robusta (de la variété Conillon), à l'abri de la lumière directe du soleil.

Le café s'améliore vers le sud du pays, où l'on cultive un excellent Arabica, bien que ces régions de hauts plateaux soient très proches de l'extrémité inférieure de la zone tropicale, et donc sujettes au gel. Quand des gelées sont prévues au sud du Brésil, les cours internationaux du café s'envolent aussitôt, dans l'éventualité d'une pénurie.

Dix-sept États brésiliens cultivent plusieurs variétés de café, mais quatre

CI-DESSUS – Chaque sac de cet entrepôt brésilien contient la récolte annuelle de 60 caféiers.

CI-DESSUS – *Vue aérienne de l'une des immenses plantations de café brésiliennes. Le relief plat suggère une culture de Robusta.*

CI-DESSUS – *Café vert Santos du Brésil.*

ou cinq régions dominent la culture du café exportable. Les fèves brésiliennes sont identifiées, catégorisées et classifiées selon toutes sortes de critères, dont le premier est le port d'expédition. L'État septentrional de Bahia, qui produit un bon Arabica lavé, outre des cafés nature plus ordinaire, ainsi qu'une petite quantité de Maragogype, exporte son café via le port de Salvador de Bahia. Le petit État d'Espírito Santo expédie ses fèves de qualité moyenne depuis Vitória ; le vaste État de Minas Gerais (dont le café Sul de Minas est excellent) utilise les deux ports de Rio de Janeiro et de Santos, ce dernier

acheminant également les divers cafés produits dans l'État de São Paulo. Santos exporte les « fèves plates » de Santos et le Bourbon Santos, de qualité supérieure. Le port d'exportation le plus au sud est celui de Paranagua, d'où part le café de l'État de Paraná.

Quantité ou qualité Les Arabicas ne rentrent généralement pas dans la catégorie des cafés gastronomiques ou d'exception. En fait, s'ils devaient décrire ces cafés extrêmement variables, la plupart des experts diraient que le café brésilien est de qualité médiocre à moyenne,

d'acidité faible à moyenne et de goût neutre ou plat, caractéristiques plus ou moins communes aux millions de sacs exportés. Une partie du problème, en matière de qualité, vient du fait que le Brésil est un pays immense qui se prête aux énormes plantations, et que la cueillette ne se fait jamais à la main mais plutôt en faisant

CI-CONTRE – *Café brésilien Sul de Minas, torréfaction moyenne.*

tomber les cerises des caféiers, ou même à la machine. Dans l'un ou l'autre cas, la cueillette inclut des fruits à divers stades de maturité, et il y a de fortes chances pour que ceux-ci ne soient pas triés ultérieurement, ce qui, bien sûr, ne favorise pas l'homogénéité

CI-DESSUS – Le café trié et calibré est mis en sac, prêt à être exporté.

et « bonne tasse », elles intègrent des termes plus vagues, tels « strictement doux » et « rioté ».

Le café rioté est celui qui donne aux mélanges du Moyen-Orient leur goût si particulier. Tel quel, ce café a un goût médicinal, âpre, évoquant l'encre ou l'iode. On pense que cela provient de certains micro-organismes et que cela ne touche pas systématiquement chaque année les récoltes issues du même sol, bien que les régions dans lesquelles on note ce goût aient considérablement augmenté. Rejeté par la plupart des pays pour son caractère hautement défectueux, le café rioté est en revanche très prisé des Turcs, des Grecs, des Chypriotes et de la plupart des pays du Moyen-Orient, ainsi que des Danois. Mélangé à du café éthiopien, il semble bénéficier de la pratique orientale consistant à faire bouillir le café avec du sucre.

Il fut un temps où le café brésilien représentait 60 % de la production mondiale, et c'est avec ce café que l'on faisait pratiquement tous les mélanges du monde. Son caractère discret, son corps agréable et son abondance s'y prêtent en effet très bien. Il est intéressant de noter que les statistiques préliminaires de l'Organisation internationale du café pour la récolte 1998 placent la « valeur unitaire » moyenne des exportations brésiliennes à 110,95 cents américains par livre, ce qui est très proche du prix moyen de tous les cafés du monde réunis : 110,05 cents par livre. Ces chiffres signifient qu'un fabricant, au moment de sélectionner un café destiné à donner un bon goût à un mélange de prix moyen, doit le compléter avec une variété moins chère que le café ordinaire brésilien.

Colombie

Malheureusement, le sol riche qui produit les meilleurs cafés colombiens est le résultat de l'activité volcanique qui sévissait autrefois dans cette région particulièrement instable. Si le terrible tremblement de terre qui, au mois de janvier 1999, dévasta le cœur de la plus grande région caféière de Colombie épargna miraculeusement la plupart des

de la production. Théoriquement, même les cueillettes les plus méticuleuses ne compenseraient pas l'absence de très hautes altitudes dans la topographie du Brésil ; sans altitude, l'acidité cède le pas au caractère neutre que l'on attribue à la plupart des cafés brésiliens.

Il y a cependant des exceptions, et ceux qui écartent systématiquement le Brésil de la liste des producteurs de café gastronomique ne connaissent probablement pas les meilleurs cafés Santos, qui ne sont peut-être pas très accessibles mais qui existent.

Dans certaines plantations du sud du Brésil, la qualité est une priorité, et le

soin donné à la culture ainsi qu'au traitement a favorisé la production de merveilleux cafés : moelleux, bien équilibrés et douceâtres. Les meilleurs cafés proviennent des jeunes plants de la variété Bourbon, dont les petites fèves rondes produisent une excellente tasse, une bonne acidité et suavité. Au bout de quelques récoltes, les fèves Bourbon grossissent et perdent un peu de leur goût : le café est alors décrit comme un « Santos à fèves plates ».

Les classifications gustatives peuvent être assez déconcertantes car, outre des termes relativement évidents comme « corsé », « tasse pauvre », « tasse franche »

*CI-CONTRE – La qualité des millions
de sacs exportés par le Brésil
n'est généralement que moyenne.*

La Cordillère centrale est la région la plus productive d'un point de vue quantitatif et qualitatif : elle comprend le célèbre Medellín, l'un des cafés les plus équilibrés de Colombie, conjuguant une densité de corps à une acidité et un goût moyens. Manizales, une autre ville

*CI-DESSUS – Café Popayán Excelso
de Colombie, torréfaction foncée.*

de la zone centrale, et Armenia, dans la Cordillère occidentale, dont les cafés sont moins acidulés mais à la texture vineuse et à l'excellent arôme, constituent, avec Medellín, l'acronyme MAM, sous lequel la majorité des sacs colombiens sont exportés. L'autre favori de cette zone est le Libano qui, sous sa forme Supremo est un véritable plaisir pour les yeux, ses grosses fèves se torréfiant de manière très uniforme. Popayán et San Agustín sont des cafés réputés de la partie sud de la Cordillère centrale, tout comme le café de la région de Nariño, tout près de l'Équateur. Nariño a la réputation de produire la tasse préférée du Vatican (une distinction également revendiquée par Porto Rico), et Starbucks, la chaîne américaine de magasins de café, détiendrait également des droits exclusifs sur les fèves Supremo de Nariño.

La région caféière orientale produit encore une demi-douzaine de cafés commerciaux, dont deux sont particulièrement réputés pour leur qualité : Bogotá, issu des environs de la capitale, est un café fin légèrement moins acide que ceux de la zone centrale, et Bucamaranga, de la partie plus au nord

caféiers, les infrastructures agricoles enregistrèrent 65 % de pertes, ce qui pourrait nuire à la qualité des fèves, les fermiers essayant d'économiser pour les réparations.

Quoi qu'il en soit, la Colombie occupera toujours la deuxième place dans les statistiques générales de la production du café, son rival le plus proche étant le Viêtnam, dont la production de Robusta, quoique en hausse, représente moins de la moitié de la production colombienne.

Régions productrices Les trois chaînes de montagnes ne sont en fait que des successions de contreforts andins orientés nord-sud, et c'est sur leurs pentes que croît l'Arabica de Colombie, à des altitudes comprises entre 800 et 1 900 m. Le café est intégralement cueilli à la

main – il serait de toutes façons très difficile de faire autrement, les flancs étant très escarpés – et les caféiers sont généralement ombragés par des bananiers. Le climat fournit de l'humidité en abondance, rendant l'irrigation et le paillage inutiles.

*CI-DESSUS – Le café Supremo
de Colombie, torréfaction moyenne.*

de la Cordillère orientale, présente l'acidité faible et le goût rond et douceâtre d'un café « doux ».

Saveur et arôme Les vieux cultivars d'Arabica sont progressivement remplacés par d'autres variétés plus productives, dont la rentable Variedad Colombia. Développée en Colombie, cette souche d'Arabica a également été introduite dans d'autres pays, au grand désarroi des dégustateurs, qui trouvent le goût de cette nouvelle variété décevant, surtout par rapport aux fèves Bourbon qui offrent un mariage très heureux de saveur, d'arôme, de corps et de couleur, notamment quand le café est servi avec du lait ou de la crème. L'acidité des cafés colombiens égale rarement celle de certains cafés kenyans ou costaricains,

CI-DESSUS – *Café San Agustín de Colombie, torréfaction moyenne.*

mais en général, le pays produit une tasse plus équilibrée, surtout parmi les cafés corsés.

La Colombie jouit d'un avantage sur tous les autres pays sud-américains : elle peut exporter son café par les deux

océans. La récolte destinée à l'exportation est équitablement répartie entre les ports de Buenaventura sur le Pacifique, et Cartagena, Barranquilla et Santa Morta sur la mer des Caraïbes. La grande facilité d'accès des plantations aux grandes routes commerciales, associée à la promotion internationale effectuée par la *Federación Nacional de Cafeteros de Colombia,* favorise la solidité du marché en Amérique du Nord comme en Europe.

La Colombie exporte également le plus grand volume du monde de café soluble, essentiellement sous forme lyophilisée, dont le chiffre pour 1998-1999 devait atteindre 659 000 sacs.

Équateur

L'Équateur, comme le Brésil, cultive de l'Arabica et du Robusta. Les premiers sont exclusivement nature, tandis que les seconds sont lavés ou traités par voie sèche. Les fèves géantes d'Arabica (Gigante ou Galapagos) sont lourdes d'humidité mais produisent une liqueur peu corsée, au médiocre et léger goût de bois mais à l'arôme satisfaisant. Les caféiers sont ombragés par des bananiers et des cacaotiers.

Galapagos (îles)

Les amateurs de bon café seraient avisés de garder un œil sur le café cultivé dans les très hautes altitudes de la petite île de San Cristobal. Les plantations existaient bien avant que les îles ne deviennent un parc national et soient interdites de tout développement agricole et usage de produits chimiques. Le café biologique en résultant serait excellent, et les possibilités de développement de cette plantation familiale ne manquent pas.

Guyana

Les trois colonies hollandaises – Berbice, Demerara et Essequibo – tombèrent sous la coupe britannique en 1814 pour devenir la Guyane-Britannique. Indépendant depuis 1966, le Guyana produit de la bauxite, de l'or, du riz, du sucre et des diamants, et cultive encore un peu de café, notamment du Liberica de qualité inférieure dont une grande partie est

CI-DESSUS – *La cueillette manuelle en Colombie est difficile en raison du terrain montagneux.*

consommée localement, après un passage aux États-Unis qui le lui restitue sous forme soluble.

Guyane française

Ce département d'outre-mer, tristement réputé pour les bagnes de Cayenne et des îles du Salut, se compose essentiellement de jungle équatoriale et de forêt tropicale aux espèces variées. L'unique café produit actuellement provient de plants de Robusta cultivés dans des jardins privés, mais la Guyane connut son heure de gloire au début du XVIIIe siècle, époque à laquelle la petite colonie permit le passage de la précieuse fève jusqu'au Brésil.

Paraguay

Voilà un certain temps que le Paraguay s'efforce d'augmenter sa production d'Arabica. Dépourvu de ressources minérales, enclavé et loin de tout, ce pays dépend de son agriculture pour subsister et mise sur la bonne santé financière de ses voisins vers lesquels il exporte de l'électricité en quantité, et sur la contrebande. Les cafés sont des Arabicas traités par voie sèche, cultivés surtout près de la frontière orientale, là où l'altitude est la plus élevée, et la tasse offre une qualité similaire à celle des Arabicas ordinaires produits à Paraná, côté Brésil. Tous les cafés doivent être transportés par voies de terre, périodiquement impraticables, avant d'être expédiés depuis les ports du Brésil, de l'Argentine et du Chili.

Pérou

Culture majeure du Pérou, le café fait vivre les nombreuses familles pauvres travaillant dans les petites exploitations des contreforts andins. Puno, sur le lac Titicaca, Cuzco et les vallées de l'Urubamba et du Chanchamayo, ainsi que les régions septentrionales de Piura, San Martín, Cajamarca et Lambayeque, produisent des cafés de bonne qualité, issus de la culture biologique,

et constituent des régions où la qualité est importante et en hausse. En général, les cafés péruviens – doux, agréables et suaves – sont excellents en mélange, et certains crus de grande classe commencent à apparaître.

Surinam

Le Surinam tomba sous la coupe hollandaise en 1667, date à laquelle les Anglais l'échangèrent contre la Nouvelle-Amsterdam (New York), et devint une république indépendante en 1975. La culture du café fut introduite en Amérique du Sud par son intermédiaire. Aujourd'hui, le pays ne produit qu'un peu de Liberica au goût sauvage, vendu à la Norvège.

Venezuela

Les meilleurs cafés produits dans ce pays

CI-CONTRE – *Le Pérou exporte la plupart de ses Arabicas lavés, gardant les non lavés pour sa propre consommation.*

pétrolifère sont ceux cultivés quasiment sur la crête de la chaîne de Mérida, et qui sont connus sous le nom collectif de Maracaibo, d'après leur port d'expédition. Parmi les bons Maracaibos figure le Tachira, produit dans l'État le plus à l'ouest ; les régions de Mérida, Trujillo et la ville de Cúcuta donnent également leur nom à de bons cafés. Le reste est exporté sous le nom des *haciendas* qui les cultivent. Le café des montagnes orientales prend le nom de Caracas, étant proche de la capitale.

L'industrie caféière, qui a beaucoup perdu de sa qualité pendant les nationalisations des années 1970, est en train de remonter, sans aucun doute encouragée par le marché du café gastronomique. Certaines des anciennes *haciendas* produisent à nouveau de délicieux cafés, quoique inhabituels. Les cafés vénézuéliens, contrairement aux autres productions sud-américaines, sont délicatement légers, légèrement vineux, à l'acidité modérée et à l'arôme et au goût assez plaisants et particuliers.

CI-CONTRE – *Le Venezuela produit des fèves comme celles-ci depuis 1730.*

PACIFIQUE SUD ET ASIE DU SUD-EST

Cette région rassemble certains des pays producteurs les plus dynamiques.

Australie

Près de 40 % de l'Australie s'étend au-dessus du Tropique du Capricorne, mais la majorité de cette zone tropicale n'est pas adaptée à la culture du café : les pluviosités, quoique adéquates, sont très variables et l'altitude requise pour produire un bon Arabica est limitée. Quoi qu'il en soit, le Queensland produit des Arabicas depuis les années 1970 au moins, dont certains de façon expérimentale. L'un d'eux, le Skybury, a atteint une renommée internationale au début des années 1980 et ne s'en est jamais départi. Cultivé à partir de la même variété Blue Mountain que le célèbre Sigri de Nouvelle-Guinée, le Skybury a reçu les éloges de maints experts. Au moins, son prix lui assurera un sort différent de celui d'autres cafés des années 1980 : les Australiens consommant beaucoup plus de café que les agriculteurs ne peuvent en produire, tout produit de qualité moyenne gagnant l'approbation du marché national devra probablement, à un certain stade, être complété par du café importé, notamment de Papouasie-Nouvelle-Guinée.

Cambodge

Les caféières du Cambodge apparurent il y a environ quarante ans. Très vite, le café – essentiellement du Robusta mais aussi un peu d'Arabica – fut cultivé dans au moins cinq régions différentes. Après les terribles événements qui secouèrent le pays pendant plusieurs années, il est difficile aujourd'hui d'imaginer l'état des plantations. On espère toutefois que le Cambodge, comme le Viêtnam, réhabilitera son activité caféière.

Chine

On sait que l'Arabica chinois est cultivé et traité dans la province sud-ouest du Yunnan, où les montagnes jouxtent le Tropique du Cancer, tout au nord de la ceinture tropicale. Là, les températures estivales sont modifiées par les hautes altitudes et les précipitations abondantes, tandis que les hivers doux

CI-CONTRE – Café vert Skybury d'Australie.

et secs bénéficient de températures comprises entre 8 et 20 °C. Le gouvernement ne révélant pas ses chiffres de production, et certains pays, notamment la Tanzanie, payant ses dettes sous forme de café, il n'y a aucune garantie que le café exporté ait véritablement été cultivé en Chine. L'Organisation internationale du café encourage activement la consommation du café en Chine, qui pourrait favoriser sa production, les conditions requises à sa culture étant réunies.

Fidji

Indépendant en 1970, le pays est devenu une république en 1987, qui a été exclue du Commonwealth. À une époque, Fidji cultivait une petite quantité de Robusta, qu'elle traitait par voie humide et qu'elle vendait essentiellement à la Nouvelle-Zélande. Les îles importaient également du café pour leur propre consommation.

L'île volcanique de Viti Levu consiste essentiellement en montagnes, dont le mont Victoria (1 324 m) et quelques hautes éminences éparpillées sur d'autres petites îles. Dans son effort pour diversifier ses revenus, Fidji développera peut-être sa production de café.

Hawaii

L'archipel cultive du café depuis 1818, et aujourd'hui les îles de Kauai et d'Hawaii sont les seules productrices, bien que ce soit le café de cette dernière, poussant sur les pentes du volcan Mauna Loa, dans la zone occidentale de Kona, qui donne son nom

à l'unique café cultivé aux États-Unis. Les opinions vis-à-vis du Kona divergent : on peut certainement le comparer au Jamaica Blue Mountain, mais si le climat et le sol sont idéaux, le traitement très soigneux et l'aspect des fèves impeccable, la zone productrice est toutefois limitée. C'est un produit naturel et certaines récoltes sont, en conséquence, meilleures que d'autres. Rare et coûteux, il est présent dans de nombreux mélanges vendus sous le nom de Kona, qui ne contiennent en fait que 5 % du véritable produit (ce qui n'empêche pas les mélanges d'être délicieux, étant souvent composés d'autres cafés supérieurs, mais moins chers, d'Amérique latine). L'industrie caféière doit rivaliser avec l'industrie touristique, sa main-d'œuvre et ses salaires très élevés par rapport à ceux d'autres pays.

Arôme et saveur Le Kona hawaiien diffère du JBM de diverses façons, bien qu'il partage son acidité « franche », son corps moyen et son arôme fin. De même, l'adjectif « noiseté » s'applique parfois aux deux variétés. Certains experts détectent dans le Kona une saveur épicée, rappelant la cannelle, que l'on ne trouve pas dans le café de Jamaïque,

CI-DESSUS – Café Kona de Hawaii, torréfaction moyenne.

CI-DESSUS – *Plantation de café dans les plaines de Kauai, à Hawaii.*

tandis que d'autres ont du mal a y déceler le moindre goût.

Lors de très bonnes années, aucun caféier au monde ne peut rivaliser avec le volume de fruits que produisent les plants de Kona. La façon la plus sûre de boire le Kona est de le siroter en compagnie des autochtones, à qui sont réservées les meilleures fèves. Les touristes sont souvent prêts à payer le prix fort, qui est très exagéré quand on sait qu'ils sont exempts de frais d'expédition.

Inde

L'économie indienne est en pleine mutation, abandonnant sa position de protectionnisme en faveur d'un marché libre international. L'industrie du café, nationalisée depuis un certain temps, n'a guère incité les producteurs à améliorer la qualité ou à développer l'individualité de leur café. Les fèves de toutes les régions étaient jusqu'alors « mélangées » par le Comité indien du café selon un système de classification uniforme (Plantation A, Plantation B, etc.). Depuis le 16 décembre 1998, le Parlement indien permet aux exploitants de vendre 100 % de leur récolte sur le marché libre. On imagine donc que les anciens noms de café, très évocateurs, seront remis au

goût du jour, notamment pour l'Arabica, qui représente 40 % de la production.

Régions productrices La région dédiée à l'Arabica couvre en gros les trois États du sud-ouest. Mysore, qui représente la majorité de l'Arabica, est le café cultivé dans ce qui est aujourd'hui l'État du Karnataka. Ce café peut être décrit comme ayant un corps satisfaisant, une acidité faible, une suavité douce et un goût fort et équilibré. Toutefois, on le qualifie parfois de neutre, ce qui est probablement dû aux Arabicas de la variété Kent, généralement moins parfumés que les vieux classiques comme le Bourbon. L'État du Tamil Nadu produit un bon Arabica, dont celui cultivé en altitude dans la région occidentale de Nilgiri.

L'Arabica le plus intéressant, à la fois par son nom et son goût est le Monsooned Malabar non lavé. La côte de Malabar forme le littoral occidental

CI-DESSUS – *Café Plantation A d'Inde, torréfaction moyenne.*

de tout l'État du Kerala. À l'époque des grands voiliers, quand le café mettait des mois à atteindre l'Europe, il prenait un goût très particulier en cours de voyage en raison de son exposition à l'air marin et à l'humidité ; sa couleur, également, passait du vert au jaunâtre. Les consommateurs européens se familiarisèrent avec ce corps particulier et ce goût enrichi quoique inhabituel et, quand la vapeur remplaça les voiles des navires, l'Inde commença à reproduire artificiellement ce goût en exposant le café pendant six semaines aux vents de mousson humides du sud-ouest, dès mai ou juin.

Ces cafés insolites ne sont pas sans rappeler les cafés « vieillis » que l'on

CI-DESSUS – *Café vert de Mysore en Inde.*

trouve notamment à Java, Sumatra et dans les Célèbes, mais ils sont généralement moins chers et plus faciles à obtenir.

Indonésie

L'industrie caféière est le revenu de près de 5 millions d'Indonésiens, et rivalise actuellement avec le Viêtnam pour la troisième place des pays les plus prolifiques. Elle produit 90 % de Robusta ordinaire, le reste se partageant en Arabicas très variés. L'Indonésie, qui forme l'archipel le plus vaste du monde, s'étend sur 5 000 km et ses 13 677 îles occupent trois fuseaux horaires différents. Il n'est donc pas surprenant que ses Arabicas, qui ont beaucoup plus de potentiel que les Robustas en matière de personnalité, présentent autant de disparité, voire d'excentricité. La description habituelle de la plupart des Arabicas indonésiens comprend les termes de riche, corsé,

CI-DESSUS – *Café Monsooned Malabar d'Inde, torréfaction moyenne.*

CI-DESSUS – Café torréfié Lintong Grade 2 de Sumatra.

faiblement acide et persistant en bouche, outre des termes plus spécifiques à chaque café. Trois îles principales, et deux plus petites, produisent à elles seules près de 100 % du café indonésien, Arabica et Robusta confondus.

Sumatra La grande île la plus à l'ouest en cultive 68 %. L'Arabica se vend en grande partie sous l'appellation de Sumatran ou Blue Sumatran ; de nombreux caféiers viennent d'être plantés dans un sol volcanique vierge, hautement biologique et très fertile, et les cafés, qui ne sont que partiellement lavés, ont beaucoup de force et de personnalité.

L'un des rares cafés lavés est le gastronomique Gayo Mountain, agréablement épicé et au goût d'herbe exotique, baptisé d'après son lieu d'origine, dans la province d'Aceh, située à l'extrême nord-ouest. Le Linthong (ou Lintong), cultivé au nord de Sumatra, est semblable, quoique moins systématiquement bon, au Mandheling, qui vient des régions nord et centre-ouest.

Le Mandheling, au goût riche et profond et au velouté d'un café peu

CI-DESSUS – Café vert Mandheling Grade 2 de Sumatra.

acidulé, mérite le titre de « café le plus épais du monde », selon maints connaisseurs. L'Ankola, également produit dans la région centre-ouest près du port de Padang, n'a peut-être pas le corps du Mandheling mais il est considéré par certains comme l'Arabica non lavé le plus fin du monde.

Java Celle qui produit près de 12 % du café indonésien est l'île où les Hollandais introduisirent la culture du café pour la première fois après l'Islam. Hélas, près de trois siècles de culture intensive ont quelque peu épuisé le sol javanais. Après l'épidémie d'*Hemileia vastatrix* (rouille du café), à la fin du XIXᵉ siècle, seuls les Arabicas des plus hautes altitudes survécurent, et ceux-ci ont été récemment remplacés par des variétés plus productives mais moins goûteuses. Estate Java est désormais un café lavé, avec plus d'acidité, et moins de corps, de goût et d'arrière-goût que les Arabicas javanais d'origine, qui étaient réputés pour leur moelleux, leur corps dense et ce léger goût de terre et de champignon inhérent aux cafés traités

CI-DESSUS – Café vert lavé Java Jampit d'Indonésie.

par voie sèche. Il y avait cinq plantations gérées par l'État, dont Jampit, Blawan et Pankur.

Sulawesi La troisième grande île productrice d'Arabica cultive 9 % de tout le café indonésien. Sous la domination hollandaise, l'île s'appelait Célèbes, et ce nom désigne encore la plus grande partie de l'Arabica exporté du port d'Ujung Pandang. Les cafés Kalossi non lavés de la région de Toraja constituent le haut de gamme des crus indonésiens. Ils possèdent le corps dense et la texture moelleuse des cafés

indonésiens, ainsi qu'un goût de terre et de champignon, très légèrement fruité en raison de leur acidité.

D'une manière générale, les meilleurs cafés les plus typiques sont ceux qui ont été vieillis. Ces cafés portent le nom de Old Government, Old Brown ou Old Java ou portent la mention « vieillis » et peuvent venir de Java, Sulawesi ou

CI-DESSUS – Café torréfié Sulawesi Kalossi Toraja d'Indonésie.

Sumatra. Le processus de vieillissement effectué en climat chaud et humide – qui diffère du stockage prolongé des autres cafés du monde – atténue l'acidité, renforce le goût suave et donne au liquide déjà dense et moelleux un corps plus prononcé. D'autres qualificatifs viennent à l'esprit, notamment doux, velouté, doré et chaud. D'ailleurs, maints gourmets suggèrent de remplacer la liqueur digestive du soir par une petite tasse de café « vieilli » indonésien, de préférence un Kalossi des Célèbes, car sa consistance concentrée, suave et sirupeuse ressemble beaucoup à de la liqueur non alcoolisée.

Autres régions productrices Les autres cafés indonésiens de bonne réputation sont cultivés à Bali, à Flores et au Timor, bien que le Timor ait cessé de produire du café après son annexion par l'Indonésie. On peut espérer que la production reprendra bientôt, la situation politique semblant évoluer dans le sens de l'abandon par l'Indonésie de cette ancienne colonie portugaise.

On trouve en Indonésie un dernier type de café, le Kopi luak. *Kopi* signifie café, et le *luak* est une sorte de petite belette très friande de cerises de café. Les autochtones recueillent les excréments

CI-DESSUS – Café vert Old Brown Javanese d'Indonésie.

de cet animal afin de récupérer les fèves dures, qui sont alors lavées puis traitées. Le goût de ce café est exceptionnel et son prix très élevé.

Laos

La République démocratique populaire du Laos s'est récemment ouverte aux investissements étrangers et a reçu une aide internationale ainsi que des subventions pour encourager les cultivateurs à remplacer le pavot à opium par des cultures de rapport commercial. Les principales ressources agricoles seraient actuellement le bois et le café. On ne dispose pas encore d'informations relatives au type et à la qualité du café cultivé ni aux régions productrices, mais le climat, le sol et la topographie du Laos étaient, dans les années 1970, favorables à la production d'Arabica, de Robusta et d'Excelsa, répondant alors à la demande locale.

Malaysia

Bien qu'elle produise de l'Arabica, du Robusta et de l'Excelsa, la Malaysia se consacre essentiellement aux cafés Liberica, médiocres mais rentables, cultivés dans le Malacca occidental. Cette région abrite également quelques plants d'Arabica, qui bénéficient des hautes altitudes des Cameron Highlands. En raison de la forte démographie du pays, la consommation locale suffit à absorber presque toute la production. Le pays affiche un grand succès économique, et le café n'étant pas une culture aussi lucrative que l'huile de palme, le caoutchouc, le bois et, bien sûr, le pétrole et le gaz, il est loin d'être prioritaire.

Nouvelle-Calédonie

Ce petit archipel, situé à 1 497 km au nord-est de l'Australie, est encore un territoire d'outre-mer, bien que son indépendance semble envisageable. La côte orientale présente la particularité de produire le meilleur Robusta du monde, tandis que la petite quantité d'Arabica provient de l'ouest de l'île.

Le Robusta, assez inhabituel, est décrit comme délicat, même si le goût des deux types de café, commercialement vendus sous le nom de Nouméa, est riche et aromatique.

L'Arabica est peu exporté, et les îles préfèrent garder le meilleur pour leur propre consommation, ce qu'elles peuvent parfaitement se permettre, ses vastes mines de nickel représentant 25 % des réserves mondiales.

Papouasie-Nouvelle-Guinée

C'est probablement une chance que le café se soit implanté si tard en Papouasie-Nouvelle-Guinée car la désastreuse épidémie d'*Hemileia vastatrix* (rouille du café), qui ravagea toutes les plantations d'Arabica d'Asie du Sud-Est et d'Océanie à la fin du XIXe siècle, aurait forcé le pays à cultiver essentiellement du Robusta, comme tant d'autres pays le firent, préférant replanter des espèces plus résistantes mais moins parfumées.

La plus grande partie de l'Arabica de Nouvelle-Guinée est cultivée, lavée

CI-DESSOUS – Le Kopi luak provient des excréments d'un petit animal, contenant des fèves non digérées. Celles-ci sont récupérées, lavées et traitées, pour donner un café d'une qualité considérée comme exceptionnelle par les amateurs.

et traitée à divers degrés par les habitants de villages ruraux et parfois isolés, situés dans la région montagneuse qui couvre une vaste superficie du pays.

Ces cafés, qui font vivre des centaines de milliers de personnes, constituent une source de revenus très importante, et le gouvernement offre son soutien moral et financier en garantissant, au début de chaque année, un prix minimum du café, au cas où les cours du marché chuteraient de manière imprévue.

CI-DESSUS – *Café torréfié « Y » de Nouvelle-Guinée.*

Café gastronomique Le café était issu de la variété Blue Mountain, ce qui rendait les Arabicas lavés assez différents des autres cafés de cette partie du monde. Bien que ceux de Nouvelle-Guinée soient bien corsés et suaves, comme bon nombre de cafés indonésiens, ils dénotent une plus forte acidité, proche de celle des cafés d'Amérique centrale. Un bon café peut se déguster tel quel, ou contribuer de façon très positive aux mélanges de grande qualité.

Le triage et le conditionnement, après quelques incohérences, sont aujourd'hui réguliers et rigoureux. La qualité supérieure « AA » est très rare, tandis qu'environ 60 % des fèves constituent la qualité ordinaire et correcte « Y ». Les appellations de qualité incluent Arona, Okapa et Sigri.

Philippines

Le deuxième archipel du monde par la taille a tout ce qu'il faut pour récolter un café de bonne qualité et en abondance. En fait, les Philippines produisent déjà les quatre grandes variétés commerciales : Robusta, Liberica, Excelsa et Arabica, et s'essaye aujourd'hui aux hybrides. La petite récolte d'Arabica, réputée pour son goût rond et légèrement épicé, se concentre sur l'île méridionale de Mindanao.

À une époque, les Philippines occupaient la quatrième place mondiale en terme de production, mais c'était avant la terrible épidémie de rouille qui dévasta la plupart des cultures d'Arabica de l'Asie du Sud-Est, y compris les Philippines, à la fin du XIXᵉ siècle. L'Arabica n'étant pas très acide, et son goût étant assez fort, il se prête très bien aux torréfactions foncées, notamment dans les mélanges « digestifs » ou d'espresso.

Polynésie-Française

Ce territoire d'outre-mer en plein Pacifique consiste en fait en 130 îlots et atolls disséminés sur une zone de la taille de l'Europe. L'Arabica Bourbon se cultive sur plusieurs d'entre elles, chacune le traitant par voie humide avant de l'envoyer à Papeete, sur l'île de Tahiti, pour qu'il y soit déparché et trié. Les îles consomment à peu près tout ce qu'elles produisent et traitent. Le café à gros grains est décrit comme agréablement doux plutôt qu'acide, fort et aromatique, donnant une tasse pleine très satisfaisante. Tahiti Arabica est son nom commercial, mais on le trouve rarement en dehors des îles qui le cultivent.

Sri Lanka

Cette île, première exportatrice de thé du monde, cultivait beaucoup d'Arabica jusqu'à ce que la quasi-totalité de la

CI-DESSUS – *Arabica vert Philippino.*

CI-DESSUS – *Robusta du Viêtnam, torréfaction moyenne.*

production fût détruite par l'*Hemileia vastatrix* en 1870. Les colons britanniques introduisirent du Robusta, qui représente encore l'essentiel du médiocre café sri-lankais, vendu sous le nom de Sinhala, mais le thé a supplanté presque totalement le café.

Taiwan

Taiwan est la société de consommation par excellence, et le café ne fait pas exception. Les cafés chics se disputent les emplacements les plus en vue de Taipei. La petite quantité d'Arabica bien traité et de bonne qualité, cultivée dans les montagnes qui dominent l'île, est intégralement consommée par la population locale.

Thaïlande

La production actuelle de café en Thaïlande (environ 1 million de sacs seulement) consiste essentiellement en Robusta, cultivé pour la plupart dans la presqu'île malaise, avec un peu d'Arabica cultivé dans les montagnes du nord et du nord-ouest. Ce pays a récemment affiché son désir d'augmenter sa production, et ce pour plusieurs raisons. Tout d'abord, répondre aux besoins de ses 58,8 millions d'habitants, en utilisant la main-d'œuvre potentiellement abondante des centaines de milliers d'autochtones montagnards, et des réfugiés laotiens et cambodgiens qui peuplent presque toutes les régions rurales du pays. Cela permettrait également de répartir la richesse du pays ainsi que la population de Bangkok, l'une des villes les plus surpeuplées du monde, en développant des intérêts commerciaux dans les provinces les plus reculées, et aussi de remplacer la culture des pavots à opium dans le Triangle d'Or. Le problème majeur de l'accroissement de la culture du café, comme des autres cultures, est la pénurie d'eau, elle-même exacerbée par le manque de dispositifs de stockage. En outre, la déforestation a favorisé les inondations et les sécheresses, et les énormes quantités d'eau requises pour entretenir les nombreux terrains de golf destinés à améliorer l'industrie touristique aggravent le problème.

Vanuatu

Cet archipel du Pacifique, anciennement appelé Nouvelles-Hébrides, est indépendant depuis 1980, après plusieurs dizaines d'années de condominium franco-britannique. Le coprah et le cacao sont ses principales exportations, bien que le café ait été introduit au même moment par les Européens. Le Vanuatu, soucieux de la chute des prix du coprah et du cacao, explore d'autres possibilités de cultures de rapport mais, actuellement, les quelques centaines de caféiers Robustas restants, qui ne sont entretenus qu'au moment de la cueillette, sont envahis par le bétail. La maigre récolte est traitée manuellement par voie sèche, chargée dans des sacs de 60 kg et expédiée en France. Non standardisé, ce café est néanmoins généralement reconnu comme assez homogène et bon.

Viêtnam

Les Français introduisirent le café dans leurs colonies d'Indochine, mais quand l'essentiel de l'Arabica succomba à la rouille, il fut remplacé par du Robusta, de qualité assez ordinaire. Cependant, on peut signaler l'incroyable croissance de l'industrie caféière vietnamienne. Après les désastres de la guerre, les restes des plantations françaises furent transformés en coopératives d'État. En 1980, le pays figurait au quarante-deuxième rang mondial de la production de café et, en 1982, n'exportait que 67 000 sacs.

En 1988, devant l'imminente dissolution de l'URSS, le gouvernement

encouragea l'entreprise privée et, en 1993, il exportait plus de 3 millions de sacs de Robusta, un chiffre qui s'éleva en 1997 à 6,2 millions de sacs, hissant le pays au troisième rang mondial derrière le Brésil et la Colombie, et talonné par l'Indonésie. Parallèlement, le riz se développait, faisant du Viêtnam le troisième pays exportateur après les États-Unis et la Thaïlande. Ce pays pourrait bien être le prochain « dragon » asiatique.

CI-DESSUS – Bien que la Colombie produise presque deux fois plus de café que le Viêtnam, ce pays est vertigineusement passé du 42e au 3e rang mondial de la production de café.

LA TORRÉFACTION

De tous les traitements que subit le café, le plus rapide et le plus critique est la torréfaction. La tâche qui consiste à griller le café est une lourde responsabilité car, en quelques minutes, des fèves qui ont coûté du temps, de l'énergie et de l'argent à des centaines de personnes peuvent être totalement ruinées par manque de savoir-faire ou d'attention.

La torréfaction est un art qui demande des années de pratique avant d'être totalement maîtrisé. En outre, elle ne s'apprend qu'à force d'essais et d'échecs, et ne s'acquiert qu'au prix de nombreuses erreurs. Ce qui rend la torréfaction si difficile, c'est l'énorme disparité entre les variétés de café. Dans les usines, un petit échantillon de

CI-DESSUS – Ces deux échantillons du même Arabica Bugisu d'Ouganda montrent les différences qui se produisent en cours de torréfaction, non seulement de pigmentation mais aussi de taille et de forme.

chaque lot est torréfié afin d'anticiper tout problème qui pourrait surgir au moment de griller quelque 120 kg de fèves. On préfère une torréfaction brillante plutôt que terne, le manque d'éclat indiquant un excès de séchage ou un mauvais traitement ; de même, un bon échantillon apparaîtra uniforme, la moindre variété de couleur, en particulier les « pâles », dénotant la présence de fèves immatures, un mauvais triage des cerises ou divers degrés de fermentation et de séchage au sein de la plantation. Les fèves difformes, brisées ou trop disparates donneront une torréfaction inégale, la couleur du grain torréfié variant selon sa taille.

Les modifications qui se produisent en cours de torréfaction sont nombreuses, la plus manifeste étant l'accroissement de la taille des fèves, qui grossissent d'un tiers. Cela est dû au fait qu'en se décomposant, les glucides libèrent du gaz carbonique qui provoque le gonflement des cellules de la fève.

En même temps, une grande partie de l'humidité restée dans les fèves vertes après le dépulpage, séchage, stockage et expédition s'évapore à la chaleur, ce qui allège leur poids. Bien que la teneur en eau puisse représenter jusqu'à 23 % de la densité du grain vert, la déshydratation provoquée par la torréfaction est généralement limitée à 15 % du poids de la fève, faute de quoi elle deviendrait insipide, cassante et susceptible de se réduire en poudre à la moindre occasion.

La couleur de la fève change également en cours de torréfaction.

CI-DESSUS – Sacs contenant divers échantillons de café prêts à être torréfiés.

La torréfaction proprement dite

La torréfaction a pour effet principal de développer le parfum du café par le biais de modifications chimiques complexes provoquées par la chaleur, un processus appelé pyrolyse. On estime qu'un grain de café contient plus de 2000 substances chimiques, qui peuvent être décomposées ou modifiées par la torréfaction en centaines de « composés aromatiques volatils ». Les divers acides, huiles, protéines, vitamines, sucres, amidons et caféine s'en trouvent altérés, les uns étant renforcés, les autres atténués. Dans certains cas, quelques substances sont développées puis brûlées si la torréfaction est prolongée.

Une torréfaction claire est rare car elle révèle tous les défauts de la fève, alors qu'une torréfaction plus soutenue fera disparaître ou masquera la plupart d'entre eux. Par exemple, si un café possède les qualités distinctives, parfois inhabituelles mais toujours agréables et acidulées d'un Arabica d'altitude, il vaut mieux ne pas trop le torréfier. Plus la torréfaction est foncée, plus les cafés ont le même goût, les papilles n'ayant plus la capacité de distinguer leurs qualités particulières. Une torréfaction prolongée peut adoucir certains cafés, mais jusqu'à un certain point : il y a toujours un moment où tout café devient amer. En outre, plus le café est torréfié, plus il perd de son acidité, cette qualité si recherchée.

Les machines à torréfier sont extrêmement diverses, mais le processus reste sensiblement le même. Tous les appareils doivent être préchauffés avant de recevoir les fèves vertes, afin que les surfaces soient uniformément chaudes. De nombreux brûloirs sont équipés d'un tambour rotatif, celui-ci étant souvent tapissé à l'intérieur de bandes métalliques courbes qui repoussent sans arrêt les fèves vers le centre du tambour. Il est essentiel que les fèves soient toujours en mouvement, afin de donner une torréfaction homogène et non brûlée. En fait, si un tambour s'arrête de tourner alors que la source de chaleur est maintenue et que les fèves sont chaudes, l'intérieur du tambour risque de prendre instantanément feu.

Un savoir-faire très précis

La torréfaction est avant tout une question d'équilibre. Selon l'état des fèves et le degré de torréfaction désiré, le café est grillé à des températures comprises entre 200 à 240 °C, à quelque 20 °C près. De nombreux torréfacteurs disposent de moyens de ventilation qui, comme les fours à chaleur pulsée, accélèrent la cuisson des fèves.

Pendant la torréfaction, qui dure en général de 8 à 20 minutes dans un brûloir à chaleur traditionnelle, les fèves absorbent de plus en plus de chaleur et se teintent progressivement d'une teinte vert-jaune, puis dorée et brune. Tous les torréfacteurs, hormis les plus petits, ont un dispositif permettant de prélever des échantillons et de les remettre dans le tambour manuellement. Le moment critique survient quand les fèves commencent à crépiter, moment à partir duquel elles brunissent très vite, notamment lorsque les fèves sont sèches. Ainsi, les fèves les moins vertes à l'état naturel, comme le Robusta, grillent beaucoup plus vite ; en revanche, les Arabicas d'altitude, gorgés d'eau, mettent un peu plus de

CI-DESSUS – Torréfaction artisanale à l'aide d'un tambour rotatif placé sur la flamme.

temps à atteindre le même degré de torréfaction.

La difficulté réside dans le choix du degré de torréfaction qui convient le mieux à un café : une même variété n'aura pas le même goût si elle est grillée peu de temps à haute température ou plus longtemps à basse température. En outre, une même couleur de torréfaction peut donner un café pas assez grillé à cœur (goût de céréales ou de vert), ou trop cuit, c'est-à-dire desséché, friable sous forme moulue, voire brûlé.

Autre étape décisive : les fèves doivent impérativement être sorties du tambour avant que la couleur optimale soit atteinte, car elles continuent à foncer malgré les appareils de refroidissement – brassage à l'air libre ou trempage à l'eau des grandes machines industrielles, par exemple – conçus pour stopper la cuisson des fèves hors du tambour. Dans les derniers stades de torréfaction, les fèves libèrent des huiles superficielles, notamment quand elles sont laissées un tout petit peu trop longtemps dans le torréfacteur.

Les différents types de torréfacteurs

Les machines à torréfier sont extrêmement diverses, allant des appareils industriels, munis de dispositifs sophistiqués de trempage et de minuteurs automatiques, avec une capacité de plusieurs centaines de kilos, aux petits brûloirs « professionnels » qui ne grillent que 200 g à la fois.

Certaines brûleries utilisent des torréfacteurs « ultrarapides », mis au point dans les années 1970, qui grillent les fèves en petites quantités en moins de deux minutes, sur des lits fluidisés d'air chaud plutôt qu'à l'intérieur de tambours métalliques : dans ce cas, les fèves gonflent tellement qu'elles produisent plus de café une fois moulues. Elles ne sont toutefois pas appréciées de tous les experts, qui estiment que le goût du café ainsi torréfié n'est pas aussi développé et complet que celui du café grillé selon la manière traditionnelle.

Il existe aussi des petits brûloirs « de table » pour les particuliers, mais ils sont difficiles à trouver et onéreux. Beaucoup de personnes prennent

CI-DESSUS – Le café torréfié sort du tambour dans le bac de refroidissement.

plaisir à griller de petites quantités de café dans une simple poêle ; cependant une torréfaction prolongée est déconseillée parce qu'il n'est pas possible de remuer constamment toutes les fèves et que la torréfaction devient irrégulière et incontrôlable. Pour griller correctement du café, utilisez une lourde poêle, de préférence en fonte, ayant été chauffée. Étalez les fèves sur une seule couche, à feu doux, puis augmentez le feu à mesure qu'elles grillent, en tournant constamment à l'aide d'une spatule en bois. Dans certaines régions du Moyen-Orient, des épices entières (clous de girofle, cannelle, cardamome, gingembre ou fenouil) sont ajoutées, puis moulues avec les fèves. Dans d'autres pays on préfère torréfier les fèves dans une petite quantité de beurre ou de sucre.

Quand les fèves ont atteint la couleur voulue, refroidissez-les immédiatement, en les mettant par exemple dans un récipient réfrigéré ou sur une surface très froide. Il est déconseillé de moudre les fèves immédiatement après la torréfaction, car leur goût sera acide, vert et aigre. Pour obtenir le moelleux d'un bon café, attendez douze heures au minimum, afin que les fèves aient le temps de dégazer.

CI-DESSUS – Vérification des fèves après torréfaction.

Les degrés de torréfaction

À l'instar de la terminologie de la dégustation, il n'y a pas de définition standard internationale pour les différents degrés de torréfaction. « Claire », « moyenne » et « foncée » sont les termes les plus utilisés, sachant que le café est rarement soumis à une torréfaction très claire et qu'il existe toutes sortes de nuances dans les torréfactions moyenne ou foncée. Voici la nomenclature officielle adoptée par la France :

Ambrée Cette torréfaction ne concerne que les Arabicas de très bonne qualité ou d'altitude. Idéale pour les cafés de petit déjeuner, dont l'acidité sera adoucie par un peu de lait ou de crème. La version américaine de cette torréfaction, « cannelle », évoque la couleur de l'épice de même nom. Elle est riche en acidité et faible de corps.

Robe de moine La torréfaction la plus habituelle en France. Aussi foncée que possible sans surface huileuse.

À l'européenne Cette torréfaction présente un brun soutenu, proche du chocolat.

À la française Le café est brun très foncé, et laisse parfois apparaître quelques traces huileuses superficielles. Torréfaction de plus en plus courante en France.

À l'italienne Torréfaction presque noire et très huileuse, présentant un goût de grillé plutôt que de café. Aux États-Unis, elle est plus foncée qu'en Italie, mais les fèves ne doivent jamais être carbonisées.

Même s'il existait un accord universel sur la signification des termes ci-dessus, il n'y aurait pas pour autant de consensus sur le degré de torréfaction idéal pour chaque café. Aux États-Unis, les torréfactions ont tendance à devenir de plus en plus foncées, peut-être à cause de l'impact de l'espresso et des boissons à base d'espresso, de plus en plus prisé. En fait, dans beaucoup d'autres pays, le but de la torréfaction est de donner un goût agréable et équilibré au café, même si cela implique de supprimer ses arômes les plus distinctifs et originaux. Il convient toutefois de ne pas oublier que les torréfactions poussées servaient à l'origine à cacher les défauts des cafés de qualité inférieure, et à améliorer les mélanges bon marché, essentiellement composés de Robusta médiocre. Il faudrait pouvoir approcher chaque café de façon ouverte et le juger selon ses propres qualités.

Torréfaction claire

Torréfaction moyenne

Torréfaction foncée

CI-DESSUS – Le café présente une multitude de différences qui s'apprécient notamment lorsque ce dernier est torréfié de manière optimale. Cela met parfois en valeur des qualités inhabituelles, du moins par rapport aux saveurs plus courantes du café que l'on attend.

LES MÉLANGES

Une tasse de café devrait présenter une parfaite harmonie d'arôme, de couleur (si on doit y ajouter du lait ou de la crème), de corps et de goût, quels que soient son degré de torréfaction, son mode de préparation et l'heure à laquelle il est dégusté. Parmi les millions de sacs de café traités chaque année, relativement peu possèdent les critères de la « tasse idéale », et sont, par conséquent, associés à d'autres cafés. Ceux-ci, par rapport aux rares cafés qui peuvent être dégustés tels quels, possèdent une ou deux qualités particulières, compensant largement les défauts qu'ils présentent.

Équilibrer les arômes

Chaque café utilisé en mélange doit apporter sa propre contribution. Une torréfaction poussée dissimule les parfums peu désirables des Robustas et autres cafés peu riches en acidité, mais rehausse leur caractère corsé. À l'inverse, de nombreux Arabicas d'altitude, souvent beaucoup plus acidulés que les autres types de café, ont moins de corps. Dans ce cas, la solution n'est pas de les torréfier davantage : en effet, cela brûlerait les acides qui contribuent à leur goût si particulier. D'autres cafés, sans défaut ni qualité particulière, offrent une saveur neutre qui se prête très bien aux mélanges, car leur goût reste discret et ils ne manquent pas de corps.

L'art de mélanger les cafés n'obéit à aucune règle, mais consiste à associer des cafés qui se complètent. Ainsi, une bonne combinaison pour obtenir un café équilibré, de qualité moyenne, à boire à tout moment de la journée, serait un mélange contenant environ 35 % d'Arabica d'altitude, donnant le goût dominant, 15 % de Robusta torréfié foncé (ou tout café de corps dense et de faible acidité) pour le corps, et 50 % d'un café neutre et si possible bon marché, comme un Santos brésilien ou un café d'Amérique centrale de qualité légèrement inférieure. Le caractère de ce mélange peut changer considérablement en fonction des proportions. De même, en réduisant la quantité de chaque café, on pourra éventuellement

CI-DESSUS – Rares sont les cafés purs qui offrent une parfaite harmonie d'arôme, de couleur, de corps et de goût. Les mélanges cherchent à atteindre cet équilibre.

rajouter une quatrième variété, tel un Arabica non lavé, les Arabicas nature étant réputés pour leur suavité.

Les mélanges seront confectionnés selon le goût souhaité et l'occasion : il peut s'agir d'un mélange « fruité », d'un café « doux » pour le petit déjeuner, d'un nectar riche et sirupeux à prendre en fin de repas, d'un café riche en Robusta caféiné pour rester éveillé, ou encore d'un café bien parfumé constituant la base d'un cocktail alcoolisé. Si vous désirez utiliser un mélange régulièrement et dans les mêmes proportions, assurez-vous de la disponibilité et du prix de chaque café.

Les mélanges classiques

Certains mélanges de café ont connu tellement de succès qu'ils sont devenus de grands classiques au fil des ans. Le Moka (du Yémen ou d'Éthiopie) et le Mysore d'Inde constituent le mariage le plus célèbre. Un Moka-Java sera un peu lourd et terreux, mais vineux et sauvage (ou faisandé). Le mélange très particulier de Moka-Brésil est très prisé des torréfacteurs du Moyen-Orient, qui recherchent le goût « turc » des cafés brésiliens riotés. Un bon Santos brésilien associé à un Robusta ordinaire donne un mélange fort et moelleux,

tandis qu'un mélange nécessitant un peu de légèreté bénéficiera de l'adjonction de café kenyan ou d'un Arabica d'Amérique centrale. Un café d'Haïti ou du Pérou confère un goût agréable dans une gamme de prix abordable. Un café vieilli donne de la suavité, alors qu'un café de Colombie apporte de l'arôme, du goût et du corps.

Aux États-Unis, le « mélange Nouvelle-Orléans », et en Angleterre le « mélange à la française », à ne pas confondre avec le degré de torréfaction, est en fait une association de café et de chicorée ; de même, le mélange « viennois », en Angleterre, contient une petite proportion de figue grillée.

LA CONSERVATION

Quel que soit le soin apporté à la culture, au traitement, au mélange, à la torréfaction, à la mouture et à la préparation du café, la qualité ultime dépend d'un facteur essentiel : la fraîcheur. Étant donné le large choix de cafés moulus que l'on trouve dans le commerce, il ne devrait y avoir aucune raison de moudre son propre café, sauf pour obtenir cette fraîcheur. Pendant la torréfaction, du gaz carbonique se développe dans les fèves ; il s'échappe du café, plusieurs heures durant, avec une telle force qu'il pourrait faire éclater les soudures des boîtes en fer et les paquets. Aussi, la plupart des torréfacteurs laissent reposer les fèves torréfiées ou le café moulu pendant quelques heures avant l'emballage. Néanmoins, pendant ce temps, le café rancit, perd de ses arômes volatiles et absorbe de l'oxygène.

Malgré l'ingéniosité des emballages – boîtes scellées sous vide, briques hermétiques, paquets à valve, etc., tous conçus pour laisser s'échapper les gaz et garantir la fraîcheur du café –, aucun café n'assure une fraîcheur à 100 %. Il est déconseillé de torréfier, moudre et préparer du café en quelques minutes car, tant que le café n'a pas dégazé, il n'est pas bon.

Les fèves torréfiées gardent plus longtemps leur fraîcheur que le café moulu, et la question qui se pose alors est de savoir comment les conserver chez soi. Les spécialistes divergent à ce sujet, notamment en ce qui concerne le café en grains. Le café absorbant facilement les odeurs, certains recommandent de ne pas le stocker au réfrigérateur. D'autres préconisent l'utilisation d'un récipient hermétique, qui empêche, un temps seulement, l'oxygène de rentrer.

La congélation a également ses détracteurs ; ces derniers affirment qu'un café congelé ne retrouve jamais son goût d'origine. En effet, congeler des fèves fortement torréfiées, à la surface huileuse, n'est pas conseillé car les huiles figent et ne reprennent jamais leur consistance et leur répartition originelles.

La solution idéale est de s'approvisionner régulièrement en café par petites quantités. En Italie, par exemple, nombreux sont ceux qui achètent 100 à

CI-DESSUS – Les doses de café pour certaines machines à espresso sont fabriquées industriellement.

200 g de café dans la semaine : dans le bar qu'ils fréquentent, ils choisissent un mélange de fèves torréfiées, et le *barista* (garçon chargé du café) les moud avant d'emballer le tout dans un sac en papier. De même, on peut faire provision de plusieurs petits paquets trouvés dans le commerce plutôt qu'un ou deux grands, car bien scellés et non ouverts, le café se conserve plusieurs mois.

Conseils pour garder le café en grains ou moulu aussi frais que possible

• Ne transférez jamais du café sec d'un récipient à un autre, car cela l'exposerait inutilement à l'air.

• Évitez au maximum que la surface du café soit au contact de l'air.
• Si vous le conservez au réfrigérateur, refermez le sac ou le paquet aussi serré que possible en le maintenant à l'aide d'une pince ou d'un élastique et placez-le dans un récipient hermétique de même taille.
• Si les fèves ne sont pas consommées dans les deux semaines, emballez-les comme précédemment et gardez-les au congélateur. Il est déconseillé de congeler le café moulu.
• Gardez de petites quantités de café fraîchement moulu dans des sacs en plastique à fermeture hermétique, en veillant à faire rentrer aussi peu d'oxygène que possible.

L'ART DE PRÉPARER LE CAFÉ

*Beaucoup d'entre nous éprouvons autant de plaisir
à « faire » le café qu'à le déguster. Pour certains,
la confection d'un bon café est un rituel traditionnel
que renforce d'autant plus la conviction qu'il a été préparé
selon une méthode ancestrale. Pour d'autres, l'acquisition
des derniers gadgets et trouvailles en matière d'équipement,
alliée à de nouvelles recettes et modes de préparation, est un
plaisir non seulement gustatif mais également esthétique
et créatif. Les pages suivantes vous donneront tous les conseils
pour choisir, moudre et préparer le café avec toutes sortes
d'appareils, tous conçus dans une optique de perfection.*

LA MOUTURE ARTISANALE

Au moment d'acheter un moulin à café, dont le choix peut être limité mais les prix très variables, il est important de garder à l'esprit la méthode de préparation envisagée, car c'est elle qui dicte le degré de mouture requis.

Les moulins à café manuels

Pendant des siècles, le café consommé chez soi était moulu à la main dans des moulins cubiques en bois munis d'une manivelle et pourvus d'un tiroir dans lequel on ne recueillait que de toutes petites quantités de café. Néanmoins, ce type de moulin – toujours utilisé aujourd'hui – est efficace et donne une mouture étonnamment homogène, qui peut être « grosse », « moyenne », voire « fine », sans toutefois être suffisamment fine pour l'espresso. Ces moulins sont peu coûteux, mais demandent beaucoup de patience.

CI-CONTRE – Les moulins à café manuels ont peu évolué au cours des siècles.

Utiliser un moulin à café manuel

1 Ouvrez le couvercle et versez les grains dans l'ouverture.

2 Le café moulu, qui tombe dans le tiroir inférieur, doit être relativement uniforme, qu'il soit gros, moyen ou fin.

Les moulins turcs

L'authentique moulin turc est le meilleur des moulins manuels. Cylindriques, en cuivre ou en laiton, ces moulins sont encore utilisés en Turquie et dans d'autres pays du Moyen-Orient pour moudre le café à la maison. On ôte le couvercle avant d'y déposer les grains. La manivelle, amovible, sert à actionner le moulin. Elle s'imbrique dans la vis qui règle le degré de mouture, au centre du cylindre : on peut obtenir tous les degrés d'extrême finesse. Le café moulu est recueilli dans la partie inférieure du moulin. Le café oriental doit être réduit en une poudre proche du talc, et seuls ces moulins y parviennent. La difficulté du véritable café oriental ne réside pas dans la finesse de la mouture mais plutôt dans le choix d'un mélange de café torréfié juste comme il faut (vous pouvez plus simplement acheter une marque commerciale, comme People's, importé de Nicosie, ou Kurukahveçi, d'Istanbul).

CI-DESSOUS – Moulin turc.

Utiliser un moulin turc

1 Retirez la manivelle et le couvercle, et introduisez les grains entiers dans le cylindre supérieur. Réglez la vis à l'aide de la manivelle pour obtenir le degré de mouture désiré.

2 Replacez le couvercle et la manivelle. Tournez celle-ci pour moudre les grains, puis récupérez le café moulu dans le cylindre inférieur.

Les moulins électriques

Il existe un vaste choix de moulins à café électriques destinés au marché domestique, la plupart dotés d'un réceptacle ou d'un espace pour contenir le café moulu, en quantité suffisante pour un jour ou deux maximum. Il en existe deux sortes : ceux qui pulvérisent les fèves à l'aide d'ailettes ou lames, et ceux qui broient les grains entre des disques métalliques.

Le moulin à ailettes Le moulin électrique le plus courant est celui muni d'ailettes, qui fait parfois partie des accessoires d'un robot ménager. Toutefois, ce type de moulin ne convient guère au café. Le premier problème est qu'il est presque impossible d'obtenir une mouture uniforme, ce qui entraîne une extraction irrégulière. Les plus grosses particules sont gaspillées si elles ne peuvent être traversées par l'eau, tandis que les plus fines parviennent vite à saturation, donnent de l'amertume et peuvent boucher le filtre et former un dépôt dans le café préparé à la cafetière à piston.

Avec un moulin à ailettes, il est préférable de moudre de petites quantités de fèves par brèves impulsions, afin de ne pas surchauffer les grains. Son seul avantage est d'être facilement nettoyable et d'éviter ainsi la contamination d'huiles rances. Débranchez l'appareil, et nettoyez le réceptacle et les lames à l'éponge humide. Le couvercle en plastique est également lavable, mais doit être soigneusement rincé, afin de ne pas donner un goût de savon au café.

CI-CONTRE – Moulin électrique.

Utiliser un moulin à ailettes

Veillez toujours à débrancher l'appareil quand vous mettez ou retirez du café, ou pour le nettoyer.

Le moulin broyeur De loin le plus performant, le moulin broyeur est celui qui se rapproche le mieux d'un broyeur professionnel dans la mesure où le broyage est effectué par deux meules métalliques. Ces machines de taille réduite offrent une incroyable uniformité de mouture. Les prix varient considérablement d'une marque à l'autre, mais même les moins chers sont efficaces. N'hésitez pas à investir dans un bon moulin broyeur plutôt que dans une cafetière onéreuse, car vous serez sur d'obtenir un café correctement moulu.

Les broyeurs sont bruyants et lents, mais faciles à actionner. Les instructions du fabricant donnent des degrés de mouture à titre indicatif, mais c'est à vous de faire des essais pour trouver votre mouture idéale. Une fois que vous l'aurez découverte, il sera facile d'obtenir des résultats constants. Certaines marques conviennent mieux à certains types de mouture, bien que toutes soient réglables. D'autres sont également munies d'une minuterie et s'arrêtent automatiquement.

Ne broyez jamais plus de café que vous n'en utiliserez en un jour ou deux. Avant de moudre, nettoyez bien les disques en broyant seulement quelques grains, puis la quantité que vous souhaitez.

Il existe sur le marché des broyeurs spécial espresso. Ils sont rapides et d'une grande précision, mais généralement plus chers que les autres – certains modèles sont néanmoins abordables. On trouve également des modèles munis d'un doseur qui facilite grandement la tâche consistant à remplir le filtre. En général, la préparation d'un bon espresso dépend en grande partie d'un équipement adéquat : un bon moulin est aussi important – sinon plus – qu'une bonne cafetière.

À GAUCHE ET À DROITE –
Deux moulins électriques
pour mouture espresso.
Celui de droite est
muni d'un doseur.

Les degrés de mouture

Les cafés moulus vendus dans le commerce sont plus ou moins fins selon la marque. Les sociétés de café mettent au point et contrôlent les moutures à l'aide de tamis qu'elles empilent du plus fin au plus grossier. Le niveau auquel s'arrêtent les particules d'une mouture, ainsi que le pourcentage de particules restant dans les autres tamis, indiquent non seulement la finesse mais également l'uniformité de la mouture. Si, par exemple, un torréfacteur veut vérifier son café de mouture moyenne, conçu pour une cafetière à piston ou un percolateur, il s'attend à ce qu'un fort pourcentage de particules s'arrête au niveau 9. Si une quantité trop importante de particules dépasse ce stade, ou ne l'atteint pas, il saura que la mouture est défectueuse et que le broyeur nécessite un réglage.

En outre, les grains sont broyés différemment selon leur degré de torréfaction. Par exemple, les fèves torréfiées foncées sont plus friables et plus susceptibles d'être réduites en poudre ou en particules de diverses tailles. Le broyeur devra donc subir un réglage afin de produire le même degré de mouture que celui obtenu avec une autre torréfaction.

Une excellente façon de déterminer quel degré de mouture se prête le mieux au mode de préparation envisagé est de se procurer un petit échantillon de café moulu du commerce. En le frottant entre le pouce et l'index, on jugera très facilement de sa finesse. Les moutures du commerce sont désignées par les termes extrafine, très fine et moyenne. Les grosses moutures, pratiquement inexistantes sur le marché, ne s'utilisent généralement que pour la préparation *al fresco* (en carafe) ou avec une cafetière à piston, et ne sont guère économiques, car la même quantité de grains grossièrement moulus donne moins de volume, moins d'extraction et donc moins de goût qu'une mouture fine.

Récemment, certaines marques de café ont essayé d'occuper une plus grande part de marché en produisant des moutures intermédiaires et en affirmant que la mouture « universelle », ou « filtre », convenait aux cafetières à filtre et à piston. Non seulement ces moutures ne se prêtent à aucune des deux méthodes, mais elles troublent l'esprit des consommateurs qui veulent comprendre pourquoi le café se présente sous divers degrés de finesse.

La mouture universelle, toutefois, présente un avantage : elle convient parfaitement à la cafetière napolitaine et à la cafetière à dépression Cona, qui nécessitent une mouture fine à moyenne. Un dernier conseil pour les amateurs d'espresso : en Italie, pour maintenir la qualité de son espresso, le *barista* (barman) modifie son broyeur afin de produire une mouture légèrement plus grosse que d'habitude par temps humide.

Mouture extrafine

Mouture très fine

Mouture fine

Mouture moyenne

Mouture universelle

DES CONSIDÉRATIONS PRÉLIMINAIRES

Tout amateur de café désireux d'obtenir une bonne tasse doit considérer plusieurs éléments avant d'investir dans un équipement. Il faut tout d'abord déterminer la variété de café préférée : le riche nectar d'un espresso corsé, l'équilibre d'un mélange de Robusta et d'Arabica ou l'acidité d'un Arabica d'altitude, auquel on ajoute ou non un peu de lait ou de crème. Il est important d'essayer divers mélanges et torréfactions, en appréciant leurs corps, saveurs et arômes, avant de se décider.

Ensuite, il convient de tenir compte du moment de la journée afin de choisir le café le plus adapté, notamment en ce qui concerne sa teneur en caféine : vous pouvez privilégier, par exemple, un café doux et léger pour le petit déjeuner, une variété corsée et fruitée au cours de la journée et une tasse aux arômes purs en fin de soirée.

Quels que soient vos goûts, les exigences d'un café seront plus ou moins respectées selon les diverses méthodes de préparation. Chacune offre des résultats différents et vous devrez opter pour une technique – infusion, décoction, percolation ou percolation à pression – afin de savoir quel type de machine vous procurer. Vous aurez enfin le choix entre des cafetières à vapeur, à piston, électrique, des machines à express ou encore des percolateurs.

Trouver la bonne saveur

Une fois que vous aurez défini tous ces critères, il vous faudra vous familiariser avec la cafetière et ses caractéristiques ainsi qu'apprendre à bien doser vos mélanges, que ce soit pour une consommation individuelle ou pour plusieurs personnes. La difficulté étant de servir un bon café de façon régulière, faites plusieurs essais et notez ceux qui vous conviennent le mieux. N'oubliez pas qu'un café frais est toujours la meilleure façon de le déguster, mais si vous devez en conserver une grande quantité pour une longue durée, tenez-le au chaud dans une bouteille isotherme qui garde malgré tout un certain temps ses qualités gustatives

CI-CONTRE – Sobres ou élégantes, robustes et durables, les bouteilles isothermes (Thermos) constituent une solution idéale lorsque les qualités du café doivent être maintenues au-delà d'une demi-heure.

LES SECRETS D'UN BON CAFÉ

Il n'existe pas à proprement parler de « bon » café. Cette boisson est obtenue à partir d'un simple mélange d'eau et de café, préparé de manières différentes à travers le monde, selon des procédés très variables, du plus rudimentaire au plus sophistiqué. Il existe cependant quelques principes intéressants à connaître pour mieux apprécier les divers modes de préparation.

L'extraction des arômes

Une seule fève de café représente une entité extrêmement complexe, composée de centaines de substances dont la plupart sont solubles dans l'eau. Près d'un tiers de ces composés solubles sont extractibles par voie ordinaire. L'objet de la préparation du café, toutefois, n'est pas d'extraire le plus grand nombre possible d'éléments de la mouture, car ils ne sont pas tous désirables. Les dégustateurs professionnels s'accordent généralement pour dire que la flaveur, qui englobe la couleur, l'arôme, la saveur et le corps, est optimale quand 18 à 22 % des composants ont quitté le café solide et sont infusés dans l'eau. Lorsque plus de 22 % d'éléments extractibles sont présents dans l'eau, il y a surextraction, ce qui donne un goût âpre au café, les dernières substances à partir étant amères et désagréables.

En outre, même si seuls les meilleurs composants ont été extraits du café moulu, la flaveur de la tasse peut être trop concentrée ou trop diluée, selon la quantité d'eau utilisée. Là encore, la plupart des experts estiment qu'une tasse de café atteint son équilibre quand le liquide consiste en 98,4 à 98,7 % d'eau et en 1,3 à 1,6 % de « principes solubles », ces derniers étant ce qui

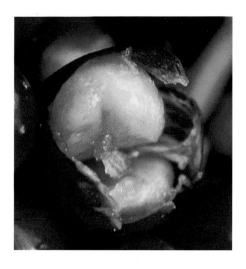

CI-DESSUS – La cerise du café contient deux fèves qui sont l'objet d'un intérêt universel.

reste dans une tasse de café liquide lorsque celui-ci est entièrement évaporé. On obtient donc aisément une intensité optimale en contrôlant la proportion d'eau et de café moulu qui, pour les Européens, représente généralement 50 à 75 g de café par litre d'eau. Beaucoup considèrent qu'un café normal se fait avec 55 g par litre, alors que les Américains ont tendance à réduire la proportion de café.

Les machines à café les plus belles et les plus chères ne sont pas forcément celles qui produisent le meilleur café et, au moment de sélectionner son matériel, il faut toujours penser à un équilibre optimal entre les différents facteurs et tenir compte des aspects relatifs à la sécurité.

La qualité de l'eau

Si vous achetez un café à l'endroit où vous le dégustez habituellement, il n'aura pas forcément le même goût une fois préparé chez vous. En effet, une tasse de café représentant plus de 98 % d'eau, la qualité et le goût de l'eau sont aussi déterminants que le café employé, et chaque type d'eau peut donner une saveur différente. Les professionnels sont généralement d'accord sur le fait que l'eau destinée au café doit être légèrement calcaire : certains minéraux rehaussent le goût du café, d'où l'ancienne coutume consistant à ajouter

---

Les clés de la préparation

Une bonne préparation dépend de l'équilibre de plusieurs facteurs, et chaque café y réagit différemment. Pour préparer un bon café, tenez compte des éléments suivants :

• Le degré de mouture du café.
• La proportion de café et d'eau.
• La qualité de l'eau.
• La température de l'eau.
• Le temps d'infusion entre l'eau et le café.

CI-DESSUS – On peut noter avec ces deux verres la différence d'intensité entre un café fait avec 50 g de café par litre, à gauche, et un autre fait avec 75 g, à droite.

L'importance d'une bonne mouture

Plus la mouture est fine, plus il y a de surface exposée à l'eau et plus l'extraction des principes solides est rapide.

Ainsi, les moutures très fines se prêtent à des modes de préparation dans lesquels le temps d'infusion entre l'eau et le café est limité.

Inversement, une mouture plus grosse ralentit le processus d'extraction. Un bon moulin, qu'il soit manuel ou électrique, réduit les grains de café en particules de taille identique, qui garantissent une extraction uniforme.

une pincée de sel. Si l'eau est très calcaire, toutefois, les ions de calcium et de magnésium pourront s'interposer entre les molécules d'eau et les particules de café et donner ainsi un breuvage insipide.

Afin de considérer l'effet de l'eau douce dans la préparation du café, examinons l'eau la plus douce possible, c'est-à-dire distillée ou désionisée. Cette eau est totalement dépourvue de goût et l'on conçoit difficilement que l'on puisse l'utiliser pour le café, sauf, peut-être, en lui ajoutant la fameuse pincée de sel. Et pourtant, comme il ne contient rien

qui interfère avec l'infusion, le café préparé avec cette eau possède un goût très prononcé, voire trop fort, en particulier dans le cas d'un mélange économique. L'eau très douce nécessite une proportion plus faible de café, ou une mouture un peu plus grossière ou encore un temps de contact réduit, pour éviter la surextraction. L'habitude consistant à ajouter une pincée de sel a peut-être eu un impact, non pour « faire ressortir le goût » mais, justement, pour l'atténuer, modifiant la saveur de façon optimale.

L'eau javellisée ou traitée à d'autres produits chimiques, ou encore l'eau polluée par une vieille tuyauterie, par la rouille ou autres facteurs, peut affecter le goût du café. Il existe des appareils de filtrage, qui éliminent les goûts suspects, sous forme de carafe ou de systèmes directement fixés à la tuyauterie de la cuisine.

En général, les spécialistes s'accordent pour dire que l'eau froide fraîche, ayant a priori une plus forte teneur en oxygène, est idéale pour préparer le café. Paradoxalement, c'est l'oxygène qui favorise le rancissement du café moulu, et c'est avec de l'oxygène que les bouteilles isothermes protègent le café liquide. N'oubliez pas que la plupart des cafetières électriques sont munies de thermostats conçus pour fonctionner avec de l'eau froide, non avec de l'eau chaude.

La température de l'eau

Quelle que soit sa température, l'eau infuse le café, mais l'eau chaude le fait plus vite que l'eau froide. Ne versez jamais d'eau bouillante sur le café, même soluble, car cela nuit à son goût. Préférez une eau frémissante qui offre la meilleure température pour préparer un café – entre 92 et 96 °C. Inversement, si l'on utilise de l'eau plus froide, l'extraction sera insuffisante. Quand le café est bouilli délibérément, comme c'est le cas pour le café turc, l'ajout de sucre compense toute amertume.

Le temps d'infusion

Lorsqu'on mélange du café moulu et de l'eau, il faut un certain temps pour que

Comparaison des types d'eau

Vous pouvez vous-même procéder à des tests comparatifs pour juger l'effet de l'eau sur le goût du café. Essayez différentes eaux, du robinet ou distillée, et ajoutez une pincée de sel à de l'eau distillée pour constater si celui-ci fait ressortir le goût.

l'eau sature la mouture et en extraie les principes solubles, dont certains mettent plus de temps à passer dans l'eau que d'autres. Pendant les premières minutes de l'infusion, le « mélange » des composés aromatiques dans le liquide change continuellement. Si le temps d'infusion est limité, la mouture doit être plus fine afin que l'eau la traverse et en extraie les substances aromatiques. Si, au contraire, le temps est plus long, la mouture doit être grossière afin de ralentir l'extraction. Dans certaines méthodes de préparation, notamment celle où l'eau froide s'écoule tout doucement sur la mouture, le café résultant présente une forte amertume, compensée par une dilution et un ajout de sucre.

Conseils utiles

• Lorsque vous utilisez une machine à café pour la première fois, lisez attentivement les instructions du fabricant. Les pages suivantes vous donneront les mesures recommandées pour chaque type d'appareil.

• Astuce : procurez-vous une mesure à café et, après l'avoir remplie et pesée, servez-vous en comme unité de mesure.

• Si vous devez régulièrement utiliser le même matériel et préparer la même quantité de café, notez le nombre et la taille des mesures de café sec requises, ainsi que le niveau d'eau dans le verre doseur. Si le premier café que vous préparez est trop doux ou trop fort – tout est question de goût personnel – envisagez de modifier la quantité de café, d'eau ou le temps de préparation.

• De nombreuses machines à café ont des graduations d'eau pour un certain nombre de tasses, mais celles-ci semblent rarement correspondre au véritable nombre de tasses obtenues, quelle que soit leur taille. En cas de doute sur la proportion de café et d'eau, utilisez plus de café que requis ; si le breuvage est trop fort, vous pourrez toujours le diluer ultérieurement. Un café trop clair, en revanche, ne peut être amélioré.

• N'oubliez pas que la mouture absorbe de l'eau et que la quantité de café liquide est toujours inférieure à celle que vous avez versée dans le réservoir.

• Dans la mesure du possible, évitez de réchauffer le café et ne réutilisez pas la mouture.

• Chaque fois que vous préparez une petite quantité de café (1 ou 2 tasses), et que cette quantité n'est pas dictée par la taille de la machine (comme c'est le cas d'un percolateur, par exemple), utilisez proportionnellement plus de café par tasse. Environ 50 g de café par litre d'eau donne un breuvage faible à normal, qui constitue un bon point de départ pour déterminer l'intensité préférée.

CI-DESSUS – La réussite d'un bon espresso réside dans la parfaite pression de la machine, la compétence du torréfacteur et le soin apporté au broyage et à la préparation du café par le barman.

Quelques équivalences

1 cuil. à café bombée = 2,5 g de café
1 cuil. à soupe pleine = 5,7 g de café
10 cuil. à soupe = 55 g de café

1 tasse à espresso (vide) = 7 cl
café liquide pour une tasse d'espresso = 4,4 cl

CI-DESSOUS – Le matériel de base pour préparer le café est très simple : une mesure, un verre doseur, une casserole et du café. Le secret consiste à se familiariser avec son matériel ainsi qu'avec la quantité et le type de café et d'eau s'adaptant le mieux à votre appareil et à vos goûts. Quel que soit le mode de préparation, notez vos mesures de café, d'eau, et le goût qui en résulte, pour faciliter toute préparation ultérieure.

LE CAFÉ ET LA SANTÉ

La caféine est un alcaloïde blanc et légèrement amer, présent dans les feuilles et les fruits du caféier. Elle représente 2 à 3 % du poids de chaque fève, et compte pour 60 à 90 mg par tasse de café moyenne. Le Robusta est beaucoup plus riche en caféine que l'Arabica. Outre le café, la caféine est présente dans une soixantaine de plantes, tels le thé, le cacao et le cola, ainsi que dans leurs sous-produits, comme le chocolat et les sodas à base de cola.

La caféine est un tonique qui stimule le système nerveux et la circulation, procure une sensation d'énergie et sert parfois à soulager les maux de tête. Pour cette raison, on la trouve dans de nombreux produits pharmaceutiques, notamment ceux contre les céphalées et les rhumes. La caféine est également diurétique.

Des tests ont prouvé que la caféine augmente la vivacité mentale et la capacité de concentration, mais l'idée selon laquelle le café fort annulerait les effets d'un excès d'alcool est totalement fausse. Le café n'a aucune action « dessoûlante » ; au contraire, il maintient éveillé, et le mélange d'alcool et de café n'est guère conseillé. En outre, il semblerait qu'à forte dose, la caféine empire l'état nauséeux consécutif à un excès d'alcool.

L'excès de café

En général, l'excès de caféine provoque des palpitations, des tremblements, un sentiment d'anxiété et une incapacité à dormir. La limite à ne pas dépasser, toutefois, varie considérablement d'un individu à l'autre : pour certains, une simple tasse de café suffit à provoquer des effets secondaires, tandis que d'autres avalent sans problème dix tasses de café par jour. Le café est l'une des boissons les plus étudiées dans le monde, et pourtant les avis scientifiques et médicaux continuent à diverger. Il y a toutes les raisons de penser, cependant, qu'un buveur de café sachant se modérer en fonction de sa tolérance à la caféine n'a pas à craindre pour sa santé.

Le café est une boisson acide, surtout quand il s'agit d'Arabica d'altitude, et c'est cette acidité même, et non la caféine, qui provoque des maux d'estomac. La décaféination n'ôte pas l'acidité, et la consommation de décaféiné ne résoudra pas ce problème. Les cafés neutralisés sont difficiles à trouver dans le commerce, mais ils existent en Amérique du Nord et en Grande-Bretagne *(acid-neutralized coffee),* en France (café allégé) et en Allemagne *(reizarmer Kaffee).* Toutefois, ces cafés ne sont guère savoureux, car c'est l'acidité qui contribue en grande partie au goût des Arabicas d'altitude et de leurs mélanges.

CI-DESSUS – Pour beaucoup, la différence de goût entre un café et un café décaféiné est minime. Lorsque des études de marketing ont fait état d'un marché potentiel pour le décaféiné, les sociétés de café ont utilisé des fèves de meilleure qualité.

Le café et la recherche médicale

Il est prouvé que la grossesse augmente considérablement le temps mis par l'organisme à métaboliser la caféine, et celle-ci pouvant être transmise au fœtus, on conseille aux femmes enceintes de réduire leur consommation de café de moitié, en laissant plus de temps s'écouler entre chaque tasse. L'élimination totale de la caféine pendant la grossesse est d'ailleurs recommandée.

Pendant des années, toutes sortes d'études ont été menées pour déceler un éventuel lien entre le café et le cancer ou les maladies cardio-vasculaires, mais en vain. Il n'est pas non plus prouvé que la caféine provoque de l'hypertension.

Dans une étude qui établit avec certitude un rapport entre le café et l'excès de cholestérol (ce dernier provoquant des troubles cardio-vasculaires), on a découvert que le cholestérol n'augmentait que chez certains sujets, tous grands buveurs d'un café préparé à la mode scandinave, c'est-à-dire longuement bouilli et macéré. Le filtrage du café bouilli avant consommation, toutefois, semble éliminer les huiles qui élèvent le taux de cholestérol.

D'autres tests qui tendent à relier le café bouilli à l'augmentation du taux de cholestérol ont prouvé que c'est une autre substance que la caféine qui accroît le cholestérol, car le café décaféiné – mais uniquement bouilli et consommé non filtré – contribue aussi à le faire.

Bien sûr, quiconque souffre d'intolérance à la caféine, ou cherche à limiter sa consommation, ou souhaite simplement déguster une tasse de café avant de s'endormir, privilégiera un café décaféiné ou un mélange de café et de décaféiné, qui constituent des solutions tout à fait acceptables.

Le café décaféiné

Le décaféiné a été inventé en Allemagne et mis au point de façon industrielle par Ludwig Roselius en 1905. Mais il a fallu attendre des années avant de pouvoir boire un café décaféiné au goût plaisant. Pendant longtemps, seules les personnes très préoccupées par leur santé buvaient du décaféiné, et les sociétés de café ne se souciaient pas d'utiliser des fèves de qualité pour un produit aussi marginal.

Vers le milieu des années 1980, du fait de la prise de conscience des effets indésirables de la caféine, le café décaféiné devint l'objet d'un engouement

sans précédent Presque immédiatement, son goût s'améliora considérablement, et toutes les grandes marques de café se mirent à produire leur propre version. Le processus de décaféination, pourtant, restait plus ou moins le même. Le traitement suisse à l'eau, breveté par Coffex SA en 1979, ne fut reconnu qu'au bout de plusieurs années, et de nombreux fabricants produisent encore du café décaféiné non traité à l'eau. Vers 1987, toutefois, quand les ventes de décaféiné représentèrent 25 % du marché américain du café, les fabricants, désireux de tirer profit de cette demande phénoménale, commencèrent à utiliser des fèves de grande classe pour les produits décaféinés, et le goût de ce café s'en trouva bonifié à mesure que croissait son marché.

La caféine étant pratiquement sans goût, hormis une légère amertume, son retrait ne devrait pas affecter le goût du café, à moins que la décaféination n'extraie des composés aromatiques en même temps. Le but est donc d'ôter la caféine, et non la saveur, et celle-ci est essentiellement déterminée par la qualité des grains.

On sait depuis près de deux siècles que si la caféine résiste à la torréfaction, conservant ses propriétés à des températures aussi élevées que 240 °C, elle est cependant très vulnérable au liquide et se dissout, à condition de ne pas avoir été torréfiée, dans n'importe quel liquide dans lequel les grains sont trempés. Certains liquides dissolvent la caféine plus vite que d'autres.

CI-CONTRE – De bonnes fèves font un bon café, qu'il soit décaféiné ou non.

La décaféination

La plus ancienne méthode de décaféination est celle utilisée par la marque Kaffee Hag, entre autres, et dans laquelle on fait passer du gaz carbonique, pressurisé à un état quasi fluide supercritique, à travers du café vert chauffé à la vapeur, afin d'en extraire la caféine. De nombreuses sociétés, toutefois, n'ont pas les moyens d'utiliser ce procédé, qui requiert un équipement très onéreux.

La méthode la plus répandue reste celle qui consiste à plonger du café vert chauffé ou amolli à la vapeur dans une solution contenant un solvant chimique, généralement du chlorure de méthylène, qui agit de façon très sélective en dissolvant presque toute la caféine (sauf 3 % environ) mais pratiquement pas le goût. Les grains, rincés et séchés, sont alors torréfiés, et la moindre trace de solvant est détruite par les hautes températures. En 1995, cette méthode fut interdite en Europe car les vapeurs de chlorure de méthylène, notamment sous forme d'aérosol, détruisent la couche d'ozone. Aux États-Unis, la *Food and Drug Administration* a limité les résidus de chlorure de méthylène présents dans le café infusé à 10 pour 1 million, un chiffre qui n'inquiète pas les responsables, qui estiment les résidus à moins d'un millionième.

La forme la plus lente, et donc la plus chère, de décaféination est la méthode brevetée à l'eau, qui n'utilise que des fèves amollies à la vapeur, de l'eau chaude et des filtres de carbone pour retirer la caféine. Malheureusement, certains des composés aromatiques volatiles s'échappent en même temps que la caféine : on fait alors évaporer l'eau, et le concentré aromatique qui subsiste est réparti sur les grains décaféinés.

Bien que maints amateurs et spécialistes soient encore convaincus que la décaféination

détruit le goût du café, beaucoup trouvent difficile de distinguer un café « normal » d'une version « allégée ». Lors d'une étude approfondie menée sur une période de plusieurs semaines au sein de l'Organisation internationale du café, en Grande-Bretagne, un panel de dégustateurs professionnels devait comparer trois tasses de café, chacune préparée avec des fèves de la même année et de la même plantation : une tasse de café décaféiné au solvant, une tasse de café décaféiné à l'eau et une tasse de café ordinaire, non décaféiné. Les tests furent répétés à plusieurs reprises, non seulement avec un lot d'échantillons, mais aussi avec des cafés du Kenya, de Colombie et du Brésil. Les résultats montrèrent que les dégustateurs avaient souvent du mal à identifier le café décaféiné et, même quand ils pensaient faire la différence, ils préféraient généralement le goût du café traité au solvant à celui du café non décaféiné.

Tout amateur de café soucieux des effets de la caféine sur sa santé saura dorénavant qu'il existe aujourd'hui de merveilleux cafés décaféinés sur le marché, notamment dans les petites brûleries.

CI-CONTRE – Le matériel de préparation.

LE MATÉRIEL DE PRÉPARATION

Quand on considère que pour boire un café il s'agit juste de mélanger de l'eau et du café, on est toujours surpris par la quantité de facteurs qui interviennent dans la préparation du café et dans son goût. Aujourd'hui, on peut affirmer avec une quasi-certitude que le premier mode de préparation, découlant probablement de la mastication du fruit, consistait à faire bouillir les fèves dans l'eau, ou du moins la cerise entière.

La méthode turque devint bientôt la façon la plus commune de faire le café, même si elle n'avait pas la faveur des Européens. Ces derniers firent sans doute également bouillir le café, mais pas selon la manière adoptée pendant près de 600 ans par les musulmans.

On pourrait d'ailleurs se demander pourquoi les Européens ont toujours éprouvé ce besoin de constamment modifier leurs ustensiles à faire le café. Les musées du monde entier sont remplis d'appareils étranges, tels des vases à bec et des tubes suspendus au-dessus d'une flamme, de complexes cylindres faisant remonter l'eau, d'énormes machines à pistons desquelles s'écoulaient de minces filets de café, des poches de tissu évoquant de vieilles chaussettes ou encore des dispositifs de goutte-à-goutte… Les méthodes de préparation qui suivent, quoique moins innovantes que celles-ci, ont l'avantage d'être plus efficaces et de donner un café proche de la perfection.

CI-DESSUS – Dès l'apparition du café au Yémen, la préparation d'un « café turc » ou « grec » devint la manière la plus courante de faire le café dans tout l'Orient.

LE CEZVE TURC

La seule véritable difficulté du café dit « turc » est d'obtenir le bon mélange. La concoction traditionnelle du Moyen-Orient se distingue par son goût particulier, essentiellement dû au penchant oriental pour les fèves riotées du Brésil, généralement associées à du café éthiopien. On croit souvent à tort que le café turc est fortement torréfié, alors que sa forme pulvérisée présente une couleur brun-rouge, assez claire.

L'appareil traditionnel à faire le café, le *cezve,* est un petit récipient de cuivre ou de laiton, au col étroit, muni d'un long manche. Les *cezve* existent dans plusieurs tailles, chacun doté d'un petit chiffre sur le dessous, indiquant le nombre de tasses.

À défaut de *cezve,* une petite casserole à lait fera l'affaire, bien que l'ébullition soit plus longue. C'est la seule méthode qui contredise le dicton selon lequel « café bouillu, café foutu », mais le café étant chauffé avec du sucre, l'amertume résultant de l'ébullition n'en affecte pas le goût. Quelques épices amélioreront même à son arôme.

CI-CONTRE – Le café turc est souvent servi avec un verre d'eau et un loukoum. Ce café n'est jamais additionné de lait ou de crème.

Utiliser un *cezve* turc

1 Les proportions du café turc sont simples : 1 part de café et 1 part d'eau par tasse. Si le *cezve* a une capacité de 2 tasses, mettez 2 cuillerées à café bombées de café turc dedans (le café étant très fin, il est facile d'obtenir 1 cuillère bombée).

3 Enfin, avec l'une des petites tasses dans lesquelles sera bu le café, versez 2 tasses d'eau dans le *cezve*. À ce stade, on peut varier les possibilités en ajoutant de la cardamome, de la cannelle ou de l'anis.

5 Replacez-le sur le feu et, quand la mousse remonte pour la troisième fois, ôtez le *cezve* du feu et répartissez alternativement son contenu dans les 2 tasses, en veillant à ce qu'elles aient la même quantité de mousse.

CONSEIL
Le fait de remettre le *cezve* sur le feu une troisième fois garantit la plénitude du goût et le bon mélange du café et du sucre.

CI-DESSOUS – Le chiffre inscrit sur le dessous du cezve indique le nombre de tasses qu'il contient.

2 Ensuite, versez 2 cuillerées bombées de sucre : le sucre ne tenant pas aussi facilement que le café, la cuillère devra être aussi pleine que possible pour donner le goût « moyennement sucré » prisé par les Occidentaux.

4 Portez le *cezve* à ébullition sur feu assez doux. Quand le mélange menace de déborder, retirez le *cezve* du feu, remuez et remettez-le sur le feu. Dès que le café se remet à bouillir, retirez-le du feu, cette fois-ci sans remuer.

L'INFUSION AL FRESCO

Cette méthode très simple s'emploie quand on ne dispose pas de pichet ou quand la source de chaleur consiste en

CI-DESSUS – Le café al fresco *nécessite une casserole, un verre doseur et une passoire.*

Préparer du café *al fresco*

1 Versez la quantité d'eau nécessaire dans une casserole. À défaut de verre doseur, utilisez une tasse à café (multipliée par le nombre de convives, plus un peu pour l'absorption). Mettez la casserole sur le feu.

2 Mesurez la quantité de café (de mouture moyenne à grosse) requise. Quand l'eau commence à bouillir, versez le café d'un coup.

3 Retirez immédiatement la casserole du feu, et remuez bien. Laissez infuser 4 min environ, puis passez le café dans chaque tasse.

un réchaud ou un feu de bois. Tout mélange ou torréfaction convient, dix cuillerées à soupe par litre donnant un café moyennement fort.

Pratique dans des conditions spartiates, la méthode *al fresco* nécessite une mouture moyenne (du commerce) ou un peu plus grosse (maison). Si vous n'avez que du café finement moulu, réduisez le temps d'infusion à 3 min maximum, et attendez-vous à avoir un dépôt dans chaque tasse.

L'INFUSION EN PICHET

Comme pour l'infusion *al fresco,* cette méthode est facile et peu exigeante en matériel. Tout mélange ou torréfaction est acceptable, bien qu'une mouture moyenne, voire grosse, soit préférable.

CI-DESSUS – Un pichet en grès est idéal pour ce mode d'infusion.

Préparer du café en pichet

1 Chauffez le pichet en le remplissant d'eau chaude et prévoyez le niveau d'eau désiré. Pendant ce temps, portez sur le feu l'eau dans une casserole. Jetez l'eau chaude du pichet et séchez-le. Déposez du café de mouture moyenne au fond. Pour un café normal, comptez environ 10 cuillerées à soupe (55 g) par litre.

2 Quand l'eau frémit, versez-la sur le café. Remuez bien, de préférence avec une cuillère en bois, et laissez infuser quelques minutes avant de passer le café dans les tasses.

CONSEIL
Évitez de garder le café chaud dans un pichet. S'il ne doit pas être bu immédiatement, passez-le dans une bouteille isotherme préchauffée.

LA CAFETIÈRE À PISTON

Cette méthode s'apparente beaucoup à la précédente (en pichet) et est même plus simple d'utilisation car elle ne nécessite pas de passoire. Une fois qu'on y est habitué, il est aisé de juger le niveau d'eau adéquat ; le nettoyage, en revanche, est moins pratique.

Le café doit être plutôt de mouture moyenne, mais si vous n'avez que du café fin, il suffit de réduire l'infusion à 3 min maximum. L'emploi d'une mouture fine peut toutefois rendre le processus difficile : faites attention en poussant le piston à ne pas briser le verre. De même, si vous prenez une mouture fine, sachez que vous aurez plus de marc dans les tasses.

Les cafetières à piston existent dans diverses tailles, et l'on trouve des « couvre-cafetières » adaptés à la plupart des modèles, permettant de prolonger légèrement la chaleur du café. Si le café n'est pas bu immédiatement, versez-le dans une bouteille isotherme préchauffée dès qu'il est prêt.

Le prix de ces cafetières varie considérablement d'une marque à l'autre. En général, une cafetière de qualité offre plus de résistance, notamment en ce qui concerne le filtre. Dans les modèles bon marché, le filtre a tendance à s'effilocher et à s'enrouler sur les bords, laissant ainsi le marc s'échapper pendant l'infusion. En outre, il est parfois difficile de trouver un filtre de remplacement.

Le nettoyage et l'entretien

La cafetière à piston n'est pas facile à nettoyer car les particules de café restent souvent coincées dans le filtre et les disques métalliques qui l'entourent. Il convient donc de les séparer et de les nettoyer après chaque usage, afin d'éviter que le marc ne rancisse et ne gâche le goût des prochains cafés. Quand vous poussez le piston, assurez-vous de le faire bien verticalement, et pas de biais, afin d'éviter que le verre se brise.

CI-DESSUS – Dans les modèles haut de gamme, le filtre et le cylindre en verre peuvent être remplacés ; il est plus prudent de se renseigner sur l'existence ou non de pièces de rechange avant d'acheter une cafetière à piston.

Utiliser une cafetière à piston

1 Préchauffez le cylindre en verre en le remplissant d'eau chaude. Pendant que vous faites chauffer de l'eau pour le café, versez l'eau du cylindre dans un verre doseur afin de calculer la quantité de café nécessaire, en comptant 10 cuillerées à soupe (55 g) par litre.

2 Séchez le cylindre et mettez le café à l'intérieur. Lorsque l'eau commence à frémir, versez-la sur le café.

3 Mélangez avec une grande cuillère. Plus le café est fraîchement moulu, plus il aura tendance à flotter et à résister à la saturation : remuez vigoureusement pour bien l'imprégner d'eau.

4 Placez le filtre surmonté du couvercle sur le haut du cylindre et laissez-le 4 min. Ensuite, maintenez le couvercle d'une main afin de stabiliser la tige et poussez lentement le piston de l'autre main. Servez le café immédiatement.

LA CAFETIÈRE NAPOLITAINE

Comme les premières grandes machines à espresso, l'invention de la cafetière napolitaine est revendiquée par les Italiens alors qu'elle fut mise au point en France au XIXᵉ siècle, sous le nom de cafetière à filtre. Elle comprend deux parties métalliques : dans celle du bas, on met l'eau à bouillir, dans celle du haut, le café retenu par un filtre. Lorsque l'eau bout, on la retourne et l'eau passe sur le café moulu. L'utilisation d'une telle cafetière donne un café délicieux en petite quantité.

Cette cafetière n'est toutefois pas très courante, et les meilleurs modèles, en acier inoxydable, sont difficiles à trouver. Elle se garde durablement car elle ne présente pas de parties fragiles, de pièces à remplacer, de joints ou de rondelles à nettoyer ni de fils électriques.

Se familiariser avec la « napolitaine »

Avec cette cafetière, la réussite réside dans le choix de la mouture, qui doit être de type filtre. Toutefois, les deux parties sont perforées, et la taille des trous varie en fonction du fabricant. Dans le cas d'une marque du commerce, préférez une mouture fine à moyenne, (une mouture « filtre » standard devrait convenir).

> ### Choisir une cafetière napolitaine
> Si vous souhaitez acheter une cafetière napolitaine, choisissez-en une qui soit robuste, de préférence en acier inoxydable, et si possible avec un manche en bois ou gainé de plastique. Les perforations du panier à café peuvent varier d'une marque à l'autre, mais, d'une manière générale, plus les trous sont petits, plus l'opération est facilitée, laissant moins de marc passer.

Il n'est pas toujours évident de déterminer à quel moment l'eau est suffisamment chaude pour retourner le récipient. Certains font chauffer le cylindre d'eau et fixent le panier à café et le cylindre verseur uniquement lorsque l'eau est chaude. Si l'appareil est ainsi assemblé au dernier moment, il faut veiller à ne pas se brûler : un manche non métallique est fortement conseillé.

Il arrive qu'avec certains modèles, au moment où on les retourne, quelques gouttes d'eau s'échappent du conduit à vapeur qui, à ce stade, se trouve en bas de la partie supérieure. Si vous alignez l'orifice avec le bec verseur en dessous, les gouttes tomberont dans celui-ci. Une fois le café préparé et servi, laissez refroidir la cafetière avant de séparer les deux parties pour les nettoyer, car elles sont étroitement imbriquées : en refroidissant, elles se contractent et sont donc moins susceptibles de brûler quand on veut les séparer.

CI-CONTRE – Insolite et caractéristique, la cafetière napolitaine constitue une méthode originale de préparer le café.

Utiliser une cafetière napolitaine

1 Si vous utilisez cette cafetière pour la première fois, mesurez la capacité du cylindre sans bec. Pour préparer le café, remplissez ce cylindre d'eau, puis placez le café moulu dans le « panier » : si le café traverse les perforations du bas, cela veut dire que la mouture est trop fine et inutilisable. Soyez généreux avec le café, surtout si vous ne faites du café que pour 1 à 2 tasses. Une quantité insuffisante laisse passer l'eau au lieu de la retenir suffisamment longtemps pour que l'extraction ait lieu.

3 Portez la cafetière sur feu doux à moyen et attendez que l'eau bout. Il n'est pas toujours facile de savoir quand l'eau du récipient inférieur commence à bouillir – sauf, bien sûr, lorsqu'un peu de vapeur s'échappe du récipient inférieur.

5 Si le bec est situé assez bas sur le cylindre, il n'y aura pas besoin de remuer le café car, en le servant, il sera mélangé au reste. En revanche, s'il est placé en hauteur, il vous faudra retirer la partie supérieure, ainsi que le panier à café, et remuer le café avant de le servir.

CONSEIL
Bien que la napolitaine soit conçue pour chauffer sur un brûleur, ne la maintenez pas dessus, même à feu doux, car cela gâchera l'arôme du café.

4 Retirez la cafetière du feu et attendez que l'eau s'arrête juste de bouillir. Retournez-la en veillant à ne pas toucher les parois chaudes, et posez-la sur un support résistant à la chaleur. L'eau filtre à travers le café pendant 3 min environ, pour tomber dans le cylindre inférieur, à présent doté d'un bec verseur.

*CI-DESSUS –
Une mouture filtre standard est idéale pour la préparation dans une cafetière « napolitaine ».*

2 Si la mouture est bonne, placez le panier à café sur le pot rempli d'eau et fixez la partie dotée d'un bec à l'envers. Le mode de fixation varie selon le fabricant, mais il doit être hermétique.

LES CAFETIÈRES À FILTRE

Les cafetières à filtre manuelles et individuelles

Depuis très longtemps, on préfère laisser l'eau filtrer à travers le café moulu plutôt que de laisser macérer le café dans l'eau. En un sens, le percolateur électrique constitue une forme de filtrage, mais le terme de « filtre », inventé par les Français, évoque pour beaucoup un mécanisme de goutte à goutte.

Le café filtré est clair et propre – mais son corps risque d'être moins dense – et c'est la gravité qui opère une fois la mouture correcte obtenue. Le temps d'infusion entre le café et l'eau étant limité, une mouture fine est indispensable pour qu'ait lieu l'extraction ; veillez toutefois à ne pas utiliser une mouture trop fine ou à trop remplir le filtre, car cela le boucherait et donnerait un café trop fort.

L'invention de la cafetière électrique, il y a une quarantaine d'années, permit

d'épargner le temps et la patience des amateurs de café. Toutefois, les filtres manuels sont moins chers à l'achat et à l'entretien, plus faciles à nettoyer et à contrôler et moins encombrants. Leur unique inconvénient, d'ailleurs, est un atout : il n'y a pas besoin de plaque pour chauffer le café. Le seul matériel requis est une bouilloire, un porte-filtre et un filtre en papier (ou un filtre métallique ou synthétique ne nécessitant pas de papier), un récipient pour recueillir le liquide (une carafe isotherme permettra de maintenir le café bien chaud) et une cuillère (en bois, de préférence) pour remuer.

Les porte-filtres en plastique existent dans toutes les tailles, et il est important d'en avoir un correspondant au nombre de tasses à préparer. La couche de café, en effet, sera trop fine si elle représente

CI-CONTRE ET CI-DESSUS – Les filtres manuels existent dans diverses formes et tailles.

Utiliser une cafetière à filtre manuelle

1 Tout d'abord, préchauffez la carafe à l'eau chaude. Cela vous aidera à déterminer le niveau de café voulu, et par conséquent la quantité de café moulu nécessaire.

Pour un café de puissance normale, comptez environ 10 cuillerées à soupe (55 g) par litre ; en cas de doute, mettez-en plus, car le café-filtre se dilue très facilement avec un peu d'eau chaude s'il est trop fort.

2 Pendant que l'eau chauffe, placez le porte-filtre garni d'un filtre sur la carafe. Versez le café dedans.

3 Secouez doucement le filtre pour bien répartir le café : cela garantit une extraction régulière.

4 Lorsque l'eau bout, laissez-la refroidir une dizaine de secondes.

5 Versez une petite quantité d'eau aussi largement que possible sur le café, afin d'humidifier la surface, puis attendez quelques secondes que la couche durcisse.

6 Continuez à verser doucement le reste de l'eau en un mouvement circulaire. Si un peu de café reste sec, ou bien si le liquide ne s'écoule plus, remuez délicatement le mélange contenu dans le filtre.

7 Quand toute l'eau est passée, retirez le porte-filtre, remuez le café et servez-le, ou bien couvrez la carafe s'il ne doit pas être bu immédiatement.

CI-DESSUS – Filtre manuel individuel.

moins de 50 % de la capacité du porte-filtre. Les porte-filtres de forme conique sont préférables pour les petites quantités de café (une à trois tasses), car ils concentrent la mouture et forment une couche plus épaisse, qui retient l'eau plus longtemps. Les filtres à fond plat fonctionnent mieux pour les grandes quantités.

Les produits du commerce

Depuis plusieurs années, les fabricants de café produisent des « cafés-filtres » individuels, consistant en dosettes prémesurées et préemballées de café filtre et d'un support en plastique doté d'un couvercle, conçu pour tenir sur n'importe quelle tasse à café. La plupart des marques les proposent en version normale ou décaféinée. Certaines les vendent par dizaines pour un usage unique, ce qui représente un énorme gâchis de matériau, de packaging et d'espace. D'autres fabricants vendent des boîtes contenant deux porte-filtres munis de couvercles, et dix doses individuelles conditionnées sous vide, s'imbriquant parfaitement dans la cavité du porte-filtre. Le même fabricant vendra aussi des paquets de dix doses, sans porte-filtre, pour un prix inférieur, ce qui permet de continuer à utiliser les porte-filtres achetés précédemment.

Les filtres individuels du commerce sont très simples d'utilisation et ne requièrent qu'une bouilloire (ou une autre source d'eau chaude) et une tasse. Le café est bon, hermétiquement emballé et correctement moulu ; en outre, les filtres sont faciles à nettoyer. Dans le cas où deux personnes auraient besoin de deux bouteilles isothermes (l'une de café et l'autre de décaféiné ou de thé, par exemple), une seule bouteille d'eau très chaude pourra répondre aux besoins de ces deux personnes si elles utilisent un ou deux filtres individuels.

Ces filtres manuels, toutefois, présentent deux inconvénients : ils sont plus chers qu'une tasse équivalente de café moulu, mais comme ils ne requièrent rien d'autre qu'une source d'eau chaude et qu'ils sont faciles à utiliser et à nettoyer, le coût un peu élevé est souvent justifié.

L'autre aspect négatif des filtres individuels, en particulier aux yeux des vrais amateurs, est qu'ils renseignent peu sur les origines du café, sauf, éventuellement, quand le fabricant propose un paquet contenant deux doses de chacun des cinq mélanges ou cafés d'origines diverses, dûment étiquetées.

Les cafetières à filtre électriques

Les innombrables marques de cafetières électriques varient autant en qualité qu'en prix, mais quelques points cependant sont à considérer avant tout achat. Le premier critère de sélection est la capacité, qui est cruciale dans ce type de machine, car la taille du porte-filtre est conçue pour contenir une certaine quantité de café. Si vous utilisez trop peu de café (moins de 50 % de la capacité de la cafetière), l'eau s'écoulera trop rapidement, sans prendre le temps d'extraire les arômes. Une quantité trop importante, en revanche, retiendra l'eau trop longtemps et donnera un café sur-extrait. Pire encore, une cafetière mal conçue et utilisée à pleine capacité pourra faire déborder le mélange d'eau et de café, car il n'y aura pas suffisamment d'espace en haut du porte-filtre. Les particules de café, en effet, doublent pratiquement de volume en cours d'infusion, surtout lorsque le café est fraîchement torréfié et moulu.

Il convient également de choisir entre une cafetière munie d'un filtre permanent (le plus fréquemment un tamis métallique ou un tamis synthétique), ou un appareil requérant des filtres en papier à insérer dans le porte-filtre. En général, les filtres en papier, facilement jetables, produisent une tasse plus claire et plus propre que les filtres permanents. Le défaut des filtres permanents est qu'ils nécessitent un nettoyage constant, car le tamis est vite encrassé de marc, ce qui peut provoquer un goût rance et une mauvaise extraction du café.

L'importance de la puissance La puissance d'une cafetière électrique est à prendre en considération dans le choix, car elle doit pouvoir vous offrir un café à la bonne température. La machine ne doit pas mettre plus de 6 min à faire passer le café, et toujours commencer son cycle par un puissant jet d'eau, qui traverse l'eau à une température minimum de 92 °C. Optez de préférence pour un appareil doté d'une puissance maximale.

Bon nombre de cafetières électriques proposent des options intéressantes, telle une minuterie, qui permet de préparer la cafetière le soir afin qu'elle se mette en route à une heure précise le lendemain matin. Toutefois, n'importe quelle machine peut être programmée avec l'une de ces minuteries qui se branche sur une prise électrique. L'option qui permet d'interrompre le cycle par le simple retrait de la carafe de la plaque chauffante peut être très commode, mais le café résultant ne sera pas extrait de manière homogène et pourra être extrêmement fort, voire déplaisant. L'option la plus intéressante à envisager est la carafe isotherme, qui remplace de manière satisfaisante les traditionnelles carafe en verre et plaque chauffante.

CI-CONTRE – Les filtres permanents, outre le fait qu'ils dispensent d'acheter des filtres en papier, permettent une meilleure extraction des arômes.

Le nettoyage et l'entretien

Une cafetière électrique doit être régulièrement détartrée afin d'éviter que le calcaire ne s'accumule, ralentissant ainsi l'écoulement de l'eau, ce qui prolonge le temps d'infusion et provoque une surextraction. Le calcaire peut aussi réduire la durée de vie de la machine. Du vinaigre d'alcool blanc non dilué fait aussi bien l'affaire qu'un détartrant du commerce, à condition que l'entartrage soit léger.

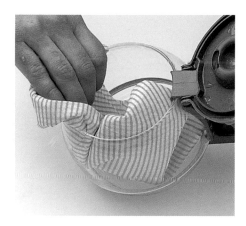

1 Il est important de garder la cafetière bien propre, car les graisses du café peuvent laisser un film invisible qui devient vite rance. Nettoyez et rincez la carafe après chaque usage.

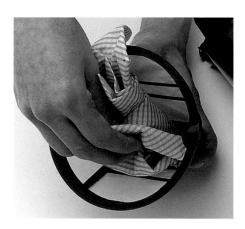

2 Ne laissez pas la buse de sortie d'eau s'encrasser de marc, car cela affecte le goût des prochains cafés et favorise une extraction irrégulière. Nettoyez-la régulièrement avec un chiffon doux. De même, la plaque chauffante est plus efficace lorsque vous la débarrassez des résidus de café.

Utiliser une cafetière à filtre électrique

Il vaut toujours mieux suivre les instructions du fabricant qui peuvent varier d'un modèle à l'autre. La plupart des cafetières électriques présentent des repères sur le côté du réservoir à eau, indiquant le nombre de tasses de café par niveau d'eau. Ces tasses ne semblent jamais correspondre à une taille standard exacte, de sorte qu'il est conseillé, là encore, de faire des essais. En cas de doute sur le nombre de tasses et sur la quantité de café moulu requise, augmentez le dosage, sachant qu'un café un peu fort peut toujours être dilué avec de l'eau chaude.

1 Commencez par remplir la cafetière d'eau froide et d'une épaisseur de café finement moulu, en comptant environ 10 cuillerées à soupe (55 g) par litre.

N'essayez pas d'accélérer le processus en versant de l'eau chaude dans la machine, car le thermostat est réglé pour fonctionner à l'eau froide. Le temps gagné serait de toute façon infime.

CONSEIL

Ne réutilisez jamais le marc de café : après un passage, les arômes sont totalement extraits et le marc ne donne plus qu'un liquide faible et amer.

2 Si votre cafetière est de bonne qualité, le processus démarre par un puissant jet d'eau (avec une température comprise entre 92 et 96 °C) qui humidifie le café. Vérifiez en cours d'infusion que la mouture est entièrement imprégnée d'eau et que la surface est relativement uniforme ; sinon, remuez-la.

3 Quand le café est prêt, remuez-le dans la carafe et servez-le. La plaque chauffante devrait maintenir le café restant à 80-85 °C, mais ne la laissez pas fonctionner plus de 30 min.

Si le café ne doit pas être bu durant ce laps de temps, conservez-le dans une carafe isotherme. Certaines cafetières proposent des carafes munies d'un couvercle en entonnoir, qui se remplissent par le bas. Toutefois, la meilleure option est une cafetière dotée d'une carafe isotherme, dans laquelle le café sera passé et gardé au chaud.

LES PERCOLATEURS

Pendant longtemps, le moyen le plus « moderne » de faire le café était le percolateur, que l'on chauffait sur la cuisinière. Il consistait en une carafe métallique à l'intérieur de laquelle se trouvait un tube central surmonté d'un filtre perforé et de son couvercle. Le couvercle de la carafe était souvent muni d'un bouton de verre à travers lequel on voyait le café passer.

Les percolateurs d'aujourd'hui sont électriques, mais reposent sur les mêmes principes : de l'eau froide placée au fond de la carafe est portée à ébullition, puis remonte dans un tube étroit et se déverse sur le couvercle perforé du filtre. Elle passe ensuite à travers la mouture et retombe au fond de la carafe sous forme de café liquide.

Contrairement à l'opinion répandue chez les connaisseurs, les percolateurs peuvent faire un excellent café, à condition que le passage de l'eau n'ait lieu qu'une fois. Les meilleures marques de percolateurs électriques y parviennent en faisant baisser la température de l'eau après un premier cycle, qui dure généralement 6 à 7 min. Il suffit de retirer le filtre en fin de cycle. Mais même dans ce cas, un peu de café passé sera bouilli et repassera par la mouture, ce qui altère le procédé. Bien que le percolateur repose sur le principe de la filtration, il requiert une mouture moyenne afin de réduire la surextraction éventuelle au minimum. Comptez environ 10 cuillerées à soupe (55 g) par litre.

CI-CONTRE –
Les percolateurs
électriques
actuels reposent
sur les mêmes
principes que
les percolateurs
manuels inventés
au début
du xxᵉ siècle.

Utiliser un percolateur

1 Versez de l'eau froide – en en prévoyant un peu plus pour l'absorption – dans la carafe. L'eau ne doit pas entrer en contact avec le dessous du filtre quand elle bout.

2 Remplissez le filtre de café de mouture moyenne. Insérez le filtre sur le tube central et recouvrez-le de son couvercle perforé.

Comme pour le café-filtre, il vaut mieux mettre le café dans une carafe isotherme préchauffée s'il ne doit pas être bu immédiatement.

Le nettoyage et l'entretien

Il n'est pas facile de nettoyer la carafe d'un percolateur électrique, car la plupart ne sont pas submersibles. Cependant il est indispensable de le faire, le film invisible laissé par le café pouvant gâcher le goût des infusions suivantes. Toute surface ayant été en contact avec le café sec ou liquide doit être lavée avec un produit doux et soigneusement rincée.

LA CAFETIÈRE À DÉPRESSION « CONA »

La cafetière à dépression, ou à vide, inventée vers 1840 par l'ingénieur écossais Robert Napier, est plus connue aujourd'hui sous le nom de « Cona », le principal fabricant de ces élégantes et étonnantes machines. La Cona repose en fait sur le principe de l'infusion, la mouture étant inondée d'eau pendant quelques minutes avant que la loi naturelle de la contraction de l'air froid ne prenne le relais et sépare le marc du café liquide. La société Cona fournit non seulement des cafetières (et des pièces de rechange) et d'excellentes instructions, mais aussi un choix d'appareillages pour l'une ou l'autre méthode de chauffage : une lampe à alcool et un fil électrique. Outre la source de chaleur, le mécanisme de dépression consiste en un ballon et une « tulipe » de verre, un tube, une prise et un support. Une grande cuillère est également nécessaire.

Cette machine fonctionne de façon optimale lorsque la mouture est fine à moyenne, mais le meilleur choix est une mouture universelle (filtre). Les proportions de café et d'eau sont de 10 cuillerées à soupe (55 g) par litre. Toutefois, cette cafetière fonctionnant mieux à plein, le calcul n'est pas difficile si l'on connaît la capacité du modèle.

Le nettoyage et l'entretien

La cafetière « Cona » est un véritable petit laboratoire scientifique à elle seule, et l'expérience visuelle qu'elle offre, procure un grand plaisir. Mais son plus grand atout est qu'elle produit un excellent café. Les inconvénients de cette méthode d'infusion résident dans son manque de rapidité et dans la fragilité des globes de verre, notamment du tube. Le nettoyage devra se faire avec le plus grand soin. Sachez toutefois que la société Cona vend des pièces de rechange.

CI-CONTRE – La cafetière « Cona »,
au design si particulier, est tout
à fait indiquée pour préparer le café
à table après dîner, car elle est à la fois
esthétique et fascinante à regarder.

Utiliser une cafetière « Cona »

1 La cafetière fonctionnant à l'eau chaude, il est plus rapide de faire bouillir de l'eau et de la verser dans le ballon inférieur, au lieu de faire chauffer l'eau dans le ballon, ce qui est beaucoup plus long à obtenir avec une lampe à alcool ou à l'électricité.

2 Insérez délicatement le bouchon dans le tube, mettez la tulipe supérieure sur le ballon, avec le tube dans l'eau, et assemblez les deux parties en les vissant fermement.

3 Allumez le brûleur de la lampe à alcool ou branchez le fil électrique. Versez le café moulu dans le globe supérieur et insérez l'appareil dans le support qui le maintient au-dessus de la chaleur.

4 Une fois que l'eau bout, elle commence à remonter par le tube dans la tulipe. Quand la quasi-totalité de l'eau est ainsi passée, éteignez le brûleur ou l'électricité. L'eau continue à remonter – si vous attendez un peu plus longtemps avant d'arrêter de chauffer, l'infusion sera prolongée car le refroidissement de l'air se fera plus tard.

5 Quand suffisamment d'eau est remontée pour imprégner entièrement le café, remuez le mélange dans la tulipe, en veillant bien à ce que tout le café soit saturé ; il reste un peu d'eau dans le ballon, car le tube ne touche pas le fond.

6 Quand la température diminue, un vide partiel se forme et aspire le café liquide, qui redescend dans le globe inférieur, laissant le marc au-dessus.

7 Dévissez délicatement la tulipe (avec le tube) et placez-la dans le trou du support conçu à cet effet, au-dessus d'un petit récipient.

8 Servez le café immédiatement, ou bien versez-le dans une carafe isotherme s'il ne doit pas être consommé tout de suite.

TOUT SUR L'ESPRESSO

La définition la plus simple et la plus juste de l'espresso est « de l'eau chaude passant sous pression à travers un café finement moulu et torréfié foncé ». L'idée d'utiliser de la vapeur pour accélérer le passage de l'eau vient du Français Louis-Bernard Rabaut et date des années 1820. Un autre Français, Édouard Loysel de Santais, utilise le même principe pour créer une machine capable de produire de grandes quantités de café ; il la dévoile lors de l'Exposition de Paris en 1855. Au début du xxe siècle, les Italiens la

CI-DESSOUS – Les cafetières à pression de vapeur existent dans diverses formes et tailles et conviennent à un usage individuel ou non.

modifient légèrement afin d'obtenir plusieurs tasses de café individuelles, à la place d'une cafetière pleine. La vitesse du procédé à pression de vapeur donna son nom à l'« espresso », ou express.

Cette cafetière est encore améliorée pour donner l'appareil breveté de Luigi Bezzera, en 1902. Un autre pas vers la perfection est franchi en 1948 avec la machine à espresso professionnelle de Giovanni Achille Gaggia, qui utilisait un piston à ressort pour augmenter la pression, rendant ainsi inutile une température trop élevée, qui brûlait les arômes. Enfin, les pistons à ressort sont remplacés par des pompes électriques, et le garçon de café d'aujourd'hui n'a plus qu'à appuyer sur un bouton pour déclencher une pression de quatorze bars qui produira quelques gouttes de pure énergie liquide.

L'espresso maison

La réalisation d'un espresso comparable à celui issu d'une machine à pression professionnelle est souvent plus difficile à obtenir avec des appareils à espresso domestiques. La plupart, en effet, sont incapables de recréer ce qui fait la particularité de l'espresso, c'est-à-dire la crème, cette mousse brun clair qui résulte du parfait équilibre entre la qualité et la mouture du café, la température de l'eau et la pression.

Il existe également des différences notables entre l'espresso préparé à la cafetière italienne et celui fait avec une machine à espresso domestique. N'oublions pas cependant que probablement 90 % des foyers italiens se servent toujours de la cafetière à pression de vapeur, qui ne produit pas de crème, pour préparer leur café au lait du matin. Après le déjeuner éclair de la mi-journée, la même cafetière servira

à faire le « caffè » – ainsi que les Italiens appellent l'espresso. Par contre, le café du soir se prend généralement au bar ou au restaurant.

Le cappuccino maison

Les machines à espresso domestiques coûtent très cher et ne garantissent pas un espresso digne de ce nom, crème comprise. Quant au cappuccino, même si la machine peut faire mousser du lait chaud, le nombre de tasses obtenues successivement dépend de sa puissance.

Que les détenteurs de cafetières italiennes et de machines électriques peu sophistiquées se rassurent : certaines machines proposent des accessoires pour faire mousser le lait à la vapeur, et il existe des appareils indépendants uniquement conçus à cet effet, électriques ou non.

CI-DESSOUS – Il existe divers appareils domestiques capables de faire mousser le lait.

LES CAFETIÈRES ITALIENNES

Les différentes marques de cafetières italiennes, ou à pression de vapeur, se distinguent par leur taille, leur matière et leur prix, mais fonctionnent presque toutes sur le même principe. La cafetière italienne devant être utilisée au maximum de sa capacité, il convient d'acheter la taille adéquate. N'oubliez pas que les petites cafetières ne tiennent pas toujours très bien sur un brûleur de taille moyenne et qu'un adaptateur peut se révéler nécessaire pour assurer sa stabilité.

Depuis plus de soixante ans, la marque la plus populaire et la plus abordable est la Moka Express ; mais, hélas, l'aluminium qui la compose peut avoir une action sur les acides du café, laissant un désagréable arrière-goût. En outre, elle conduit si bien la chaleur que le café en est parfois brûlé. Il existe des modèles plus chers et plus lourds en acier inoxydable, mais ceux-ci ne garantissent pas non plus un résultat optimal. Certains modèles au design plus sophistiqué se révèlent parfois désastreux à l'usage, les manches ne résistant pas à la chaleur et pouvant provoquer de graves brûlures. En outre, les couvercles, également chauffés au rouge, n'ont pas de charnière et se soulèvent difficilement, ce qui pose problème quand on veut vérifier le niveau de café dans le compartiment supérieur.

La sécurité et l'entretien

Voici quelques conseils de sécurité et d'entretien pour une cafetière italienne :
• Ne laissez jamais la cafetière sans surveillance sur le feu.
• Ne laissez jamais la cafetière sur le feu, sans eau dans sa partie inférieure.
• Lavez la cafetière après chaque usage.
• Vérifiez que le joint en caoutchouc sous la partie supérieure n'a pas besoin d'être remplacé.
• Veillez à ce que l'intérieur du compartiment inférieur soit bien sec avant de le ranger.

Utiliser une cafetière italienne

1 Remplissez le compartiment inférieur d'eau froide, jusqu'en bas du rivet (ou jusqu'au niveau voulu pour un grand modèle).

2 Remplissez le filtre de café moulu très fin et torréfié foncé, en utilisant le dos d'une cuillère pour éliminer les poches d'air.

3 Remplissez toujours le filtre jusqu'en haut (ou jusqu'au niveau voulu pour un grand modèle). Le café doit être légèrement tassé et ne présenter aucun espace vide ; cela retient l'eau plus longtemps dans la mouture et empêche le café d'être trop aqueux.

4 Avec le doigt, retirez les moindres particules de café à l'extérieur du filtre, et placez celui-ci au-dessus du compartiment inférieur.

5 Vissez très fermement les deux parties de la cafetière, en maintenant le compartiment inférieur bien droit pour éviter que l'eau ne pénètre le café trop tôt.

6 Portez la cafetière sur feu doux à moyen. Quand l'eau commence à bouillir, la vapeur pousse l'eau à travers le filtre et le café.

7 Baissez immédiatement le feu : si la chaleur est trop forte, l'eau passe trop rapidement et le café tend à être acide et aqueux.

8 Quand la quasi totalité de l'eau a quitté le compartiment inférieur, le bruit de « bouillonnement » devient irrégulier et c'est à ce moment précis qu'il faut retirer la cafetière du feu. Attendez que ce bouillonnement s'arrête avant de servir.

CI-DESSUS – *Cafetière italienne « Moka Express ».*

LES MACHINES À ESPRESSO ÉLECTRIQUES

Choisir une machine à espresso pour son usage personnel n'est pas évident, car les modèles sont nombreux et les prix très variables. Si le prix n'est pas une considération, sachez que quelques marques proposent des modèles qui se rapprochent plus des machines professionnelles que domestiques. Il convient de préciser cependant que ces machines, s'adressant aux inconditionnels d'espresso, peuvent coûter plusieurs milliers de francs.

Dans une gamme de prix plus abordable, les machines à pompe (et non à piston) sont les plus faciles à utiliser une fois que l'on s'y est habitué. En outre, il faut savoir que la préparation d'un espresso à la machine est une activité salissante et que le filtre borgne est un accessoire fort utile pour nettoyer le porte-filtre. Au moment de l'achat, tenez compte du poids et de la robustesse ; si le porte-filtre (ou groupe) vous paraît léger, c'est peut-être que le métal utilisé n'est pas de bonne qualité. Les récentes machines à thermobloc ont l'avantage d'être plus silencieuses, mais elles manquent souvent de pression : aussi n'hésitez pas à choisir une machine plus puissante, en dépit de son bruit.

Les machines conçues pour fonctionner uniquement avec des doses préemballées de café espresso s'avèrent très pratiques et propres. Mais ce sont des machines très chères à l'achat et à l'utilisation. En outre, un amateur d'espresso préférera sans doute boire différentes variétés, plutôt que le même café chaque jour.

Le groupe à électrovanne est une nouveauté qui permet – également aux machines les moins chères – de produire un espresso à la texture veloutée et garni de sa crème caractéristique.

Utiliser une machine à espresso

1 Pour ce type de machine, suivez les instructions du fabricant qui, pour la plupart, incluront les points ci-après. En supposant que vous utilisiez le bon degré de torréfaction et de mouture, placez suffisamment d'eau dans le réservoir, et allumez la machine.

2 Attendez qu'une lumière apparaisse ou disparaisse, indiquant que la vapeur est prête, puis décidez du nombre de tasses (1 ou 2) à préparer. Après avoir mis le porte-filtre approprié en place, appuyez sur le bouton de sortie d'eau chaude afin de chauffer le filtre.

4 Tassez le café fermement et uniformément à l'aide de l'ustensile prévu.

6 Fixez le porte-filtre en poussant le manche à l'extrême droite.

3 Retirez le porte-filtre, secouez l'excédent d'eau, et remplissez-le de café moulu, en comptant environ 1 cuillerée à soupe (6 g) par tasse.

5 Débarrassez le pourtour du porte-filtre d'éventuelles particules de café. Placez-le sous la buse de sortie d'eau en le tenant bien droit, le manche à l'extrême gauche, en général. Poussez-le vers le haut jusqu'à ce qu'il soit bien en place.

7 Placez la ou les tasse(s) sous le filtre et appuyez sur le bouton de sortie d'eau chaude, puis ouvrez la valve en repoussant le manche vers la gauche.

8 Interrompez l'opération lorsque les tasses sont remplies aux 2/3 (environ 4 cl).

Le nettoyage et l'entretien

Le nettoyage régulier d'une machine à espresso est laborieux mais indispensable. Il est recommandé de la nettoyer complètement après chaque usage, si possible. Une brosse douce ou un chiffon doux conviennent, mais n'utilisez jamais une éponge abrasive ou un chiffon rugueux, qui la rayeraient.

CI-DESSOUS – Prenez du temps pour comparer les différentes machines à espresso. Soyez attentif tant à leur fonctionnalité qu'à leur esthétique.

1 Débarrassez toujours le filtre et le porte-filtre d'éventuels résidus de café. Ne laissez pas s'encrasser la buse de sortie d'eau avec du marc de café.

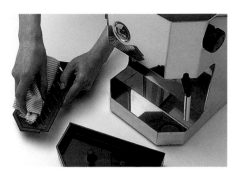

2 Videz et rincez le plateau inférieur, où tout reste de café risque de moisir. Il en va de même pour le filtre borgne.

3 Prenez aussi l'habitude d'essuyer la buse à vapeur après chaque usage : une accumulation de lait brûlé pourrait la salir et la boucher.

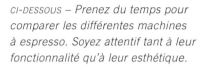

Les différents types d'espresso

L'express, ou espresso, est le café produit par une machine à vapeur ou percolateur, mais c'est aussi une façon particulière de le servir. En effet, le cappuccino est fait avec de l'espresso, mais en raison de son adjonction de lait et de son volume plus important, il ne pourrait jamais prendre le nom d'espresso.

Espresso *romano* C'est un espresso ordinaire servi avec un zeste de citron. Le *cafezinho,* l'équivalent brésilien de l'express, est lui aussi souvent accompagné de citron.

Espresso Obtenu avec 1 cuillerée à soupe (6 g) de café très finement moulu et torréfié très foncé, extrait par une eau hautement pressurisée et chauffée à 93-96 °C, l'espresso ordinaire représente à peu près 4 à 5 cl – jamais plus de 5 cl – de café noir servi dans une tasse de 6 cl.

Espresso *ristretto* C'est un espresso ordinaire servi dans une tasse normale, mais son volume ne dépasse pas 2,5 cl. Cet express serré est fort car il est fait avec la même quantité de café tout en étant moins dilué.

Espresso *macchiato* C'est un espresso ordinaire « taché » ou teinté par 1,5 cl environ de lait mousseux.

Espresso *corretto* Tasse d'espresso ordinaire arrosé d'alcool ou de liqueur ; en Italie du Nord, on le boit « corrigé » à la grappa.

Espresso *doppio* Espresso double, préparé avec un double porte-filtre mais présenté dans une tasse de 15 cl. Il représente plus ou moins le même volume que l'espresso *lungo*, mais avec deux fois plus de café, donc deux fois plus de caféine. Un vrai concentré d'énergie.

Espresso *lungo* ou *caffè americano* C'est un espresso normal « allongé » à l'eau chaude, qui représente un volume de 7,5 à 9,5 cl. Son corps est comparable à celui du café-filtre, et on le sert généralement dans une tasse de 15 cl.

Espresso *con panna* ou espresso *tazza d'oro* Sorte d'espresso *macchiato*, additionné d'une touche de crème fouettée à la place du lait vaporisé.

LES ARÔMES ET GARNITURES

Le lait et la crème figurent parmi les nombreux éléments qui se marient le mieux avec le café. Mais quand il faut choisir un produit laitier, on s'aperçoit que la palette est large. Une simple tasse d'Arabica d'altitude, torréfié suffisamment clair pour ne pas avoir perdu son acidité, s'accommodera parfaitement d'un nuage de lait ou de crème. L'acidité sera adoucie par le lait, et son goût délicat d'Arabica n'en sera que rehaussé.

Le lait et la crème

Lorsque l'on décide de préparer un cappuccino à base d'espresso, on se demande quel type de lait est le mieux adapté à cet usage. La réponse est controversée car si tous les types de lait peuvent être chauffés à la vapeur, les experts recommandent l'utilisation de lait écrémé, plus prompt à « mousser ». Hélas, il offre souvent un goût de carton ! Parmi les autres possibilités figure le lait homogénéisé ou UHT. Le lait demi-écrémé convient également, mais pour un goût véritablement italien rien ne vaut le lait entier, qui complète si

bien l'arôme de l'espresso. L'expérience vous apprendra que la température du lait est un facteur presque aussi important que la teneur en matières grasses : il doit toujours être très froid.

La crème fouettée ne peut remplacer le lait destiné à être chauffé à la vapeur, mais elle agrémente fort bien le café. La crème épaisse, additionnée d'une cuillerée de lait pour éviter qu'elle ne monte trop, ajoute de la richesse et du velouté.

Le lait chauffé de manière conventionnelle pour les boissons chaudes tourne facilement. Pour pallier ce problème, chauffez-le à feu doux sans le faire bouillir. De plus, l'addition de sucre dans les boissons chaudes contenant des produits laitiers (qui risquent de tourner) aide à stabiliser les composés du lait.

CI-DESSOUS – L'addition de lait ou de crème au café est une question de goût personnel. Expérimentez divers types de lait si vous souhaitez obtenir une mousse onctueuse chauffée à la vapeur, mais en guise de garniture, utilisez de la crème fraîche ou de la crème fouettée.

Faire mousser le lait à la vapeur

1 Tout d'abord, versez le lait très froid dans une carafe métallique froide d'un demi-litre, de forme droite ou légèrement conique.

2 Insérez la buse à vapeur presque jusqu'au fond de la carafe, ouvrez complètement la valve à vapeur et faites tourner la buse dans le lait pendant 5 à 8 s – le dessous de la carafe de lait devrait commencer à être chaud au toucher.

3 Baissez la carafe de sorte que la buse soit juste sous la surface du lait ; quand la surface commence juste à mousser, plongez la buse un peu plus profondément et baissez la vapeur. Le puissant « ronronnement » qui suit indique que le lait chauffe et quelques secondes suffisent pour qu'il augmente de volume.

4 Quand une mousse fine et homogène s'est formée, refermez la valve à vapeur et retirez la carafe. Laissez-la éventuellement refroidir. Veillez à arrêter l'opération avant que de grosses bulles d'air ne se forment.

Café normand

La Normandie, réputée pour ses pommiers, donne son nom à de nombreuses recettes incorporant du jus ou de la compote de pommes. Cette préparation, à base de café, de fruits et d'épices, offre des saveurs qui se marient délicieusement.

Pour 4 personnes

INGRÉDIENTS

    50 cl de café bien fort (espresso
        ou café-filtre fait avec 75 g de café
        par litre d'eau)
    50 cl de jus de pommes
    2 cuil. à soupe de sucre roux,
        selon le goût
    3 oranges finement émincées
    2 petits bâtons de cannelle
    1 pincée de cinq-épices en poudre
    1 pincée de clous de girofle en poudre
    bâton de cannelle, pour la garniture

1 Portez tous les ingrédients à ébullition à feu moyen, puis baissez le feu et laissez frémir 10 min.

CONSEIL

Vous pouvez alcooliser cette recette en remplaçant 1/4 du jus de pommes par du calvados, ajouté au moment où l'on baisse le feu dans l'étape 1. Ne laissez pas le calvados bouillir

2 Passez le liquide dans une carafe préchauffée, puis versez-le dans des tasses à cappuccino, en ajoutant éventuellement 1 bâton de cannelle dans chaque.

Georgia 'n Ginger

Cette boisson tire son nom de l'État américain de Géorgie, réputé pour ses pêches.

Pour 6 personnes

INGRÉDIENTS

    75 cl de café fort
    1 boîte de 400 à 500 g de pêches
        au sirop en tranches
    12 cl de crème fraîche
    1 cuil. à soupe et 1/2 de sucre roux
    2 pincées de cannelle en poudre
    1 généreuse pincée de gingembre
        en poudre
    zeste d'orange, pour la garniture

1 Égouttez les pêches en réservant le sirop. Mixez 1 min la moitié du café et les pêches.

2 Dans une jatte, fouettez la crème en prenant garde à ne pas trop la monter.

3 Mettez 25 cl d'eau froide, le sucre, la cannelle, le gingembre et le sirop de pêches dans une casserole. Portez à ébullition sur feu moyen ; baissez le feu et laissez frémir 1 min.

4 Ajoutez la purée de pêches et le reste de café, et mélangez bien. Servez garni de crème fouettée et de zeste d'orange.

Café mexicain

Les Aztèques furent les premiers amateurs de chocolat, et c'est certainement la raison pour laquelle le cacao figure dans maintes recettes mexicaines. Mélangé avec du café, il donne une boisson onctueuse.

Pour 4 personnes
INGRÉDIENTS
50 cl de café fort
2 cuil. à soupe de chocolat fondu
10 cl de crème fleurette
2 pincées de cannelle en poudre
2 cuil. à soupe de sucre roux
1 pincée de muscade en poudre
crème fouettée et copeaux de cannelle, pour la garniture

1 Fouettez ensemble le chocolat fondu, la crème fleurette, la cannelle, le sucre et la muscade.

2 Versez le café chaud dans le mélange et remuez bien. Répartissez dans 4 tasses, puis déposez 1 généreuse cuillerée de crème fouettée et garnissez de copeaux de cannelle.

CONSEIL
Cette recette peut se préparer avec du café-filtre fait avec 7 cuillerées à soupe de café pour 50 cl d'eau.

Café de Olla

Cette boisson se prépare traditionnellement en grande quantité et se cuit sur un feu de bois dans une cocotte en terre mexicaine appelée « olla ».

Pour 4 personnes
INGRÉDIENTS
9 cuil. à soupe de café torréfié très foncé, mouture moyenne
1 l d'eau
150 g de sucre roux
1 cuil. à café de mélasse
1 petit bâton de cannelle
anis étoilé (facultatif)

1 Mettez l'eau, le sucre, la mélasse, la cannelle et l'anis dans une cocotte et portez doucement à ébullition.

2 Remuez pour bien dissoudre le sucre et la mélasse.

3 Quand le mélange arrive à ébullition, incorporez le café sec, puis retirez du feu, couvrez et laissez infuser 5 min. Passez le liquide dans des tasses en faïence et servez immédiatement. Ajoutez éventuellement quelques graines d'anis.

CONSEIL
Utilisez un café torréfié à la française, mais pas aussi foncé que pour l'espresso afin de conserver le parfum des épices et de la mélasse.

BOISSONS CHAUDES ALCOOLISÉES

Il existe mille et une manières d'associer l'alcool et le café chaud. Les recettes que nous avons sélectionnées ici vous permettront de réaliser quelques grands classiques et de découvrir vos préférences en matière de mélanges et d'arômes.

Café noir jamaïcain

Cette délicieuse version du café noir n'est que très légèrement alcoolisée.

Pour 8 personnes environ
INGRÉDIENTS

- 1,5 l de café noir (café-filtre préparé avec 10 cuil. à soupe de café par litre d'eau)
- 1 citron et 2 oranges finement émincés
- 3 cuil. à soupe de rhum
- 80 g de sucre en poudre
- 8 rondelles de citron, pour la garniture

1 Mettez les rondelles d'orange et de citron dans une casserole. Ajoutez le café et portez sur le feu.

2 Quand le mélange s'apprête à bouillir, incorporez le rhum et le sucre. Remuez bien jusqu'à ce que le sucre soit dissous et retirez immédiatement du feu.

3 Pendant que le café est encore très chaud, versez-le dans des verres et décorez-les de rondelles de citron.

CONSEIL
Cette boisson est faite à partir
d'un café moyennement fort.
Tous les degrés de torréfaction
conviennent, mais un café trop torréfié
nuirait au goût des agrumes et du rhum.

Grog au café

Cette recette est une variante du grog traditionnel à laquelle on a ajouté du café et du sucre.

Pour 2 personnes
INGRÉDIENTS

- 30 cl de café très fort (café-filtre préparé avec 8 cuil. à soupe de café pour 0,5 l d'eau)
- 10 cl de calvados
- 5 cl de cognac
- 4 à 6 cuil. à café de sucre, selon le goût
- 1 cuil. à soupe et 1/2 de crème fraîche épaisse

1 Chauffez le calvados et le cognac à feu très doux, et transvasez dans de grandes chopes en verre.

2 Faites fondre le sucre dans le café et versez ce dernier sur les liqueurs. Mélangez le tout.

3 Simultanément, déposez la crème sur le dessus selon un mouvement circulaire. Ne remuez pas.

VARIANTE
Si vous préférez, préparez ce grog
sans crème fraîche et remplacez le
calvados par de l'eau-de-vie de poire.

Café à l'orange

Voici l'une des nombreuses combinaisons possibles entre le café et l'orange.

Pour 4 personnes

INGRÉDIENTS

- 60 cl de café chaud
- 10 cl de crème fraîche
- 2 cuil. à soupe de sucre glace
- 1 cuil. à café de zeste d'orange
- 15 cl de liqueur à l'orange (Grand Marnier, Cointreau ou autre)
- 4 quartiers d'orange, pour la garniture

1 Dans une jatte, fouettez la crème fraîche en chantilly. Incorporez le sucre glace et le zeste.

2 Gardez au frais 30 min, jusqu'à ce que la crème soit suffisamment ferme pour soutenir un quartier d'orange.

3 Répartissez le café noir dans de hautes tasses en verre et incorporez 2 cuillerées à soupe de liqueur dans chaque. Garnissez de crème fouettée et déposez un quartier d'orange sur le tout. Servez immédiatement.

VARIANTES

Pour obtenir une saveur nouvelle, incorporez une liqueur différente et retenez celle qui vous plaît le plus.

Cocktail chaud à la menthe

Ici, le mélange du bourbon et de la menthe donne un cocktail chaleureux et revigorant, à déguster par une froide journée d'hiver.

Pour 2 personnes

INGRÉDIENTS

- 50 cl de café fort bien chaud
- 10 à 15 cl de bourbon
- 2 cuil. à soupe de sucre
- 2 cuil. à soupe de crème fraîche épaisse
- 2 brins de menthe, pour la garniture

1 Versez le bourbon et le sucre dans 2 grands verres préchauffés. Ajoutez le café chaud et mélangez afin de dissoudre le sucre.

2 Déposez la crème fraîche dessus en la versant sur le dos d'une cuillère, sans la remuer. Décorez de menthe fraîche.

VARIANTES

Cette recette très simple peut également se préparer avec des whiskies, comme le Southern Comfort ou le Wild Turkey.

Café « sauterelle »

Ce cocktail doit son nom à la crème de menthe dont la couleur évoque celle de la sauterelle.

Pour 2 personnes

INGRÉDIENTS

    35 cl de café fort bien chaud
    chocolats noirs et blancs fourrés
        à la menthe
    5 cl de crème de menthe verte
    5 cl de liqueur de café (Tia Maria,
        Sangster's ou autre)
    5 cl de crème fleurette

1 Coupez les chocolats en deux dans la diagonale.

2 Répartissez les 2 liqueurs dans 2 grands verres droits. Mélangez bien.

3 Remplissez chaque verre de café chaud et garnissez de crème fouettée. Décorez avec les triangles de chocolat, en répartissant les noirs et les blancs.

CONSEIL
Préparez un café suffisamment fort afin que son goût ne soit pas éclipsé par celui des liqueurs.

Café brûlot

Pour cette préparation traditionnelle de la Nouvelle-Orléans, tous les ingrédients, sauf le café, sont flambés à table. La flamme s'éteint au moment où l'on verse le café dessus. Ici, la recette est simplifiée, donc moins spectaculaire mais tout aussi délicieuse.

Pour 3 à 4 personnes

INGRÉDIENTS

    70 cl de café fort bien chaud
    6 cuil. à soupe de cognac ou de rhum
    5 cl de Cointreau ou autre liqueur
        à l'orange
    2 cuil. à soupe de sucre
    6 à 8 clous de girofle
    2 bâtons de cannelle
    1 zeste de citron et/ou 1 zeste
        d'orange
    bâtons de cannelle et zestes d'orange,
        pour la garniture (facultatif)

1 Dans une grande casserole, chauffez le cognac (ou le rhum), le Cointreau, le sucre, les clous de girofle, la cannelle et le zeste de citron ou d'orange à feu doux.

2 Incorporez le café noir, préparé à raison de 11 cuillerées à soupe et 1/2 de café par litre d'eau : une torréfaction forte est idéale, mais un espresso dominerait trop. Remuez et servez en répartissant le liquide dans les tasses. Garnissez éventuellement d'1 bâton de cannelle entouré d'1 zeste d'orange.

CONSEIL
Vous pouvez faire flamber le mélange au cognac juste avant d'ajouter le café. Versez le café en un filet continu afin d'éteindre la flamme.

BOISSONS FROIDES NON ALCOOLISÉES

La popularité du café s'explique peut-être par le fait que l'on peut aussi bien le déguster froid que chaud. Un café froid parfumé est délicieusement rafraî-chissant en été.

Milk-shake au café
Si vous n'avez pas de shaker, utilisez un mixer qui conviendra parfaitement.

Pour 2 personnes
INGRÉDIENTS
    20 cl de café fort glacé (environ
      4 généreuses tasses d'espresso, ou
      du café-filtre préparé avec 12 cuil.
      à soupe de café par litre d'eau)
    2 œufs battus
    45 cl de lait froid
    10 cl de crème fraîche
    1 cuil. à soupe de sucre
    1 pincée de sel
    4 gouttes d'essence de vanille
      ou d'amandes
    biscuits au gingembre émiettés,
      pour la garniture

1 Réunissez tous les ingrédients dans un shaker et secouez (ou passez-les au mixer).

2 Servez aussitôt, saupoudré de biscuits.

Café frappé
Cette préparation, qui n'est pas sans rappeler celle du milk-shake, donne une boisson agréablement rafraîchissante.

Pour 2 personnes
INGRÉDIENTS
    45 cl de café fort froid (préparé
      avec 14 cuil. à soupe de café
      par litre d'eau)
    8 gouttes d'essence de vanille
    30 cl de glace pilée
    4 cuil. à soupe de lait concentré
    crème fouettée et rondelles de banane,
      pour la garniture (facultatif)

2 Ajoutez l'essence de vanille, la glace pilée et le lait concentré. Mixez jusqu'à obtention d'un mélange homogène.

3 Versez dans de grands verres transparents et sucrez selon votre goût. Décorez éventuellement de crème fouettée et de rondelles de banane.

1 Versez le café froid dans un grand mixer.

VARIANTES
Il est possible d'apporter de nombreuses variantes à cette recette en incorporant, par exemple, de l'amande douce, de la banane, du sirop d'érable et de la menthe.

Yaourt au café

Il s'agit en fait d'une variante du *lassi*, cette boisson au yaourt servie dans les restaurants indiens. On peut la préparer sucrée, avec du sucre et de la cannelle en poudre, ou salée, avec du sel et un peu de cumin en poudre.

Pour 2 personnes

INGRÉDIENTS

35 cl de café noir froid (café-filtre préparé avec 11 cuil. à soupe et 1/2 de café par litre d'eau)

35 cl de yaourt nature brassé

4 cuil. à café de sucre

1 pincée de cannelle en poudre, selon le goût

1 Passez tous les ingrédients au mixer jusqu'à obtention d'un mélange crémeux.

2 Saupoudrez de cannelle et servez.

Café glacé antillais

Pour cette recette, employez un café pas trop fort, de préférence filtré.

Pour 2 personnes

INGRÉDIENTS

60 cl de café-filtre moyennement fort, ayant refroidi 20 min environ

1/2 orange et 1/2 citron finement émincés

1 rondelle d'ananas

sucre selon le goût

1 à 2 gouttes d'Angostura (facultatif)

3 glaçons par verre

rondelle de citron ou d'orange, pour la garniture

1 Dans une grande jatte, versez le café refroidi sur les fruits.

2 Mélangez et laissez refroidir au congélateur pendant 1 h environ.

3 Sortez du congélateur et remuez. Retirez les rondelles de fruits. Sucrez et incorporez l'Angostura.

4 Mettez 3 glaçons dans chaque verre, puis versez la boisson au café. Décorez d'1/2 rondelle d'orange ou de citron sur le bord du verre ou dans le liquide.

Granita di caffè

Voici la recette classique du granité au café. Les proportions valent pour 1 litre.

Pour 4 personnes

INGRÉDIENTS

    20 cl de café fort (environ
      5 généreuses tasses d'espresso, ou
      du café-filtre préparé avec 14 cuil.
      à soupe de café par litre d'eau)
    40 cl d'eau
    140 g de sucre
    1/2 cuil. à café d'essence de vanille
      (facultatif)
    1 blanc d'œuf (facultatif)
    10 cl de crème fouettée,
      pour la garniture

1 Versez le café dans une grande jatte ou dans un mixer et réservez.

2 Faites bouillir la moitié de l'eau avec le sucre, en remuant bien pour le dissoudre. Gardez au réfrigérateur.

3 Quand le sirop de sucre est froid, ajoutez-le au café avec le reste d'eau et la vanille.

4 Si vous voulez rendre le granité plus onctueux, battez le blanc d'œuf et incorporez-le au mélange.

5 Versez le mélange dans une barquette pour congélateur peu profonde, et mettez-la au congélateur.

6 Toutes les 30 min environ, cassez le mélange à l'aide d'une fourchette afin d'obtenir une consistance granuleuse. Quand le granité est pris, servez-le dans des coupes individuelles et garnissez d'un peu de crème fouettée.

Soda au café et au chocolat

Cette boisson rafraîchissante est aussi savoureuse qu'appétissante.

Pour 2 personnes

INGRÉDIENTS

    25 cl de café fort froid (4 tasses
      d'espresso)
    4 cuil. à soupe de crème fraîche
      épaisse ou 2 cuil. à soupe de lait
      concentré (facultatif)
    25 cl d'eau de Seltz froide
    2 boules de glace au chocolat
    grains de café enrobés de chocolat,
      grossièrement concassés,
      pour la garniture

1 Versez le café dans de grands verres à pied. Ajoutez la crème ou le lait concentré.

2 Ajoutez l'eau de Seltz et remuez bien. Déposez délicatement 1 boule de glace dans le mélange. Décorez avec les grains de café concassés et servez avec une longue cuillère ou une paille.

VARIANTE

Essayez aussi avec de la glace à la vanille, à la banane, pralinée ou à la menthe et au chocolat, puis saupoudrez de copeaux de chocolat, de tranches de fruits ou de quelques noisettes grossièrement concassées.

BOISSONS FROIDES ALCOOLISÉES

Bien glacé et servi dans de jolies coupes, du café parfumé à l'alcool constitue un délicieux dessert.

Eggnog au café

Cette boisson à base de café se dégustera au plus chaud de l'été, lors d'une grande occasion.

Pour 6 à 8 personnes
INGRÉDIENTS
- 25 cl de café fort froid (espresso ou café-filtre préparé avec 13 cuil. à soupe de café par litre d'eau)
- 8 œufs, jaunes et blancs séparés
- 225 g de sucre
- 20 cl de whisky, bourbon, rhum ou cognac, ou un mélange
- 20 cl de crème fraîche épaisse, bien froide
- 10 cl de crème fouettée
- muscade en poudre, pour la garniture

1 Dans une jatte, battez vigoureusement les jaunes d'œufs, puis ajoutez le sucre peu à peu, en mélangeant bien.

2 Portez cette préparation à feu doux dans une casserole, en tournant constamment avec une cuillère en bois.

3 Retirez la casserole du feu et laissez reposer quelques minutes. Versez le café et l'alcool, puis ajoutez progressivement la crème, en remuant bien.

4 Battez les blancs d'œufs en neige et incorporez-les délicatement au mélange. Versez dans des coupes à punch et garnissez d'1 cuillerée de crème fouettée et d'un soupçon de muscade.

CONSEIL
Si nécessaire, ajoutez un peu de sucre pour éviter que le mélange de crème fraîche et d'alcool ne tourne.

Café africain

Dans certaines régions d'Afrique, le café se boit avec du lait concentré. Ici, on a adapté cette recette en incorporant de la liqueur.

Pour 1 personne
INGRÉDIENTS
- 25 cl de café fort (4 généreux espresso ou café-filtre préparés avec 12 cuil. à soupe de café par litre d'eau)
- 8 cuil. à café de lait concentré
- 4 cuil. à café de crème de cacao
- glaçons, pour la garniture (facultatif)

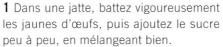

1 Mettez le café, le lait concentré et la liqueur dans un shaker et secouez bien.

CONSEIL
D'autres liqueurs à base de chocolat ou de noix de coco, comme le Malibu, feront également l'affaire.

2 Servez sur des glaçons dans des verres.

Café vermouth

Le vermouth n'est pas associé traditionnellement au café, mais ce mélange
est toutefois réussi et d'une grande
finesse. Réduisez les proportions
si vous n'êtes pas sûr d'apprécier
les saveurs.

Pour 2 personnes
INGRÉDIENTS
  4 cuil. à soupe de café très fort
    bien froid (espresso ou café-filtre
    préparé avec 13 cuil. à soupe
    de café par litre d'eau)
  10 cl de vermouth rouge
  25 cl de lait
  2 cuil. à soupe de glace pilée
  2 cuil. à café de sucre
  grains de café, pour la garniture

CONSEIL
Il est possible que le lait tourne.
Pour éviter ceci, augmentez
très légèrement la quantité de sucre.

1 Dans un shaker, réunissez tous les
ingrédients et secouez vigoureusement.

2 Servez immédiatement dans des verres
à cocktail ou de grands verres droits.
Décorez de quelques grains de café.

VARIANTES
On obtiendra des goûts et
des textures différentes selon le type
de lait utilisé, ou en remplaçant le lait
par un peu de crème fraîche.

Flip au café

Ici, le café n'est pas l'ingrédient de
base : il est ajouté en petite quantité,
apportant néanmoins son arôme corsé.

Pour 2 personnes
INGRÉDIENTS
  4 cuil. à café de café très fort
  10 cl de porto
  3 cuil. à soupe de curaçao
  2 cuil. à café de sucre glace
  2 œufs
  4 cuil. à café de lait concentré
  4 cuil. à soupe de glace pilée
  chocolat râpé et zeste d'orange,
    pour la garniture

1 Placez les ingrédients dans un shaker,
y compris la glace pilée.

2 Secouez vigoureusement et servez
immédiatement dans des verres à cocktail. Garnissez de chocolat râpé et de
zestes d'orange.

CONSEILS
• Pour ce cocktail, utilisez
de préférence un espresso serré.
• La plupart des liqueurs à base d'orange,
tels le Grand Marnier, le Cointreau,
l'Orange Nassau, etc., pourront
remplacer le curaçao.

Café colada

Ce cocktail à base de café est un véritable concentré de parfums antillais. Vous pouvez en préparer une carafe 2 h à l'avance, puis la laisser congeler partiellement avant de la surmonter généreusement de crème fouettée.

Pour 4 personnes

INGRÉDIENTS

45 cl de café très fort froid
(café-filtre préparé avec 14 cuil.
à soupe de café par litre d'eau)
5 cl de tequila ou de rhum blanc
5 cl de Malibu
10 cl de crème de coco
1/2 cuil. à café d'essence de vanille
35 cl de glace pilée
4 cuil. à soupe de crème fouettée
et copeaux de noix de coco grillés,
pour la garniture

1 Passez tous les ingrédients au mixer, à la puissance maximale.

2 Servez dans de hauts verres à pied.

3 Décorez de crème fouettée, garnie de copeaux de noix de coco grillés.

Cocktail au café et au cognac

Cette recette gourmande est particulièrement riche et reconstituante.

Pour 2 personnes

INGRÉDIENTS

25 cl de café fort, torréfié foncé,
bien froid
8 cl de cognac ou de brandy
5 cl de liqueur de café
5 cl de crème fraîche épaisse
2 cuil. à café de sucre
25 cl de glace pilée
2 boules de glace au café
copeaux de chocolat, pour la garniture

1 Mélangez tous les ingrédients, sauf la glace au café, dans un shaker.

2 Versez dans de grands verres droits et déposez délicatement une boule de glace dans chaque. Décorez de copeaux de chocolat et servez avec une petite cuillère à long manche.

CONSEIL
La liqueur de café peut être
à base de crème, comme le Kahlúa,
ou sans, comme le Tia Maria.

LES
RECETTES

Ce chapitre rassemble plus de soixante-dix recettes expliquées
et illustrées étape par étape. Les recettes classiques sont à l'honneur,
notamment le Tiramisu, les Cœurs à la crème au café,
la Glace au café et le délicieux Moka. On y trouve également
des recettes pour diverses occasions, qu'il s'agisse de desserts fruités
ou glacés, de gâteaux délicieusement fondants, de tartes irrésistibles
ou de biscuits croquants. Le café, dont les arômes se marient avec
toutes sortes de saveurs, est associé avec de l'alcool, des fruits,
du chocolat ou de la crème fraîche. Utilisez toujours un café de qualité,
et n'hésitez pas à expérimenter les grands crus du monde entier
pour faire de chaque dessert un plaisir chaque fois renouvelé.

CŒURS À LA CRÈME AU CAFÉ

Ces appétissantes petites crèmes en forme de cœur, parsemées de grains de café grillés, sont accompagnées d'un coulis de fruits frais. Utilisez de préférence des fraises des bois, particulièrement parfumées.

Pour 6 personnes

INGRÉDIENTS

25 g de grains de café torréfiés
très foncés
225 g de ricotta ou de fromage blanc
30 cl de crème fraîche
2 cuil. à soupe de sucre en poudre
le zeste finement râpé d'1/2 orange
2 blancs d'œufs

Pour le coulis de fruits rouges

175 g de framboises
2 cuil. à soupe de sucre glace tamisé
125 g de petites fraises (des bois,
de préférence) coupées en deux

1 Préchauffez le four à 180 °C (th. 6). Répartissez les grains de café sur une plaque de four et faites-les griller 10 min environ. Laissez refroidir, puis mettez-les dans un sac en plastique et écrasez-les à l'aide d'un rouleau à pâtisserie.

2 Rincez soigneusement 12 pièces d'étamine à l'eau froide et essorez-les. Garnissez-en 6 moules en forme de cœur, sur une double épaisseur, en laissant l'étamine dépasser sur les bords.

3 Passez la ricotta ou le fromage blanc au chinois fin dans une jatte. Dans un autre récipient, mélangez la crème fraîche, le sucre, le zeste d'orange et les grains de café écrasés. Incorporez le tout au fromage et mélangez bien.

4 Montez les blancs d'œufs en neige et incorporez-les à la préparation. Répartissez celle-ci dans les moules, puis rabattez l'étamine par-dessus. Laissez égoutter et mettez toute la nuit au réfrigérateur.

5 Pour le coulis de fruits rouges, passez les framboises et le sucre glace au mixer. Filtrez cette purée au chinois fin afin d'éliminer les grains. Gardez au frais jusqu'au moment de servir.

6 Démoulez les cœurs sur des assiettes individuelles et retirez délicatement l'étamine. Nappez les cœurs de coulis de fruits rouges et décorez-les de fraises avant de servir.

CONSEIL

L'étamine a un tissage très fin qui permet
au liquide du fromage de s'égoutter.
À défaut, utilisez un tissu fin neuf.

MOUSSES AU CAFÉ EN COUPES DE CHOCOLAT

Le parfum corsé de l'espresso ajoute une délicieuse saveur à cette mousse riche et onctueuse.
Lors de grandes occasions, servez-la dans d'élégantes coupes en chocolat.

Pour 4 personnes
INGRÉDIENTS
3 cuil. à soupe d'espresso
225 g de chocolat noir
25 g de beurre
4 œufs, blancs et jaunes séparés
brins de menthe fraîche, pour
 la garniture (facultatif)
mascarpone ou crème fraîche épaisse,
 pour l'accompagnement (facultatif)
Pour les coupes en chocolat
225 g de chocolat noir

1 Pour chaque coupe en chocolat, préparez un carré de papier d'aluminium de 15 cm sur une double épaisseur. Moulez-le autour d'une petite orange, pour former une coupe. Retirez l'orange et appuyez doucement le fond de l'aluminium sur une surface plane afin d'obtenir une base régulière.

2 Cassez le chocolat en petits morceaux dans une jatte, puis faites le fondre au bain-marie.

3 Versez le chocolat dans les coupes en aluminium, en l'étalant sur les bords avec le dos d'une cuillère. Mettez au frais 30 min, afin qu'il durcisse. Détachez délicatement l'aluminium en commençant par le haut. Réservez les coupes.

4 Pour la mousse, mettez le chocolat et l'espresso dans une jatte et faites fondre au bain-marie. Ajoutez peu à peu le beurre à ce mélange. Retirez la casserole du feu et incorporez les jaunes d'œufs.

5 Montez les blancs d'œufs en neige, puis incorporez-les dans la préparation au chocolat. Versez dans une jatte et placez au réfrigérateur au moins 3 h.

6 Au moment de servir, répartissez la mousse dans les coupes en chocolat. Ajoutez éventuellement 1 cuillerée de mascarpone ou de crème fraîche et décorez d'1 brin de menthe.

PANETTONE À L'ABRICOT

Des tranches de panettone *parsemées d'abricots secs sont cuites dans une crème au café et se dégustent chaudes.*

Pour 4 personnes

INGRÉDIENTS

4 cuil. à soupe de café moulu

6 tranches de *panettone* aux fruits confits d'1 cm d'épaisseur (environ 400 g)

175 g d'abricots secs hachés

50 g de beurre mou

40 cl de lait

25 cl de crème fraîche épaisse

90 g de sucre en poudre

3 œufs

2 cuil. à soupe de cassonade

crème fraîche épaisse ou liquide, pour la décoration

1 Préchauffez le four à 160 °C (th. 5). Graissez un plat ovale à four avec 15 g de beurre. Enduisez le *panettone* avec le reste de beurre et disposez les tranches dans le plat. Parsemez les abricots entre et sur les tranches.

2 Dans une casserole, portez le lait et la crème fraîche au point d'ébullition. Versez sur le café et laissez infuser 10 min. Passez le mélange au chinois fin de sorte à éliminer le marc.

3 Battez légèrement le sucre et les œufs, puis incorporez le café au lait en fouettant bien. Versez la préparation sur le *panettone* et laissez imbiber 15 min.

4 Saupoudrez le *panettone* de cassonade et placez-le dans un grand plat à four. Versez de l'eau jusqu'à mi-hauteur.

5 Enfournez pour 40 à 45 min : la surface doit être dorée et croustillante et l'intérieur tendre. Retirez du four, mais laissez le plat dans l'eau chaude pendant 10 min. Servez le *panettone* chaud avec de la crème fraîche.

CONSEIL

Cette recette est également très bonne avec du *panettone* nature ou au chocolat.

GÂTEAU AU CAFÉ ET AU GINGEMBRE

Ce dessert, nappé de café, est fait avec de la mie de pain et des amandes en poudre.
Servez-le avec de la crème anglaise vanillée ou de la glace à la vanille.

Pour 4 personnes

INGRÉDIENTS

    2 cuil. à soupe de café moulu
    2 cuil. à soupe de gingembre au sirop,
      égoutté et haché
    5 cuil. à soupe de sirop de gingembre
      (du bocal de gingembre)
    1 cuil. à café de gingembre en poudre
    2 cuil. à soupe de vergeoise blonde
    110 g de sucre en poudre
    3 œufs, blancs et jaunes séparés
    25 g de farine
    70 g de mie de pain émiettée
    25 g d'amandes en poudre

1 Préchauffez le four à 180 °C (th. 6). Chemisez le fond d'un moule à charlotte de 75 cl de papier sulfurisé et beurrez-le, puis saupoudrez-le de vergeoise et de gingembre haché.

2 Mettez le café moulu dans un grand bol. Portez le sirop de gingembre à ébullition et versez-le sur le café. Remuez bien et laissez infuser 4 min. Passez le mélange au chinois fin dans le moule.

3 Battez la moitié du sucre et les jaunes d'œufs. Dans une autre jatte, mélangez la farine et le gingembre en poudre, puis incorporez-les à la préparation aux œufs avec la mie de pain et les amandes.

4 Montez les blancs d'œufs en neige, en ajoutant peu à peu le reste de sucre. Incorporez les blancs dans la préparation précédente. Versez le tout dans le moule et égalisez la surface.

5 Couvrez le moule d'une feuille de papier sulfurisé pliée au centre et fixez-la avec une ficelle. Enfournez pour 40 min, jusqu'à ce que le gâteau soit ferme au toucher. Démoulez et servez aussitôt.

CONSEIL

Vous pouvez également confectionner
ce gâteau dans un moule à cake de 90 cl,
et le servir en tranches fines.

SOUFFLÉS
ET
MERINGUES

Les soufflés bien gonflés et les meringues
fondantes sont des desserts
aussi appétissants que délicieux.
Les ingrédients de base de la meringue
sont très simples — des blancs d'œufs
et du sucre — et se marient parfaitement
avec le café. Pour terminer un repas
sur une note gourmande, essayez
les Œufs à la neige à l'anis étoilé
ou l'exotique Gâteau meringué
à la mangue et au café.

SOUFFLÉ GLACÉ À LA PRALINE ET AU CAFÉ

Un onctueux soufflé au café décoré de praline, aussi spectaculaire que facile à confectionner.

Pour 6 personnes

INGRÉDIENTS

15 cl de café fort (éventuellement
   aromatisé à la noisette)
150 g d'amandes émondées,
   plus un peu pour la décoration
150 g de sucre en poudre
5 cuil. à soupe d'eau
1 cuil. à soupe de gélatine en poudre
3 œufs, blancs et jaunes séparés
75 g de vergeoise blonde
1 cuil. à soupe de liqueur de café
   (Tia Maria, Kahlúa ou Toussaint)
15 cl de crème fraîche épaisse,
   plus 15 cl environ, pour la décoration
   (facultatif)

1 Entourez un plat à soufflé de 90 cl d'une double épaisseur de papier sulfurisé, en laissant dépasser de quelques centimètres au-dessus des bords. Maintenez avec de la ficelle et mettez le plat au réfrigérateur.

2 Huilez une plaque de four. Faites fondre le sucre en poudre avec l'eau, en les chauffant dans une petite casserole. Portez à feu vif et surveillez la couleur : le sirop doit être légèrement doré. Ajoutez les amandes et faites bouillir jusqu'à ce que le caramel soit brun.

3 Déposez cette praline sur la plaque de four et laissez-la refroidir. Quand elle est dure, cassez-la en morceaux à l'aide d'un rouleau à pâtisserie. Réservez 50 g de praline et écrasez le reste.

4 Versez la moitié du café dans un bol et saupoudrez la gélatine dessus. Laissez tremper 5 min, puis faites-la fondre dans le bol au-dessus d'un bain-marie.

5 Faites chauffer les jaunes d'œufs, la vergeoise, le reste de café et la liqueur au bain-marie, en fouettant bien pour obtenir un mélange mousseux. Incorporez la gélatine dissoute.

6 Fouettez la crème fraîche en chantilly, puis montez les blancs d'œufs en neige. Ajoutez la praline broyée dans la crème fouettée, puis le mélange au café. Enfin, incorporez les blancs en neige.

7 Versez la préparation dans le plat à soufflé et égalisez la surface. Gardez au frais au moins 2 h, puis mettez au congélateur 15 à 20 min avant de servir. Retirez la collerette de papier en passant une lame de couteau chauffée entre le soufflé et le papier. Fouettez la crème fraîche pour la décoration et déposez-en des cuillerées sur le dessus du soufflé. Décorez avec la praline réservée et les amandes entières.

PETITS SOUFFLÉS AU MOKA

*Ces petits soufflés au moka, qui peuvent se préparer jusqu'à trois heures à l'avance,
sont parfaits pour terminer un repas. Il suffit de les réchauffer juste avant de les servir.*

Pour 6 personnes

INGRÉDIENTS

2 cuil. à soupe de café moulu

90 g de chocolat noir râpé

2 cuil. à soupe de cacao tamisé

75 g de beurre mou

40 cl de lait

40 g de farine

3 œufs, blancs et jaunes séparés

50 g de sucre en poudre

15 cl de liqueur au café ou au chocolat, à base de crème (crème de cacao, Sheridans, par exemple)

1 Préchauffez le four à 200 °C (th. 7). Graissez généreusement 6 darioles de 15 cl avec 25 g de beurre. Enduisez-les de 50 g de chocolat râpé.

2 Mettez le café moulu dans un bol. Chauffez le lait jusqu'au point d'ébullition et versez-le sur le café. Laissez infuser 5 min, puis filtrez le liquide au chinois.

3 Faites fondre le reste de beurre dans une petite casserole. Incorporez la farine et le cacao pour faire un roux. Faites cuire 1 min environ, puis versez peu à peu le café au lait, en remuant constamment pour obtenir une sauce très épaisse. Laissez mijoter 2 min, puis ajoutez les jaunes d'œufs hors du feu.

VARIANTE

Vous pouvez remplacer le chocolat noir par du chocolat blanc ou au lait.

4 Laissez refroidir 5 min, puis incorporez le reste de chocolat. Montez les blancs d'œufs en neige, en ajoutant progressivement le sucre. Incorporez les blancs en neige dans la préparation, en deux fois.

5 Répartissez la préparation dans les darioles et disposez-les dans un grand plat à four. Versez de l'eau jusqu'aux 2/3.

6 Enfournez les soufflés pour 15 min. Démoulez-les sur une plaque de four et laissez-les refroidir complètement.

7 Avant de servir, versez 1 cuillerée à soupe de liqueur au chocolat ou au café sur chaque soufflé et réchauffez-les 6 à 7 min au four. Servez les soufflés dans des assiettes individuelles et nappez-les du reste de liqueur.

ROULÉ AU CHOCOLAT ET AU CAFÉ

Ce gâteau délicieusement aromatisé au chocolat se prépare douze heures à l'avance.
Ne vous alarmez pas s'il se fend légèrement au moment d'être roulé.

Pour 8 personnes
INGRÉDIENTS
   200 g de chocolat noir
   200 g de sucre en poudre
   7 œufs, blancs et jaunes séparés
Pour la garniture
   2 cuil. à soupe de café fort refroidi
   30 cl de crème fraîche épaisse
   1 cuil. à soupe de liqueur de café
      (Tia Maria, Kahlúa ou Toussaint)
   4 cuil. à soupe de sucre glace
      et un peu de chocolat râpé,
      pour la décoration

1 Préchauffez le four à 180 °C (th. 6). Chemisez de papier sulfurisé une plaque à pâtisserie d'environ 35 × 25 cm et beurrez-le.

2 Cassez le chocolat en morceaux et faites-le fondre au bain-marie. Laissez refroidir 5 min.

3 Dans une jatte, travaillez le sucre et les jaunes d'œufs en un mélange mousseux. Ajoutez le chocolat fondu.

4 Montez les blancs d'œufs en neige et incorporez-les délicatement à la préparation au chocolat.

5 Versez la préparation sur la plaque et égalisez-la avec une spatule. Enfournez pour 25 min environ. Laissez le gâteau sur la plaque et couvrez d'une grille à gâteau, sans que celle-ci touche le gâteau.

6 Couvrez la grille d'un torchon humide, puis enveloppez le tout de film alimentaire. Laissez reposer au moins 8 h, ou toute la nuit, dans un endroit frais.

7 Saupoudrez de sucre glace un grand morceau de papier sulfurisé et démoulez le gâteau dessus.

8 Pour la garniture, fouettez la crème fraîche avec le café et la liqueur, puis étalez-la sur le gâteau. En commençant par un petit côté, roulez délicatement le gâteau, en vous aidant du papier.

9 Dressez le roulé sur le plat de service. Saupoudrez-le généreusement de sucre glace et d'un peu de chocolat râpé.

CONSEIL
Décorez éventuellement le roulé de
volutes de crème fouettée et de grains
de café enrobés de chocolat, ou bien de
framboises et de feuilles de menthe.

GÂTEAU MERINGUÉ À LA MANGUE ET AU CAFÉ

*La meringue légère se marie parfaitement avec les différentes saveurs
du café, du mascarpone et de la mangue.*

Pour 6 à 8 personnes
INGRÉDIENTS
    4 blancs d'œufs
    200 g de sucre en poudre
Pour la garniture
    3 cuil. à soupe de café moulu fort
    1 mangue mûre, détaillée en dés
    d'1 cm
    5 cuil. à soupe de lait
    350 g de mascarpone

VARIANTE
Vous pouvez éventuellement
saupoudrer la meringue de 50 g de
noisettes hachées avant de l'enfourner.

1 Préchauffez le four à 190 °C (th. 6).
Chemisez de papier sulfurisé une plaque
à pâtisserie d'environ 35 × 25 cm et
beurrez-le légèrement. Montez les blancs
d'œufs en neige, puis incorporez le sucre
peu à peu, en les soulevant délicatement.

2 Quand les blancs sont bien fermes,
étalez-les sur la plaque et égalisez la surface. Enfournez pour 15 min, jusqu'à ce
que la meringue soit dorée.

3 Retournez la meringue sur une feuille
de papier sulfurisé. Détachez le papier
de la meringue et laissez-la refroidir.

4 Pour la garniture, mettez le café dans
un bol. Chauffez le lait jusqu'au point
d'ébullition et versez-le sur le café. Laissez
infuser 5 min, puis passez au chinois fin.

5 Battez le mascarpone jusqu'à ce qu'il
soit lisse, puis incorporez progressivement le café au lait. Étalez le mélange
sur la meringue, puis parsemez-le de
dés de mangue.

6 Roulez délicatement la meringue à
partir d'un petit côté, en vous aidant du
papier. Transférez sur un plat de service
et gardez le gâteau au frais au moins
30 min avant de le servir.

MERINGUES AU CAFÉ SUR PAIN D'ÉPICES

Un délicieux dessert alliant le croustillant d'une meringue,
la fraîcheur d'une glace fondante et le moelleux d'un pain d'épices.

Pour 6 personnes
INGRÉDIENTS
  60 cl de glace au café
  275 g de pain d'épices
  4 blancs d'œufs
  150 g de sucre en poudre
  2 cuil. à soupe de gingembre confit,
    finement haché

1 Préchauffez le four à 230 °C (th. 8). Coupez le pain d'épices en 3 tranches dans la longueur. À l'aide d'un emporte-pièce de 5 cm, découpez 2 ronds dans chaque tranche. Disposez-les sur une plaque de four.

2 Garnissez chaque rond d'une grosse boule de glace au café, puis mettez la plaque au congélateur au moins 30 min.

3 Montez les blancs d'œufs en neige. Ajoutez le sucre peu à peu, et continuez à battre jusqu'à ce que les blancs soient fermes. Incorporez le gingembre.

4 Versez délicatement les blancs dans une poche à douille munie d'un large embout rond.

CONSEIL
La glace est protégée de la chaleur du four par la meringue, qui doit la napper complètement. Une fois préparées, ces meringues peuvent être congelées jusqu'au moment de la cuisson.

5 Nappez chaque glace de meringue, en formant des monticules.

6 Enfournez pour 3 à 4 min, de sorte que la meringue soit croustillante et légère-ment colorée. Servez immédiatement.

ŒUFS À LA NEIGE À L'ANIS ÉTOILÉ

La réputation de ce dessert à base de blancs d'œufs pochés et de crème anglaise n'est plus à faire,
mais cette variante se distingue par l'ajout d'anis étoilé et d'une crème au café.

Pour 6 personnes

INGRÉDIENTS

Pour la crème anglaise au café
  15 cl de café fort
  15 cl de lait
  15 cl de crème fleurette
  4 jaunes d'œufs
  2 cuil. à soupe de vergeoise blonde
  1 cuil. à café de Maïzena
Pour le caramel
  90 g de sucre en poudre
  6 cuil. à soupe d'eau
Pour les blancs pochés
  2 blancs d'œufs
  50 g de sucre en poudre
  2 pincées d'anis étoilé en poudre
  1 pincée de sel

1 Commencez par la crème anglaise au café en portant le lait, la crème et le café au point d'ébullition.

2 Dans une jatte, fouettez les jaunes d'œufs, la vergeoise et la Maïzena afin d'obtenir un mélange onctueux. Incorporez le café au lait, puis remettez le tout dans la casserole.

3 Chauffez 1 à 2 min, en tournant jusqu'à épaississement. Retirez du feu et laissez refroidir en remuant de temps en temps.

REMARQUE
Une fois pochés, les blancs
conserveront leur forme pendant 2 h.

4 Couvrez la crème anglaise de film alimentaire et mettez-la au réfrigérateur.

5 Pour le caramel, chauffez le sucre et la moitié de l'eau dans une petite casserole, à feu très doux, jusqu'à dissolution. Surveillez la cuisson : le caramel doit prendre une teinte dorée. Hors du feu, ajoutez le reste d'eau en prenant garde de ne pas vous brûler. Laissez refroidir.

6 Montez les blancs d'œufs en neige très ferme. Mélangez le sucre et l'anis étoilé et incorporez-les aux blancs.

7 Versez 2,5 cm d'eau bouillante dans une grande poêle. Ajoutez le sel et laissez frémir légèrement. Moulez les blancs à l'aide de 2 cuillères à soupe et déposez-les dans l'eau. Faites pocher 4 à 5 blancs à la fois, 3 min environ.

8 Retirez les blancs avec l'écumoire et égouttez sur du papier absorbant. Procédez de même avec tous les blancs.

9 Au moment de servir, versez un peu de crème anglaise dans chaque assiette. Disposez 2 ou 3 blancs dessus et décorez-les d'un filet de caramel.

MERINGUES AU CAFÉ ET À LA CRÈME DE ROSE

*Ces petites meringues très sucrées, mêlées de grains de café concassés, sont fourrées
d'une crème aromatisée à l'eau de rose. Pour servir, décorez de pétales de roses.*

Pour 20 meringues doubles

INGRÉDIENTS

25 g de café en grains, torréfié
   très foncé
3 blancs d'œufs
175 g de sucre en poudre
25 g de pistaches grossièrement hachées
quelques pétales de roses,
   pour la décoration

Pour la crème de rose
30 cl de crème fraîche épaisse
1 cuil. à soupe de sucre glace tamisé
2 cuil. à café d'eau de rose

1 Préchauffez le four à 180 °C (th. 6).
Déposez les grains de café sur une
plaque de four et faites-les griller environ
8 min. Laissez refroidir, puis mettez-les
dans un sac en plastique et écrasez-les
avec un rouleau à pâtisserie. Baissez le
four à 140 °C (th. 4).

2 Montez les blancs d'œufs en neige
avec le sucre, au bain-marie.

3 Hors du feu, continuez à fouetter jusqu'à obtention d'un mélange très ferme.
Incorporez le café broyé.

4 Remplissez une poche à douille munie
d'un embout en étoile et formez environ
40 rosettes sur 2 plaques de four tapis-
sées de papier sulfurisé. Espacez bien
les meringues.

5 Saupoudrez-les de pistaches et faites-
les cuire au four 2 h à 2 h 30, jusqu'à ce
qu'elles soient bien sèches, en chan-
geant les plaques de place à mi-cuisson.
Laissez les meringues refroidir avant de
les détacher du papier.

6 Pour la crème de rose, fouettez la
crème, le sucre glace et l'eau de rose.
Déposez cette crème entre 2 meringues.
Disposez-les sur un plat de service et
décorez de pétales de roses.

VARIANTE

On peut remplacer l'eau de rose par de
l'eau de fleur d'oranger, et teinter la crème
avec un peu de colorant alimentaire rose.

PAVLOVA AU CAFÉ ET AUX FRUITS EXOTIQUES

L'Australie et la Nouvelle-Zélande revendiquent toutes deux l'invention de ce délicieux dessert meringué dont le nom est emprunté à la danseuse Anna Pavlova. Le secret de la réussite est de laisser refroidir la meringue dans le four, car tout écart de température la ferait se fendre.

Pour 6 à 8 personnes

INGRÉDIENTS

- 2 cuil. à soupe de café moulu (éventuellement aromatisé à l'orange)
- 2 cuil. à soupe d'eau frémissante
- 3 blancs d'œufs
- 150 g de sucre en poudre
- 1 cuil. à café de Maïzena

Pour la garniture

- 15 cl de crème fraîche épaisse
- 1 cuil. à café d'eau de fleur d'oranger vanillée
- 15 cl de crème fraîche
- 500 g de fruits exotiques (mangue, papaye, kiwi, etc.)
- 1 cuil. à soupe de sucre glace

4 À l'aide d'un long couteau ou d'une spatule, étalez la meringue sur le rond de 20 cm de diamètre du papier sulfurisé. Creusez un léger puits au centre. Enfournez pour 1 h, puis éteignez le four et laissez la meringue refroidir dedans.

5 Transférez la meringue sur un plat et détachez le papier. Pour la garniture, fouettez la crème fraîche en chantilly avec l'eau de fleur d'oranger. Incorporez la crème fraîche, puis versez dans le puits de la meringue. Disposez les fruits sur la crème et saupoudrez de sucre glace.

1 Préchauffez le four à 140 ° (th. 4). Dessinez un cercle de 20 cm de diamètre sur une feuille de papier sulfurisé. Retournez-la sur une plaque de four.

2 Mettez le café dans un bol et versez l'eau frémissante dessus. Laissez infuser 5 min, puis passez au chinois très fin.

3 Montez les blancs d'œufs en neige. Incorporez progressivement le sucre, jusqu'à ce que les blancs soient bien fermes. Ajoutez rapidement la Maïzena et le café.

VARIANTE
On peut remplacer les fruits exotiques par 500 g de fruits rouges : fraises, framboises et myrtilles, par exemple.

DESSERTS AUX FRUITS

*Si vous recherchez des desserts sortant
de l'ordinaire qui allient couleur,
saveur et fraîcheur, optez pour l'une
de ces recettes mélangeant fruits et café.
Les desserts se dégustent aussi
bien chauds que glacés. Essayez les
Oranges au sirop de café ou
goûtez aux Crêpes au café fourrées à la
pêche pour un moment de pur plaisir.*

ORANGES AU SIROP DE CAFÉ

Cette recette peut être adaptée à tous les agrumes : expérimentez-la avec du pamplemousse rose ou des clémentines entières.

Pour 6 personnes

INGRÉDIENTS

10 cl de café fort, fraîchement passé
6 oranges moyennes
200 g de sucre
5 cl d'eau froide
10 cl d'eau bouillante
50 g de pistaches hachées (facultatif)

CONSEIL
Choisissez une casserole dans laquelle les oranges tiendront toutes sur une seule couche.

1 Râpez finement le zeste d'une orange et réservez-le. Pelez les autres oranges et coupez-les en rondelles horizontales. Reformez-les à l'aide de pique-olives.

2 Mettez le sucre et l'eau froide dans une casserole à fond épais. Chauffez à feu doux pour dissoudre le sucre, puis portez à ébullition et laissez cuire jusqu'à ce que le sirop prenne une teinte de caramel blond.

3 Hors du feu, versez délicatement l'eau bouillante dans la casserole. Remettez sur le feu afin que le sirop fonde dans l'eau. Ajoutez le café.

4 Mettez les oranges et le zeste râpé dans le sirop. Laissez cuire 15 à 20 min, en retournant les oranges à mi-cuisson. Saupoudrez-les éventuellement de pistaches et servez-les bien chaudes.

FIGUES FRAÎCHES POCHÉES

Pocher les figues dans un sirop de café vanillé fait ressortir leur délicieuse saveur.

Pour 4 à 6 personnes

INGRÉDIENTS

40 cl de café
12 figues fraîches à peine mûres
100 g de miel blond
1 gousse de vanille
yaourt à la grecque, pour
l'accompagnement (facultatif)

1 Prenez une poêle suffisamment large pour contenir toutes les figues sur une seule couche. Versez-y le café et le miel.

2 Fendez la gousse de vanille dans la longueur et prélevez les graines. Mettez-les, ainsi que la gousse, dans la poêle, puis portez à ébullition. Faites bouillir jusqu'à ce que le sirop soit réduit d'environ la moitié. Laissez refroidir.

CONSEILS
• Rincez et séchez la gousse de vanille : elle servira ainsi plusieurs fois.
• Il existe trois variétés de figues – violettes, blanches et vertes –, toutes susceptibles d'être cuites. Naturellement riches en sucre, elles sont fondantes et complètent bien les arômes du café et de la vanille.

3 Lavez les figues et percez la peau en plusieurs endroits avec une brochette. Ouvrez-les en deux et mettez-les dans le sirop. Baissez le feu, couvrez et laissez mijoter 5 min. Retirez les figues du sirop à l'aide d'une écumoire et laissez refroidir.

4 Filtrez le sirop sur les figues. Laissez reposer 1 h à température ambiante. Servez, éventuellement avec du yaourt.

GÂTEAU AUX POIRES

Les clous de girofle donnent une riche saveur épicée à ce gâteau aux poires, aux noisettes et au café.

Pour 6 personnes
INGRÉDIENTS

2 cuil. à soupe de café moulu
(éventuellement aromatisé
à la noisette)
4 poires mûres
1 cuil. à soupe d'eau frémissante
50 g de noisettes émondées et grillées
le jus d'1/2 orange
110 g de beurre mou
110 g de cassonade, plus
1 cuil. à soupe pour la cuisson
2 œufs battus
50 g de farine avec levure incorporée
1 pincée de clous de girofle en poudre
8 clous de girofle entiers (facultatif)
3 cuil. à soupe de sirop d'érable
fines lanières de zeste d'orange,
pour la décoration

Pour la crème à l'orange
30 cl de crème fraîche
1 cuil. à soupe de sucre glace tamisé
le zeste finement râpé d'1/2 orange

2 Écrasez les noisettes dans un moulin à café. Pelez et évidez les poires, et coupez-les en deux. Émincez-les finement dans la largeur, sans séparer complètement les tranches. Badigeonnez de jus d'orange.

3 Dans une jatte, travaillez le beurre et la cassonade en crème légère. Incorporez progressivement les œufs, puis la farine, les clous de girofle en poudre, les noisettes et le café. Versez la préparation dans le moule et égalisez la surface.

4 Essuyez les demi-poires sur du papier absorbant et disposez-les sur la préparation, côté bombé vers le haut.

5 Enfoncez éventuellement 2 clous de girofle dans chaque demi-poire. Badigeonnez d'1 cuillerée à soupe de sirop d'érable.

6 Saupoudrez d'1 cuillerée à soupe de cassonade et enfournez pour 45 à 50 min, afin que le gâteau gonfle bien.

7 Pendant la cuisson, préparez la crème à l'orange. Fouettez la crème fraîche en chantilly avec le sucre glace et le zeste d'orange. Mettez-la dans un bol de service et gardez au frais.

8 Laissez le gâteau refroidir 10 min dans son moule, puis dressez-le sur un plat de service. Badigeonnez-le légèrement du reste de sirop d'érable et décorez avec le zeste d'orange. Servez tiède avec de la crème à l'orange.

1 Préchauffez le four à 180 °C (th. 6). Beurrez légèrement un moule à manqué à fond amovible. Mettez le café dans un bol et versez l'eau dessus. Laissez infuser 5 min, puis passez au chinois fin.

CONSEIL
Si vous ne trouvez pas de noisettes
déjà grillées, faites-le vous-même.
Passez-les au gril chaud 3 à 4 min, en les
retournant fréquemment jusqu'à ce
qu'elles soient bien colorées. Ôtez la peau
et laissez refroidir avant de les écraser.

CRÊPES AU CAFÉ FOURRÉES À LA PÊCHE

Le mélange de pêches juteuses et de crème fraîche a un petit goût d'été.
Ici, il accompagne des crêpes légères au café.

Pour 6 personnes

INGRÉDIENTS

10 cl de café fort
75 g de farine de blé
25 g de farine de sarrasin
2 pincées de sel
1 œuf battu
20 cl de lait
15 g de beurre fondu
huile de tournesol, pour la cuisson

Pour la garniture

6 pêches mûres
30 cl de crème fraîche épaisse
1 cuil. à soupe d'Amaretto
225 g de mascarpone
60 g de sucre en poudre
2 cuil. à soupe de sucre glace

1 Mélangez les farines et le sel dans une jatte. Faites un puits au centre et ajoutez l'œuf, la moitié du lait et le beurre fondu. Mélangez en incorporant peu à peu la farine, le reste de lait et le café.

2 Chauffez un filet d'huile dans une poêle à crêpes de 15 à 20 cm. Versez assez de pâte pour couvrir le fond de la poêle et faites cuire 2 à 3 min, jusqu'à ce que le dessous soit doré. Retournez la crêpe et faites cuire l'autre côté.

CONSEIL

Pour conserver les crêpes au chaud, mettez-les sur une assiette, couvrez-les de papier d'aluminium et placez l'assiette sur une casserole d'eau frémissante.

3 Faites glisser la crêpe sur une assiette et continuez à cuire les autres, en les intercalant à chaque fois avec du papier sulfurisé.

4 Pour la garniture, coupez les pêches en deux et retirez les noyaux. Détaillez-les en tranches épaisses. Fouettez la crème fraîche en chantilly avec l'Amaretto. Dans une jatte, travaillez le mascarpone avec le sucre. Incorporez 2 cuillerées à soupe de crème fouettée dans le mascarpone, puis le reste.

5 Déposez un peu de crème sur une moitié de crêpe et garnissez de tranches de pêche. Roulez délicatement la crêpe et saupoudrez de sucre glace. Procédez de même pour les autres crêpes et servez immédiatement.

PETITS BABAS AU RHUM ET AUX PRUNES

Probablement originaire de Pologne, le baba authentique comprend un peu d'essence d'orange ou
de cédrat et est arrosé de sirop de sucre parfumé au rhum. Ici, les babas sont servis avec des prunes.

Pour 6 personnes

INGRÉDIENTS

   60 g de beurre mou
   120 g de farine
   1 pincée de sel
   1 cuil. à café et 1/2 de levure
     de boulangerie déshydratée
   2 cuil. à soupe de vergeoise blonde
   2 œufs battus
   3 cuil. à soupe de lait chaud
   crème fraîche, pour l'accompagnement

Pour le sirop

   15 cl de café
   100 g de sucre cristallisé
   15 cl d'eau
   500 g de prunes coupées en deux,
     dénoyautées et détaillées en gros
     quartiers
   3 cuil. à soupe de rhum ambré

4 Couvrez la jatte de film alimentaire et laissez lever 40 min. Coupez le reste du beurre en dés et incorporez-les à la pâte. Disposez les moules sur une plaque de four et répartissez la pâte dedans. Couvrez de film alimentaire huilé et laissez la pâte lever presque jusqu'en haut. Retirez le film et enfournez pour 15 à 20 min.

5 Dans le même temps, préparez le sirop. Mettez 2 cuillerées à soupe de sucre dans une casserole avec l'eau. Ajoutez les prunes et faites cuire à feu doux afin qu'elles soient légèrement fondantes ; retirez à l'aide d'une écumoire. Ajoutez le reste de sucre et le café. Chauffez doucement jusqu'à dissolution, sans faire bouillir. Hors du feu, incorporez le rhum.

6 Démoulez les babas sur une grille et laissez refroidir 5 min. Imbibez-les de sirop chaud jusqu'à saturation. Remettez-les sur la grille et glissez une assiette dessous pour récupérer le sirop. Laissez refroidir complètement.

7 Mettez les babas dans des assiettes et garnissez le centre de prunes. Arrosez de sirop et accompagnez de crème fraîche.

1 Préchauffez le four à 190 °C (th. 6). Graissez généreusement 6 moules à baba de 9 cm de diamètre avec 15 g de beurre.

2 Mélangez la farine et le sel dans une jatte, puis incorporez la levure et la vergeoise.

3 Faites un puits au centre, ajoutez les œufs et le lait chaud. Tournez environ 5 min à la cuillère en bois, jusqu'à obtenir une pâte épaisse, souple et élastique.

CONSEIL

Vous pouvez également couper
les babas en deux horizontalement
pour les fourrer de crème fouettée.

DIPLOMATE AU CAFÉ ET À LA NOIX DE COCO

Ce dessert réunit une génoise au café imbibée de liqueur, une crème à la noix de coco et une crème fouettée au café. Servez-le dans un grand compotier de verre pour le rendre encore plus appétissant.

Pour 6 à 8 personnes

INGRÉDIENTS

Pour la génoise au café
  3 cuil. à soupe de café moulu
    très parfumé
  3 cuil. à soupe d'eau frémissante
  2 œufs
  50 g de vergeoise brune
  40 g de farine avec levure incorporée
  1 cuil. à soupe et 1/2 d'huile
    de noisette ou de tournesol

Pour la crème à la noix de coco
  40 cl de lait de coco en conserve
  3 œufs
  3 cuil. à soupe de sucre en poudre
  2 cuil. à café de Maïzena

Pour la garniture
  2 bananes moyennes
  4 cuil. à soupe de liqueur de café
    (Tia Maria, Kahlúa ou Toussaint)
  30 cl de crème fraîche épaisse
  2 cuil. à soupe de sucre glace tamisé
  copeaux de noix de coco fraîche,
    pour la décoration

1 Préchauffez le four à 160 °C (th. 5). Chemisez de papier sulfurisé un moule carré de 18 cm de côté et beurrez-le.

2 Mettez le café dans un bol. Versez l'eau chaude dessus et laissez infuser 5 min. Passez au chinois fin.

3 Dans une jatte, battez les œufs et la vergeoise jusqu'à ce que le mélange fasse le ruban.

4 Incorporez peu à peu la farine, puis 1 cuillerée à soupe de café et l'huile. Versez la préparation dans le moule et enfournez pour 20 min, afin que la génoise soit ferme. Démoulez sur une grille, détachez le papier et laissez refroidir.

5 Pour la crème à la noix de coco, portez le lait de coco à ébullition dans une casserole.

6 Battez les œufs, le sucre et la Maïzena en un mélange mousseux. Versez sur le lait de coco chaud, en fouettant constamment. Chauffez 1 à 2 min à feu doux, sans cesser de remuer ni faire bouillir, jusqu'à épaississement. Laissez refroidir 10 min environ en tournant de temps en temps.

7 Coupez la génoise en carrés de 5 cm et disposez-les dans un grand compotier en verre. Coupez les bananes en rondelles et mettez-les sur la génoise. Versez la liqueur de café, puis la crème à la noix de coco. Laissez refroidir complètement.

8 Fouettez la crème fraîche avec le sucre glace et le reste de café. Versez la crème fouettée sur le diplomate. Couvrez et mettez au frais plusieurs heures. Décorez avec des copeaux de noix de coco avant de servir.

CONSEIL

Pour les copeaux de noix de coco, râpez une noix de coco fraîche avec un épluche-légumes, ou bien achetez des copeaux séchés et faites-les légèrement dorer au four.

BANANES FLAMBÉES
À LA SAUCE ANTILLAISE

Ce dessert rassemble à lui seul tous les parfums des Antilles : bananes, sucre brun, café et rhum.

Pour 4 à 6 personnes

INGRÉDIENTS

5 cl de café fort
6 bananes
40 g de beurre
50 g de vergeoise brune
4 cuil. à soupe de rhum ambré
glace à la vanille,
   pour l'accompagnement

1 Pelez les bananes et coupez-les en deux dans la longueur. Faites fondre le beurre dans une grande poêle à feu moyen et faites dorer les bananes 3 min, en les retournant à mi-cuisson.

CONSEIL

Ces bananes chaudes s'accommoderont également de glace à la noix de coco ou au café.

2 Saupoudrez les bananes de vergeoise et ajoutez le café. Poursuivez la cuisson 2 à 3 min, en remuant de temps en temps, jusqu'à ce que les bananes soient tendres.

3 Versez le rhum dans la poêle et portez à ébullition. À l'aide d'une longue allumette ou d'une bougie fine, faites flamber le rhum en inclinant la poêle. Dès que la flamme s'éteint, servez les bananes avec de la glace à la vanille.

NECTARINES CHAUDES
AU MASCARPONE ET AU CAFÉ

Vous pouvez utiliser pour ce dessert des nectarines tout juste mûres. Elles seront ensuite passées au four, nappées de miel et de beurre et fourrées de crème au café.

Pour 4 personnes

INGRÉDIENTS

3 cuil. à soupe de café très fort froid
100 g de mascarpone
4 nectarines
15 g de beurre fondu et refroidi
3 cuil. à soupe de miel blond
1 pincée de quatre-épices
25 g de noix du Brésil effilées

3 Disposez les nectarines, côté coupé vers le haut, sur une plaque de four garnie de papier d'aluminium. Faites cuire au gril chaud 2 à 3 min. Mettez les noix du Brésil sur la plaque, 1 min avant la fin, afin de les dorer.

4 Déposez 1 cuillerée de mascarpone au café au centre de chaque nectarine chaude. Arrosez avec le reste de miel et saupoudrez de noix du Brésil.

1 Battez le mascarpone puis incorporez peu à peu le café froid. Couvrez de film alimentaire et gardez au frais 20 min.

2 Ouvrez les nectarines en deux et dénoyautez-les. Dans un bol, mélangez le beurre, 2 cuillerées à soupe de miel et les épices. Badigeonnez de beurre épicé les surfaces coupées.

CONSEIL

Choisissez si possible un miel aux fleurs d'oranger ou au romarin.

POIRES POCHÉES À LA VANILLE, SAUCE CAPPUCCINO

Ce dessert raffiné est composé de poires vanillées, servies avec une sauce au café mousseuse et saupoudrées d'un soupçon de chocolat épicé.

Pour 6 personnes

INGRÉDIENTS

- 6 poires à peine mûres
- 1 gousse de vanille
- 150 g de sucre cristallisé
- 40 cl d'eau
- le jus d'1/2 citron

Pour la sauce cappuccino

- 5 cl d'espresso
- 3 jaunes d'œufs
- 2 cuil. à soupe de sucre en poudre
- 5 cl de crème fleurette
- 2 cuil. à café de chocolat en poudre
- 1/2 cuil. à café de cannelle en poudre

1 Fendez la gousse de vanille dans la longueur et prélevez les graines. Mettez-les dans une grande casserole avec la gousse, le sucre et l'eau. Chauffez à feu doux jusqu'à complète dissolution.

2 Pendant ce temps, pelez et coupez les poires en deux, puis badigeonnez-les de jus de citron. Évidez-les à l'aide d'une petite cuillère. Mettez les poires dans un plat et recouvrez-les de sirop.

3 Découpez un rond de papier sulfurisé et déposez-le sur les poires. Portez à ébullition, couvrez la casserole et laissez frémir 15 min.

4 Avec une écumoire, transférez les poires dans un plat. Portez le sirop à ébullition et faites-le cuire 15 min, jusqu'à ce qu'il soit réduit de moitié.

5 Passez le sirop sur les poires et laissez refroidir. Couvrez de film alimentaire et gardez au frais plusieurs heures. Servez à température ambiante.

6 Pour la sauce, chauffez les jaunes d'œufs, le sucre, le café et la crème au bain-marie. Fouettez le mélange jusqu'à ce qu'il soit épais et mousseux. Retirez du feu et continuez à fouetter 2 à 3 min.

7 Répartissez les poires dans des assiettes et versez un peu de sauce sur chacune. Saupoudrez avec le mélange de chocolat en poudre et de cannelle. Servez immédiatement.

SALADE DE FRUITS AU CITRON VERT ET AU CAFÉ

Le sirop de cette salade de fruits exotiques est parfumé et sucré avec du citron vert
et de la liqueur de café. On peut le préparer la veille.

Pour 6 personnes

INGRÉDIENTS

4 cuil. à soupe de liqueur de café
  (Tia Maria, Kahlúa ou Toussaint)
1 petit ananas
1 mangue moyenne
1 papaye
2 grenades
2 fruits de la passion
le jus et le zeste finement râpé
  d'1 citron vert
125 g de sucre
zeste de citron vert, pour la décoration

1 Mettez le sucre et le zeste de citron vert dans une petite casserole avec 15 cl d'eau. Chauffez à feu doux jusqu'à ce que le sucre soit dissous, puis portez à ébullition et laissez frémir 5 min. Laissez refroidir, puis passez dans un saladier. Incorporez le jus de citron et la liqueur.

2 Avec un couteau tranchant, pelez l'ananas. Détaillez la chair en dés, en éliminant le cœur. Mettez-les dans le saladier.

3 Ouvrez la papaye en deux et retirez les graines. Pelez, puis émincez en tranches. Tranchez les grenades en deux et ôtez les graines. Coupez-les en petits morceaux et mettez-les dans le saladier.

CONSEIL

Pour que les fruits révèlent tout
leur parfum, laissez la salade à température
ambiante 1 h avant de servir.

4 Coupez la mangue en deux dans la longueur, de part et d'autre du noyau. Pelez, détaillez en morceaux et ajoutez aux autres fruits. Remuez bien le tout.

5 Ouvrez les fruits de la passion en deux et récupérez la chair avec une petite cuillère. Déposez-la sur la salade, puis décorez de zeste de citron vert.

POMMES CARAMÉLISÉES

Ce dessert traditionnel est réalisé ici avec un sirop de café.

Pour 6 personnes

INGRÉDIENTS

6 cuil. à soupe de café fort

6 pommes à cuire pelées et entières

50 g de beurre fondu et refroidi

90 g de sucre en poudre

2 pincées de cannelle en poudre

crème fouettée, pour la décoration

CONSEIL

Cette recette peut aussi se faire avec des poires : réduisez le temps de cuisson de 10 à 15 min et utilisez de la poudre quatre-épices à la place de la cannelle.

1 Préchauffez le four à 180 °C (th. 6). Tronquez légèrement le dessous des pommes afin qu'elles tiennent droit. À l'aide d'un pinceau à pâtisserie, badigeonnez-les de beurre fondu.

2 Dans un grand bol, mettez le sucre et la cannelle. En tenant chaque pomme par sa tige, roulez-les dans le mélange.

3 Disposez les pommes dans un plat à four peu profond, la tige vers le haut.

4 Versez le café dans le plat, puis saupoudrez avec le reste de sucre épicé. Enfournez les pommes pour 40 min, en les arrosant de café deux à trois fois en cours de cuisson. Récupérez le jus dans une petite casserole et remettez les pommes au four.

5 Faites bouillir le jus afin qu'il réduise d'1/3. Versez le sirop sur les pommes et prolongez la cuisson de 10 min, jusqu'à ce qu'elles soient tendres. Servez chaud avec 1 cuillerée de crème fouettée.

FRUITS ROUGES AU SABAYON DE CAFÉ

Servez ce dessert léger et délicieusement rafraîchissant en été : les fruits rouges sont nappés d'un sabayon onctueux au café, très facile à réaliser.

Pour 6 personnes

INGRÉDIENTS

5 cl de café

1 kg de fruits rouges (framboises, myrtilles, fraises, etc.) équeutés et coupés en deux s'ils sont gros

5 jaunes d'œufs

75 g de sucre en poudre

2 cuil. à soupe de liqueur de café (Tia Maria, Kahlúa ou Toussaint)

feuilles de fraisier ou de menthe (facultatif) et 2 cuil. à soupe de sucre glace, pour la décoration

CONSEIL

Veillez à ce que l'eau du bain-marie n'arrive pas à ébullition, car cela risquerait de faire tourner le sabayon.

1 Disposez les fruits sur un plat de service. Décorez éventuellement de feuilles et saupoudrez de sucre glace.

2 À l'aide d'un fouet, montez les jaunes d'œufs et le sucre au bain-marie, jusqu'à épaississement.

3 Incorporez progressivement le café et la liqueur, en un mince filet, sans cesser de fouetter. Continuez jusqu'à l'obtention d'une sauce épaisse et mousseuse. Servez-la chaude, ou bien laissez refroidir en remuant de temps en temps et nappez-en les fruits.

GLACE AUX TROIS PARFUMS

*Voici un mariage très réussi entre une onctueuse glace au chocolat blanc
parsemée de framboises et une couche de glace au café qui enrobe le tout.*

Pour 6 à 8 personnes

INGRÉDIENTS

2 cuil. à soupe de café moulu
(éventuellement aromatisé à l'orange)
150 g de chocolat blanc grossièrement
émietté
125 g de framboises
25 cl de lait
4 œufs, blancs et jaunes séparés
50 g de sucre en poudre
2 cuil. à soupe de Maïzena
15 cl de crème fraîche épaisse
copeaux de chocolat blanc et cacao
en poudre, pour la décoration

1 Chemisez de film alimentaire un moule
à cake d'1,5 litre et mettez-le à refroidir
au congélateur. Versez le café moulu
dans une carafe. Chauffez 10 cl de lait
jusqu'au point d'ébullition et versez sur
le café. Laissez infuser.

2 Dans une casserole, mélangez les jaunes
d'œufs, le sucre et la Maïzena, puis
incorporez le reste de lait et la crème en
fouettant bien. Portez à ébullition, sans
cesser de remuer, jusqu'à épaississement.

3 Répartissez la préparation chaude
dans 2 grands bols et ajoutez le chocolat
blanc dans l'un, en remuant jusqu'à ce
qu'il fonde. Passez le café au chinois fin
dans l'autre bol et mélangez. Laissez
refroidir en tournant de temps en temps.

CONSEIL
Après l'avoir décorée, faites ramollir
la glace au réfrigérateur 15 min,
puis servez-la en tranches.

4 Montez 2 blancs d'œufs en neige. Incorporez à la crème au café, puis versez dans
le moule et congelez 30 min. Montez les
autres blancs en neige et ajoutez-les à la
crème au chocolat, avec les framboises.

5 Versez dans le moule, égalisez la surface et congelez 4 h. Démoulez la glace
sur un plat et ôtez le film alimentaire.
Saupoudrez de copeaux de chocolat et
de cacao en poudre.

CITRONS GIVRÉS À LA MENTHE ET AU CAFÉ

Ce sorbet rafraîchissant associe les saveurs parfumées de la menthe, du citron et du café.
On le sert dans le zeste du citron creusé en coupe décorative.

Pour 6 personnes

INGRÉDIENTS

2 cuil. à soupe de liqueur de café
(Tia Maria, Kahlúa ou Toussaint)
6 citrons
120 g de sucre
40 cl d'eau
15 g de feuilles de menthe fraîche
1 blanc d'œuf
brins de menthe fraîche,
pour la décoration

1 Chauffez le sucre et l'eau à feu doux dans une grande casserole à fond épais, en remuant de temps en temps jusqu'à dissolution. Portez à ébullition et laissez frémir 5 min.

CONSEIL

Les sorbets de fruits frais se conservent 2 mois au congélateur mais sont meilleurs dans les jours qui suivent leur confection.

2 Hors du feu, ajoutez les feuilles de menthe, tournez, puis laissez refroidir. Passez dans une carafe et incorporez la liqueur.

3 Ôtez la base de chaque citron afin qu'ils tiennent bien droit, en veillant à ne pas percer la peau blanche. Coupez les chapeaux et réservez-les. Retirez la pulpe et pressez le jus. Filtrez le jus dans le sirop de menthe au café.

4 Versez dans un récipient et congelez 3 h. Fouettez la glace pour rompre les cristaux, puis congelez encore 1 h. Montez le blanc d'œuf en neige, puis incorporez-le à la glace, en battant. Répartissez la glace dans les zestes de citron et replacez les chapeaux.

5 Disposez les citrons dans un récipient et laissez-les 2 h au congélateur. Faites-les ramollir au réfrigérateur 5 min avant de servir. Décorez de brins de menthe.

GRANITÉ AU CAFÉ

Ce célèbre rafraîchissement italien est très agréable en fin de repas.

Pour 6 personnes

INGRÉDIENTS

60 cl d'espresso ou autre café fort
90 g de sucre
crème fouettée, pour
l'accompagnement (facultatif)

CONSEILS

• Ne fouettez pas le granité trop vigoureusement : sa texture doit être granuleuse et non lisse comme celle d'un sorbet.
• Après l'étape 3, le granité peut être servi tel quel ou couvert et congelé pendant 2 semaines.

1 Ajoutez le sucre au café chaud, puis remuez jusqu'à dissolution. Laissez refroidir, puis versez dans un récipient à congélateur de 90 cl.

2 Congelez au moins 3 h, jusqu'à ce que des cristaux se forment sur les bords. Fouettez à la fourchette, puis mettez encore 1 h au congélateur.

3 Fouettez de nouveau la glace avant de la recongeler. Répétez jusqu'à ce que la glace soit entièrement congelée.

4 Transférez le granité au réfrigérateur 20 min avant de servir. Écrasez les cristaux à la fourchette et servez dans des verres, éventuellement accompagné de crème fouettée.

MOUSSE AU CAFÉ DANS UNE COUPE EN CHOCOLAT

Une coupe en chocolat noir est remplie d'une légère mousse glacée au café.
Le résultat est spectaculaire, mais la préparation est relativement simple.

Pour 8 personnes

INGRÉDIENTS

   4 cuil. à soupe de café très fort

   1 sachet de gélatine en poudre

   2 cuil. à soupe de liqueur de café
     (Tia Maria, Kahlúa ou Toussaint)

   3 œufs, blancs et jaunes séparés

   75 g de sucre en poudre

   15 cl de crème fraîche légèrement
     fouettée

Pour la coupe en chocolat

   225 g de chocolat noir à dessert,
     plus un peu pour la décoration

1 Chemisez de papier sulfurisé un moule rond de 18 cm, à bord haut et à fond amovible, et beurrez-le.

2 Faites fondre le chocolat au bain-marie. Avec un pinceau à pâtisserie, étalez une couche de chocolat au fond du moule et sur les bords, sur une hauteur de 7,5 cm environ, en terminant par des coups de pinceau irréguliers. Laissez prendre, puis recommencez. Placez au congélateur.

3 Dans un bol, saupoudrez la gélatine sur le café et laissez reposer 5 min. Faites chauffer le café au bain-marie, en remuant jusqu'à dissolution. Hors du feu, incorporez la liqueur de café. Dans une jatte, au bain-marie, battez les jaunes d'œufs et le sucre jusqu'à ce que le mélange fasse le ruban. Retirez du feu et fouettez jusqu'à refroidissement. Montez les blancs d'œufs en neige.

4 Versez la gélatine dissoute dans la préparation sucrée, en un mince filet, en remuant doucement. Laissez refroidir 20 min au réfrigérateur, puis incorporez la crème fraîche fouettée et les blancs en neige.

5 Sortez la coupe en chocolat du congélateur et démoulez-la en retirant le papier. Remettez-la dans le moule et versez la mousse dedans. Remettez au moins 3 h au congélateur. Retirez du moule et posez sur un plat. Faites ramollir au réfrigérateur 40 min avant de servir. Décorez de chocolat râpé. Coupez la mousse à l'aide d'un couteau plongé dans l'eau chaude et essuyé.

FONDANT AU CHOCOLAT ET À LA MOUSSE DE CAFÉ

Ce fondant au chocolat offre un double plaisir : plaisir de l'œil et du palais.

Pour 8 personnes

INGRÉDIENTS

4 cuil. à café de liqueur de café
   (Tia Maria, Kahlúa ou Toussaint)
4 œufs
110 g de sucre en poudre
75 g de farine
25 g de cacao en poudre tamisé
sucre glace, pour la décoration

Pour la mousse au café

2 cuil. à soupe de café moulu,
   torréfié foncé
30 cl de crème fraîche épaisse
100 g de sucre cristallisé
10 cl d'eau
4 jaunes d'œufs

1 Préchauffez le four à 180 °C (th. 6). Beurrez le fond d'un moule carré de 20 cm de côté et d'un moule rond de 23 cm de diamètre. Fouettez les œufs et le sucre au bain-marie, jusqu'à épaississement.

2 Retirez du feu et battez jusqu'à ce que le mélange fasse le ruban. Incorporez délicatement la farine et le cacao. Versez 1/3 de la préparation dans le moule carré et le reste dans le moule rond. Enfournez le biscuit carré pour 15 min et le biscuit rond pour 30 min.

3 Laissez refroidir sur une grille, puis coupez le biscuit rond en deux horizontalement. Remettez la moitié inférieure dans le moule. Versez la moitié de la liqueur.

4 Égalisez les bords du biscuit carré et découpez-le en 4 bandes égales, dont vous garnirez les bords du moule.

5 Pour préparer la mousse, mettez le café dans un bol. Chauffez 5 cl de crème fraîche jusqu'au point d'ébullition et versez sur le café. Laissez infuser 5 min, puis passez au chinois fin.

6 Faites dissoudre le sucre dans l'eau à feu doux. Portez à ébullition afin que le sirop atteigne 106 °C (utilisez un thermomètre à sirop). Laissez refroidir 5 min, puis versez sur les jaunes d'œufs, en fouettant en un mélange épais. Réservez.

7 Fouettez le reste de crème fraîche en chantilly et ajoutez-la à la mousse au café. Incorporez le tout dans la préparation aux œufs. Versez la mousse dans le biscuit et congelez 20 min. Arrosez de liqueur le deuxième rond de biscuit et déposez-le sur la mousse. Couvrez et congelez 4 h. Retirez du moule et saupoudrez de sucre glace.

CONSEIL

Cachez les raccords du gâteau avec des petites rosaces de crème fouettée et décorez le tout de grains de café enrobés de chocolat.

GÂTEAUX ET CAKES

Des génoises toutes simples aux cheesecakes élaborés, ces desserts rivaliseront avec les gâteaux trouvés en pâtisserie. Certains, comme le Gâteau aux amandes et au marsala, accompagnent délicieusement le café du petit déjeuner. D'autres, tels le Gâteau fondant au chocolat et au café et le Fondant au cappuccino, seront d'inoubliables desserts de fête.

GÂTEAU AU CAFÉ ET À LA NOIX DE COCO

Le mélange de la noix de coco et du café est très réussi dans ce gâteau aux saveurs exotiques.

Pour 8 personnes

INGRÉDIENTS

3 cuil. à soupe de café moulu

40 g de noix de coco séchée

5 cuil. à soupe de lait frémissant

2 cuil. à soupe de sucre en poudre

175 g de mélasse raffinée

75 g de beurre

175 g de farine

1/2 cuil. à café de bicarbonate
de soude

2 œufs légèrement battus

Pour le glaçage

110 g de beurre mou

225 g de sucre glace tamisé

25 g de noix de coco râpée
ou en copeaux, grillée

1 Préchauffez le four à 160 °C (th. 5). Beurrez le fond d'un moule carré de 20 cm de côté.

2 Mettez le café dans un bol et versez le lait chaud dessus. Laissez infuser 5 min, puis passez au chinois fin.

3 Chauffez le sucre, la mélasse, le beurre et la noix de coco dans une casserole, en remuant avec une cuillère en bois afin d'obtenir un mélange homogène.

4 Mélangez la farine et le bicarbonate et incorporez-les à la préparation, avec les œufs et 3 cuillerées à soupe du café au lait.

5 Versez la préparation dans le moule et égalisez la surface. Enfournez pour 40 à 50 min, jusqu'à ce que le gâteau soit bien levé. Laissez refroidir 10 min dans le moule avant de passer une lame tout autour pour le démouler. Laissez refroidir sur une grille.

6 Pour le glaçage, travaillez le beurre ramolli puis ajoutez peu à peu le sucre glace et le reste de café au lait. Étalez le mélange sur le dessus du gâteau et décorez de noix de coco grillée. Découpez en carrés de 5 cm et servez.

VARIANTE
Vous pouvez remplacer la noix
de coco par 50 g de noix de pécan
hachées et décorer les carrés de cerneaux
de pécan saupoudrés de sucre glace.

MOKA

La ville yéménite de Moka était autrefois la capitale mondiale du café ; elle produit toujours un café au léger goût de chocolat. Aujourd'hui, le terme de « moka » évoque cette variété de café ainsi qu'une génoise fourrée d'une crème au café.

Pour 10 personnes

INGRÉDIENTS

1 cuil. à soupe et 1/2 de café
  moulu fort
15 cl de lait
100 g de beurre
100 g de vergeoise blonde
1 œuf légèrement battu
175 g de farine avec levure incorporée
1 cuil. à café de bicarbonate de soude
4 cuil. à soupe de liqueur à base de
  crème (Bailey's, Irish Velvet, etc.)

Pour le glaçage au chocolat

200 g de chocolat noir concassé
75 g de beurre coupé en morceaux
10 cl de crème fraîche épaisse

1 Préchauffez le four à 180 °C (th. 6). Beurrez un moule rond de 18 cm de diamètre.

2 Pour la génoise, mettez le café dans une carafe. Portez le lait à ébullition et versez-le dessus. Laissez infuser 5 min, puis passez au chinois fin.

3 Faites fondre le beurre et le sucre à feu doux. Versez dans une jatte et laissez refroidir 2 min avant d'ajouter l'œuf.

4 Versez la farine sur la préparation et mélangez-la. Délayez le bicarbonate dans le café au lait et incorporez-le peu à peu à la préparation.

5 Versez dans le moule, égalisez la surface et enfournez pour 40 min, jusqu'à ce que la génoise soit bien levée. Laissez refroidir 10 min dans le moule. Arrosez la génoise de liqueur et laissez refroidir. Passez une lame autour du gâteau et démoulez-le sur une grille.

6 Pour le glaçage, faites fondre le chocolat au bain-marie. Retirez du feu et ajoutez le beurre et la crème fraîche. Laissez refroidir puis nappez de ce mélange le dessus et les côtés de la génoise à l'aide d'une spatule. Laissez durcir.

GÂTEAU AUX AMANDES ET AU MARSALA

On ajoute à ce délicieux gâteau aux amandes quelques grains de café grillés et concassés, qui se marient très bien au vin doux de Sicile.

Pour 10 à 12 personnes

INGRÉDIENTS

25 g de café en grains
125 g d'amandes en poudre
5 œufs, blancs et jaunes séparés
175 g de sucre en poudre
10 cl de marsala
75 g de beurre fondu et refroidi
120 g de farine
25 g d'amandes effilées
sucre glace et crème fraîche,
  pour l'accompagnement

1 Préchauffez le four à 180 °C (th. 6). Chemisez de papier sulfurisé le fond d'un moule rond de 23 cm de diamètre à fond amovible et beurrez-le. Disposez les grains de café sur une plaque de four et faites-les griller 10 min. Laissez refroidir, puis mettez-les dans un sac en plastique et concassez-les à l'aide d'un rouleau à pâtisserie.

2 Battez les jaunes d'œufs avec 120 g de sucre, jusqu'à ce que le mélange blanchisse.

3 Incorporez le café concassé, le marsala, le beurre et les amandes en poudre. Ajoutez la farine et mélangez bien.

4 Montez les blancs en neige, puis versez progressivement le reste de sucre.

5 Incorporez les blancs dans la préparation, en trois fois. Transférez dans le moule et parsemez le dessus d'amandes effilées.

6 Enfournez pour 10 min, puis baissez la température à 160 °C (th. 5) et prolongez la cuisson 40 min – testez la cuisson avec un couteau. Sortez le gâteau du four, attendez 5 min, démoulez, puis laissez refroidir sur une grille. Saupoudrez le gâteau de sucre glace et accompagnez de crème fraîche.

CAKE AUX GRIOTTES ET AU CAFÉ

Les griottes séchées sont très parfumées ; elles s'achètent dans certaines épiceries fines et dans les magasins de produits diététiques.

Pour 8 personnes

INGRÉDIENTS

5 cuil. à soupe de café fort
175 g de griottes séchées
175 g de beurre mou
175 g de cassonade
1 cuil. à café d'essence de vanille
2 œufs légèrement battus
225 g de farine
2 pincées de levure chimique
Pour le glaçage
4 cuil. à café de café fort
50 g de sucre glace tamisé

1 Préchauffez le four à 180 °C (th. 6). Chemisez de papier sulfurisé un moule à cake d'1 litre et beurrez-le. Travaillez le beurre en crème avec le sucre et l'essence de vanille.

2 Ajoutez peu à peu les œufs, en battant bien à chaque fois. Dans une autre jatte, mélangez la farine et la levure.

3 Incorporez la farine dans la préparation précédente, avec le café et 125 g de griottes. Versez dans le moule et égalisez la surface.

4 Enfournez pour 1 h 15, jusqu'à ce que le cake soit ferme au toucher. Laissez refroidir dans le moule 5 min, puis sur une grille.

5 Pour le glaçage, mélangez le sucre glace, le café et le reste des griottes. Étalez sur le dessus et les côtés du cake. Laissez durcir avant de servir.

GÂTEAU FOURRÉ À LA CRÈME DE MENTHE

Les amandes en poudre donnent à cette génoise au café une texture moelleuse et un parfum subtil.
Le gâteau est fourré d'une crème au beurre aromatisée à la menthe.

Pour 8 personnes

INGRÉDIENTS

1 cuil. à soupe de café moulu

1 cuil. à soupe et 1/2 d'eau
  frémissante

175 g de beurre mou

175 g de sucre en poudre

225 g de farine avec levure incorporée

50 g d'amandes en poudre

3 œufs

quelques brins de menthe fraîche,
  pour la décoration

Pour la garniture

2 cuil. à soupe de crème de menthe

50 g de beurre doux

100 g de sucre glace tamisé,
  plus un peu pour la décoration

1 Préchauffez le four à 180 °C (th. 6).
Chemisez de papier sulfurisé les fonds
de 2 moules à manqué de 18 cm et beur-
rez-les légèrement.

2 Mettez le café dans un bol et versez
l'eau frémissante dessus. Laissez infuser
5 min, puis passez au chinois fin.

3 Travaillez le beurre, le sucre, la farine,
les amandes, les œufs et le café 1 min
environ dans une jatte. Répartissez la
préparation entre les 2 moules et égalisez
la surface. Enfournez pour 25 min, jusqu'à ce que les génoises soient fermes
au toucher. Laissez refroidir 5 min dans
les moules, puis sur une grille.

4 Pour la garniture, travaillez le beurre,
le sucre glace et la crème de menthe
dans une jatte, de sorte à obtenir une
crème légère.

CONSEIL
Assurez-vous que le beurre est bien mou
avant de commencer à préparer le gâteau.

5 Retirez le papier sulfurisé des génoises.
Étalez la crème à la menthe sur l'une
d'elles et recouvrez avec l'autre.

6 Saupoudrez généreusement le dessus
de sucre glace et mettez le gâteau sur
le plat de service. Décorez de quelques
brins de menthe fraîche.

ROULÉ AU CAFÉ ET AUX NOIX, CRÈME AU COINTREAU

Les saveurs du café et des noix se marient très bien.
Ici, elles agrémentent une génoise légère fourrée de crème à l'orange.

Pour 6 personnes

INGRÉDIENTS

2 cuil. à café de café moulu
   (éventuellement aromatisé à l'orange)
50 g de noix grillées, finement
   hachées
1 cuil. à soupe d'eau frémissante
3 œufs
75 g de sucre, plus un peu
   pour la garniture
75 g de farine avec levure incorporée

Pour la crème au Cointreau

1 cuil. à soupe de Cointreau
100 g de sucre
5 cl d'eau froide
2 jaunes d'œufs
100 g de beurre mou

4 Démoulez la génoise sur une feuille de papier sulfurisé saupoudrée de sucre, détachez le papier cuisson et laissez refroidir quelques minutes. Égalisez les bords, puis roulez la génoise à partir d'un côté court, en enroulant le papier sulfurisé avec.

5 Pour la crème au Cointreau, faites dissoudre le sucre dans l'eau à feu doux. Portez à ébullition jusqu'à ce que le sirop atteigne 106 °C sur un thermomètre à sirop. Versez sur les jaunes d'œufs et fouettez vigoureusement en mousse. Ajoutez peu à peu le beurre, puis le Cointreau. Laissez refroidir et épaissir.

6 Déroulez la génoise et étendez la crème au Cointreau dessus. Roulez à nouveau (cette fois sans le papier sulfurisé) et disposez sur un plat de service. Saupoudrez avec le reste de sucre et gardez le roulé au frais jusqu'au moment de servir.

CONSEIL
Vous pouvez décorer ce gâteau
de rosettes de crème fouettée et de noix.

1 Préchauffez le four à 200 °C (th. 7). Chemisez une plaque à pâtisserie de 33 × 23 cm avec du papier sulfurisé et beurrez-le.

2 Mettez le café dans un bol et versez l'eau frémissante dessus. Laissez infuser 5 min, puis filtrez au chinois fin.

3 Dans une jatte, battez les œufs et le sucre jusqu'à ce que le mélange blanchisse. Ajoutez la farine et délayez-la avec le café et les noix. Versez sur la plaque et enfournez pour 10 à 12 min : la génoise doit être élastique au toucher.

GÂTEAU FONDANT AU CHOCOLAT ET AU CAFÉ

Servez cet onctueux gâteau au chocolat en petits carrés car il est très riche.

Pour 6 personnes
INGRÉDIENTS
  2 cuil. à soupe de café fort
  175 g de chocolat noir
  150 g de beurre coupé en morceaux
  50 g de sucre en poudre
  3 œufs
  25 g d'amandes en poudre
  1 cuil. à soupe et 1/2 de sucre glace,
    pour la décoration
Pour le mascarpone au café
  2 cuil. à soupe de café fort
  250 g de mascarpone
  2 cuil. à soupe de sucre glace tamisé

1 Préchauffez le four à 200 °C (th. 7). Chemisez de papier sulfurisé le fond d'un moule carré de 15 cm de côté et beurrez-le légèrement.

2 Chauffez le chocolat et le café dans une casserole à feu très doux, en remuant de temps en temps.

3 Ajoutez le beurre et le sucre et tournez afin d'obtenir un mélange onctueux. Battez les œufs jusqu'à ce qu'ils soient mousseux et incorporez-les au mélange avec les amandes.

4 Transférez la préparation dans le moule et placez celui-ci dans un grand plat à four. Versez de l'eau jusqu'aux 2/3. Enfournez pour 50 min, jusqu'à ce que la surface du gâteau soit élastique au toucher. Laissez refroidir 5 min dans le moule, puis sur une planche.

5 Pendant ce temps, battez le mascarpone avec le sucre glace et le café. Saupoudrez généreusement le gâteau de sucre glace et coupez-le en tranches. Dressez dans des assiettes avec la crème de mascarpone.

REMARQUE
Le dessus de ce gâteau sans farine,
à la texture très onctueuse, se fendillera
légèrement en cours de cuisson.

FONDANT AU CAPPUCCINO

La célèbre boisson italienne à base de café, de crème fouettée et de chocolat est ici agrémentée de cannelle dans une recette très parfumée.

Pour 6 à 8 personnes
INGRÉDIENTS
  20 cl de café très chaud
  75 g de beurre fondu
  275 g de *shortbread* (sablés écossais)
    écrasés
  2 pincées de cannelle en poudre
  1 cuil. à soupe et 1/2 de gélatine
    en poudre
  3 cuil. à soupe d'eau froide
  2 œufs, blancs et jaunes séparés
  100 g de vergeoise blonde
  100 g de chocolat noir concassé
  40 cl de crème fraîche
  chocolat râpé et cannelle en poudre,
    pour la décoration

1 Mélangez le beurre avec les biscuits et la cannelle. Étalez le mélange au fond d'un moule de 20 cm, à fond amovible. Gardez au frais pendant que vous préparez la garniture.

2 Saupoudrez la gélatine sur l'eau. Laissez reposer 5 min, puis chauffez au bain-marie jusqu'à complète dissolution.

3 Fouettez les jaunes d'œufs et le sucre. Faites fondre le chocolat avec le café dans un bol au bain-marie. Ajoutez-le aux œufs, puis faites cuire 1 à 2 min à feu doux dans une casserole, jusqu'à épaississement. Ajoutez la gélatine. Laissez prendre, en remuant de temps en temps.

4 Fouettez 15 cl de crème fraîche en chantilly. Montez les blancs d'œufs en neige. Incorporez la crème fouettée dans la préparation, puis les blancs en neige. Versez sur le biscuit dans le moule et gardez au frais 2 h.

5 Au moment de servir, démoulez le fondant et servez-le en parts. Battez le reste de crème et déposez-en 1 cuillerée sur chaque part. Décorez de chocolat râpé et de cannelle.

CHEESECAKE AU CAFÉ

Cet onctueux cheesecake cuit, parfumé au café et à l'orange, étonnera par sa texture dense et veloutée.

Pour 8 personnes

INGRÉDIENTS

2 cuil. à soupe de café moulu

3 cuil. à soupe d'eau frémissante

4 œufs

225 g de sucre en poudre

450 g de fromage frais épais
   (du type saint-florentin)
   à température ambiante

2 cuil. à soupe de liqueur d'orange
   (curaçao, par exemple)

40 g de farine

30 cl de crème fleurette

2 cuil. à soupe de sucre glace,
   pour la décoration

crème fraîche, pour l'accompagnement

Pour le biscuit

110 g de farine

1 cuil. à café de levure chimique

75 g de beurre

50 g de sucre en poudre

1 œuf légèrement battu

2 cuil. à soupe d'eau froide

1 Préchauffez le four à 160 °C (th. 5). Beurrez un moule de 20 cm de diamètre à fond amovible.

2 Pour le biscuit, mélangez la farine et la levure dans une jatte. Incorporez le beurre avec les doigts, jusqu'à obtention d'une consistance granuleuse. Ajoutez le sucre, puis l'œuf et l'eau pour former une pâte. Tassez-la au fond du moule.

3 Pour la garniture, versez l'eau sur le café et laissez infuser 5 min. Filtrez au chinois fin.

4 Fouettez les œufs et le sucre jusqu'à épaississement. Avec une cuillère en bois, travaillez le fromage frais, puis versez la liqueur, 1 cuillerée à la fois.

5 Ajoutez progressivement les œufs fouettés, puis la farine. Enfin, incorporez la crème fleurette et le café.

6 Versez la préparation sur la base et enfournez pour 1 h 30. Éteignez le four et laissez refroidir le cheesecake à l'intérieur, porte entrouverte. Mettez le cheesecake au frais 1 h, puis saupoudrez-le de sucre glace. Sortez-le du moule et mettez-le sur le plat de service. Accompagnez de crème liquide.

CHEESECAKE À L'IRISH COFFEE

Les arômes du whisky, du café et du gingembre ainsi que celui
des amandes du biscuit se marient délicieusement entre eux.

Pour 8 personnes

INGRÉDIENTS

   3 cuil. à soupe de café moulu
   1 gousse de vanille
   25 cl de crème fleurette
   1 cuil. à soupe de gélatine en poudre
   3 cuil. à soupe d'eau froide
   450 g de fromage blanc à température
     ambiante
   4 cuil. à soupe de liqueur à base
     de whisky irlandais (Millars, Irish
     Velvet, etc.)
   110 g de vergeoise blonde
   15 cl de crème fraîche

Pour la décoration

   15 cl de crème fraîche
   grains de café enrobés de chocolat
   cacao en poudre

Pour le biscuit

   150 g de biscuits au gingembre (du
     type Speculoos) finement écrasés
   25 g d'amandes grillées, hachées
   75 g de beurre fondu

3 Mélangez le fromage blanc, la liqueur et la vergeoise, puis incorporez peu à peu la crème au café. Laissez reposer jusqu'à ce que le mélange commence à prendre.

4 Fouettez la crème fraîche en chantilly et incorporez-la à la préparation. Versez le tout dans le moule, puis laissez 3 h au réfrigérateur.

5 Pour la décoration, fouettez la crème fraîche en chantilly et étendez-la sur le cheesecake. Placez au frais au moins 30 min, puis mettez sur un plat de service. Décorez de grains de café enrobés de chocolat et de cacao.

VARIANTE

Vous pouvez mettre la crème fraîche
dans une poche à douille et former
des rosettes tout autour du cheesecake.

1 Pour le biscuit, mélangez intimement tous les ingrédients. Tassez fermement le mélange au fond d'un moule de 20 cm à fond amovible. Mettez au frais.

2 Chauffez le café, la vanille et la crème fleurette dans une casserole, jusqu'au point d'ébullition. Couvrez et laissez infuser 15 min avant de passer au chinois fin. Saupoudrez la gélatine sur l'eau et laissez reposer 5 min. Faites-la dissoudre au bain-marie. Incorporez-la à la crème au café.

TARTES ET PÂTISSERIES

*La saveur et l'arôme d'un
bon café transforment les recettes les plus
classiques en desserts uniques. Jugez-en
vous-même en goûtant la Tarte aux noix
ou la Tarte au café meringuée.
Vous trouverez aussi dans ce chapitre des
pâtisseries traditionnelles du monde entier.*

TARTE AUX NOIX

Sucrée avec du sirop d'érable aromatisé au café, cette tarte est particulièrement reconstituante. Utilisez des noix de pécan pour en faire une véritable spécialité américaine.

Pour 8 personnes

INGRÉDIENTS

2 cuil. à soupe de café moulu
125 g de cerneaux de noix
15 cl de sirop d'érable
25 g de beurre mou
175 g de vergeoise blonde
3 œufs battus
1 cuil. à café d'essence de vanille
crème fraîche ou glace à la vanille,
  pour l'accompagnement

Pour la pâte

150 g de farine
1 pincée de sel
25 g de sucre glace
75 g de beurre coupé en morceaux
2 jaunes d'œufs

3 Étendez la pâte et foncez-en un moule à tarte cannelé de 20 cm de diamètre. Garnissez-la de papier sulfurisé et de haricots secs, et faites-la cuire à blanc 10 min. Retirez le papier et les haricots et prolongez la cuisson 5 min. Sortez le moule et baissez le four à 180 °C (th. 6).

4 Pour la garniture, faites chauffer le café et le sirop d'érable dans une petite casserole, jusqu'au point d'ébullition. Retirez du feu et laissez tiédir. Dans une jatte, mélangez le beurre et la vergeoise, puis ajoutez peu à peu les œufs. Passez le sirop aromatisé au chinois fin dans la jatte, mélangez et incorporez la vanille.

5 Disposez les noix sur la pâte et versez délicatement la garniture. Enfournez pour 30 à 35 min, afin que la surface soit dorée. Servez la tarte chaude avec de la crème fraîche ou de la glace à la vanille.

1 Préchauffez le four à 200 °C (th. 7). Pour la pâte, mélangez la farine, le sel et le sucre glace dans une jatte. Incorporez le beurre avec les doigts jusqu'à obtention d'une consistance granuleuse.

2 Ajoutez les jaunes d'œufs et formez une boule. Pétrissez-la quelques secondes sur un plan de travail fariné, puis enveloppez-la de film alimentaire et conservez-la 20 min au réfrigérateur.

TARTE MISSISSIPPI

Ce dessert américain doit son nom aux rives du fleuve Mississippi.
Il se compose d'une garniture de mousse au chocolat, recouverte d'une fine couche
de caramel au café et d'une généreuse quantité de crème fouettée.

Pour 8 personnes

INGRÉDIENTS

Pour le biscuit
  275 g de biscuits secs (Thé-Brun,
    par exemple) écrasés
  150 g de beurre fondu

Pour la mousse au chocolat
  175 g de chocolat noir cassé
    en morceaux
  2 cuil. à café de gélatine en poudre
  2 cuil. à soupe d'eau froide
  2 œufs, blancs et jaunes séparés
  15 cl de crème fraîche épaisse

Pour le caramel au café
  2 cuil. à soupe de café moulu
  30 cl de crème fraîche épaisse
  200 g de sucre en poudre
  4 cuil. à soupe de Maïzena
  2 œufs battus
  15 g de beurre
  15 cl de crème fraîche et copeaux
    de chocolat, pour la décoration

1 Beurrez un moule de 21 cm à fond amovible. Mélangez les biscuits écrasés avec le beurre et étalez ce mélange sur le fond et les bords du moule. Mettez au frais 30 min.

2 Pour la mousse au chocolat, saupoudrez la gélatine sur l'eau froide et laissez reposer 5 min. Chauffez au bain-marie jusqu'à dissolution. Faites fondre le chocolat au bain-marie et incorporez-le à la gélatine.

3 Mélangez les jaunes d'œufs et la crème fraîche et ajoutez au chocolat. Montez les blancs d'œufs en neige et incorporez-les. Versez sur le biscuit et mettez au frais 2 h.

4 Pour le caramel au café, mettez le café dans un bol. Réservez 4 cuillerées à soupe de crème fraîche. Chauffez le reste jusqu'au point d'ébullition et versez-le sur le café. Laissez infuser 5 min. Passez au chinois fin dans la casserole. Ajoutez le sucre et faites dissoudre à feu doux.

5 Mélangez la Maïzena avec la crème réservée et les œufs. Ajoutez à la préparation et faites frémir 2 à 3 min, en remuant.

6 Incorporez le beurre et laissez refroidir 30 min, en tournant de temps en temps. Étalez sur la mousse au chocolat. Mettez au frais 2 h.

7 Pour la décoration, fouettez la crème fraîche en chantilly et étalez-la en couche épaisse sur le caramel. Décorez de copeaux de chocolat et laissez au réfrigérateur jusqu'au moment de servir.

TARTE AU CAFÉ MERINGUÉE

La pâte à tarte sucrée est garnie d'une crème épaisse au café et surmontée d'une meringue :
ce dessert croustillant et doré à l'extérieur est délicieusement fondant à l'intérieur.

Pour 6 à 8 personnes

INGRÉDIENTS

Pour la pâte
175 g de farine
1 cuil. à soupe de sucre glace
75 g de beurre
1 jaune d'œuf
le zeste finement râpé d'1/2 orange
1 cuil. à soupe de jus d'orange

Pour la garniture
2 cuil. à soupe de café moulu
35 cl de lait
4 cuil. à soupe de Maïzena
125 g de sucre en poudre
4 jaunes d'œufs
15 g de beurre

Pour la meringue
3 blancs d'œufs
150 g de sucre en poudre
25 g de noisettes émondées
1 cuil. à soupe de cassonade

1 Préchauffez le four à 200 °C (th. 7). Mélangez la farine et le sucre glace dans une jatte. Incorporez le beurre avec les doigts jusqu'à obtenir une consistance granuleuse. Ajoutez le jaune d'œuf, le zeste et le jus d'orange et formez une boule. Enveloppez-la de film alimentaire et gardez au frais 20 min. Étendez-la et foncez-en un moule à tarte cannelé de 23 cm de diamètre. Couvrez de film alimentaire et gardez au frais 30 min.

CONSEIL
On peut préparer la pâte jusqu'à 36 h à l'avance mais, une fois garnie et cuite, la tarte doit être consommée le jour même.

2 Piquez la pâte avec une fourchette, garnissez-la de papier sulfurisé et de haricots secs et enfournez pour 15 min ; retirez le papier et les haricots 5 min avant la fin. Baissez le four à 160 °C (th. 5).

3 Pour la garniture, mettez le café dans un bol. Chauffez 25 cl de lait jusqu'au point d'ébullition et versez sur le café. Laissez infuser 5 min avant de passer. Dans une casserole, délayez la Maïzena et le sucre dans le reste de lait et incorporez le café au lait en fouettant bien.

4 Portez à ébullition, en remuant jusqu'à épaississement. Retirez du feu.

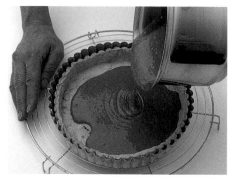

5 Battez les jaunes d'œufs. Incorporez un peu de préparation au café dedans, puis ajoutez le reste avec le beurre. Faites cuire 3 à 4 min à feu doux jusqu'à épaississement. Versez sur la pâte.

6 Pour la meringue, montez les blancs d'œufs en neige. Ajoutez le sucre, cuillerée par cuillerée.

7 Déposez les blancs sur la garniture et étalez-les jusqu'aux bords en formant des pointes. Saupoudrez de noisettes et de cassonade et enfournez pour 30 à 35 min, jusqu'à ce que la meringue soit dorée. Cette tarte se sert chaude ou froide.

PROFITEROLES AU CAFÉ

Des petits choux croustillants sont fourrés de crème fouettée et arrosés
d'une sauce au chocolat blanc : un vrai régal pour tous les gourmands !

Pour 6 personnes

INGRÉDIENTS
- 15 cl de café
- 65 g de farine
- 1 pincée de sel
- 50 g de beurre
- 2 œufs légèrement battus
- 25 cl de crème fraîche épaisse

Pour la sauce au chocolat blanc
- 2 cuil. à soupe de liqueur de café (Tia Maria, Kahlúa ou Toussaint)
- 150 g de chocolat blanc à dessert, cassé en morceaux
- 50 g de sucre
- 10 cl d'eau
- 25 g de beurre
- 3 cuil. à soupe de crème fraîche épaisse

1 Préchauffez le four à 220 °C (th. 8). Mélangez la farine et le sel sur une feuille de papier sulfurisé. Coupez le beurre en morceaux et mettez-le dans une casserole avec le café.

2 Portez à ébullition, puis retirez du feu et versez toute la farine. Battez jusqu'à ce que la préparation se détache des parois. Laissez refroidir 2 min.

3 Incorporez peu à peu les œufs, en battant vigoureusement. Mettez la préparation dans une poche à douille munie d'un embout droit d'1 cm.

4 Formez environ 24 petits tas sur du papier sulfurisé humidifié. Enfournez pour 20 min, jusqu'à ce que les choux soient bien levés.

5 Retirez les choux du four et fendez-les sur le côté avec un couteau tranchant pour laisser s'échapper la vapeur.

6 Pour la sauce, faites dissoudre doucement le sucre et l'eau dans une casserole à fond épais. Portez à ébullition et laissez frémir 3 min. Hors du feu, ajoutez le chocolat et le beurre, en remuant jusqu'à obtenir un mélange homogène. Incorporez la crème fraîche et la liqueur.

7 Pour fourrer les choux, fouettez la crème fraîche en chantilly. Avec une poche à douille, remplissez les choux par la fente latérale. Répartissez-les dans des assiettes et versez un peu de sauce dessus, chaude ou à température ambiante. Servez le reste de sauce à part.

VIENNOISERIES AU CAFÉ

Ces délicieuses pâtisseries fourrées sont longues à préparer, mais le résultat en vaut la peine.

Pour 16 viennoiseries

INGRÉDIENTS

2 cuil. à soupe de café moulu

3 cuil. à soupe d'eau frémissante

110 g de sucre en poudre

40 g de beurre

1 jaune d'œuf

125 g d'amandes en poudre

œuf battu, pour dorer

275 g de confiture d'abricots

2 cuil. à soupe d'eau

175 g de sucre glace

50 g d'amandes effilées grillées

50 g de cerises confites

Pour la pâte

275 g de farine

2 pincées de sel

1 cuil. à soupe de sucre en poudre

225 g de beurre mou

2 cuil. à café de levure de boulangerie déshydratée

1 œuf battu

10 cl d'eau froide

1 Mélangez la farine, le sel et le sucre dans une jatte. Incorporez 25 g de beurre avec les doigts, puis la levure. Mélangez l'œuf à l'eau et ajoutez-le à la préparation. Remuez jusqu'à obtention d'une pâte souple. Pétrissez 4 à 5 min, puis enveloppez la pâte de film alimentaire et mettez au frais 15 min.

2 Placez le reste de beurre entre 2 feuilles de papier sulfurisé et étalez-le au rouleau à pâtisserie pour former un carré de 18 cm. Étendez la pâte en un carré de 25 cm environ. Placez le beurre au centre, en losange. Rabattez chaque coin de pâte dessus, afin de l'enfermer.

3 Étendez la pâte en un rectangle de 35 cm. Rabattez le tiers inférieur de la pâte, puis le tiers supérieur. Soudez les bords avec le rouleau à pâtisserie. Remettez la pâte dans le film alimentaire et gardez au frais 15 min.

4 Étendez et pliez la pâte encore 3 fois, en veillant à replier les côtés courts dessous et dessus. Laissez reposer 15 min entre chaque feuilletage.

5 Pour la garniture, versez l'eau chaude sur le café et laissez infuser 5 min. Passez au chinois fin. Travaillez le sucre et le beurre en crème. Incorporez le jaune d'œuf, les amandes en poudre et 1 cuillerée à soupe du café.

6 Divisez la pâte et la garniture en 3 parts égales. Étendez un rectangle de pâte de 18 × 35 cm. Étalez la garniture dessus et roulez la pâte depuis un côté court. Coupez-la en 6 tranches égales. Étendez une autre portion de pâte en un carré de 25 cm. Coupez-le en un rond de 25 cm, en éliminant les chutes, puis détaillez-le en 6 triangles.

7 Déposez 1 cuillerée de garniture sur le côté le plus large du triangle, puis roulez-le en croissant vers la pointe.

8 Faites un dernier carré de pâte de 20 cm et coupez-le en quatre. Déposez de la garniture au centre de chaque carré. Incisez les carrés du coin presque jusqu'au centre et repliez les 4 pointes sur le centre.

9 Préchauffez le four à 220 °C (th. 8). Disposez les viennoiseries sur des plaques de four huilées en les espaçant bien. Couvrez de film alimentaire huilé et laissez lever 20 min, afin qu'elles doublent presque de volume. Badigeonnez-les d'œuf battu et faites dorer au four 15 à 20 min. Laissez refroidir sur des grilles.

10 Dans une casserole, portez la confiture et l'eau à ébullition, puis passez au chinois fin. Badigeonnez-en les viennoiseries chaudes. Mélangez le sucre glace avec le reste de café, en ajoutant de l'eau si nécessaire, pour former un glaçage épais. Versez sur quelques viennoiseries et décorez les autres avec des amandes effilées ou des cerises confites hachées. Laissez durcir avant de servir.

CHAUSSONS GRECS AUX FRUITS CONFITS

Ces petits croissants de pâte sucrée, appelés moshopoungia *en Grèce,*
sont fourrés d'agrumes confits et de noix ayant macéré dans un sirop de café.

Pour 16 petits chaussons

INGRÉDIENTS

4 cuil. à soupe de café fort

75 g d'agrumes confits finement hachés

4 cuil. à soupe de miel blond

175 g de noix hachées

2 pincées de muscade fraîchement râpée

lait, pour dorer

sucre en poudre, pour la décoration

Pour la pâte

450 g de farine

1/2 cuil. à café de cannelle en poudre

1/2 cuil. à café de levure chimique

1 pincée de sel

150 g de beurre

2 cuil. à soupe de sucre en poudre

1 œuf

10 cl de lait bien froid

1 Préchauffez le four à 180 °C (th. 6). Pour la pâte, mélangez la farine, la cannelle, la levure et le sel dans une jatte. Incorporez le beurre avec les doigts jusqu'à obtention d'une consistance granuleuse. Ajoutez le sucre, puis faites un puits au centre.

2 Battez l'œuf avec le lait et versez-le dans le puits. Formez une pâte souple. Divisez la pâte en deux et enveloppez chaque portion de film alimentaire. Placez au frais 30 min.

3 Préparez la garniture. Mélangez le miel et le café, puis ajoutez les agrumes, les noix et la muscade. Remuez bien, couvrez et laissez macérer au moins 20 min.

4 Sur un plan de travail fariné, étendez une portion de pâte sur 3 mm d'épaisseur. Découpez des ronds à l'aide d'un emporte-pièce de 10 cm.

5 Déposez 1 cuillerée bombée de garniture sur la moitié de chaque rond. Badigeonnez les bords avec un peu de lait, puis rabattez la pâte et pressez les bords pour les souder. Continuez ainsi jusqu'à ce qu'il n'y ait plus de garniture.

6 Disposez les chaussons sur des plaques de four légèrement huilées, badigeonnez-les de lait et saupoudrez-les de sucre.

7 Faites un petit trou dans chacune pour la vapeur. Faites dorer 35 min au four. Laissez refroidir sur une grille.

BAKLAVA

Le café turc est noir, épais, très sucré et souvent épicé. Ici, il sert à confectionner le célèbre baklava, *traditionnellement servi lors des fêtes religieuses turques.*

Pour 16 parts/morceaux

INGRÉDIENTS

   50 g d'amandes émondées hachées
   50 g de pistaches hachées
   75 g de sucre en poudre
   125 g de pâte filo
   75 g de beurre fondu et refroidi

Pour le sirop

   5 cuil. à soupe de café fort
   110 g de sucre en poudre
   1 bâton de cannelle de 7 cm
   1 clou de girofle entier
   2 capsules de cardamome écrasées

1 Préchauffez le four à 180 °C (th. 6). Mélangez les amandes, les pistaches et le sucre. Découpez la pâte filo pour un moule de 18 × 28 cm, Beurrez légèrement le moule et étendez 1 feuille de pâte au fond ; badigeonnez-la de beurre fondu.

2 Répétez avec 3 autres feuilles de pâte, puis étalez la moitié de la préparation.

3 Déposez 3 autres feuilles de pâte, chacune légèrement badigeonnée de beurre, puis répartissez le reste de la préparation aux amandes sur toute la surface. Couvrez avec le reste de pâte et de beurre. Tassez doucement les bords pour les souder.

4 Avec un couteau tranchant, dessinez des losanges sur la surface. Enfournez pour 20 à 25 min, jusqu'à ce que le *baklava* soit bien doré. Pendant ce temps, chauffez doucement les ingrédients du sirop dans une petite casserole. Couvrez et laissez infuser 20 min.

5 Sortez le *baklava* du four. Réchauffez le sirop et filtrez-le sur le *baklava*. Laissez refroidir dans le moule. Coupez en losanges et servez.

CONSEIL
Pendant que vous préparez le *baklava*, gardez la pâte filo couverte d'un linge humide afin d'éviter qu'elle se dessèche et devienne friable.

BISCUITS ET CONFISERIES

Les confiseries et petits biscuits sont
souvent plus faciles à réaliser qu'on
ne le croit. Pour le plaisir de tous,
essayez-vous à la confection de
traditionnelles Truffes au chocolat et
au café, de délicieux Macarons au café
et aux noisettes ou de Brownies
au café et aux deux chocolats.

PRUNEAUX FOURRÉS

Ces pruneaux enrobés de chocolat et imbibés de liqueur cachent une garniture au café fondante.

Pour 30 pruneaux environ
INGRÉDIENTS
   2 cuil. à soupe de café moulu
   225 g de pruneaux non dénoyautés
   5 cl d'armagnac
   15 cl de crème fraîche épaisse
   350 g de chocolat noir cassé
      en morceaux
   2 cuil. à soupe de cacao en poudre,
      pour la décoration

1 Mettez les pruneaux et l'armagnac dans un bol. Remuez, puis couvrez de film alimentaire et laissez macérer 2 h, jusqu'à ce que les pruneaux aient absorbé le jus.

CONSEIL
On peut remplacer les pruneaux par des dattes fraîches.

2 Ouvrez les pruneaux, retirez le noyau et formez une cavité pour la garniture, sans abîmer le fruit.

3 Chauffez le café et la crème jusqu'au point d'ébullition. Couvrez et laissez infuser 5 min hors du feu. Portez à nouveau à ébullition. Versez 125 g de chocolat dans une jatte et versez la crème au café dessus, à travers un chinois.

4 Remuez jusqu'à ce que le chocolat ait fondu et que le mélange soit homogène. Laissez refroidir afin qu'il prenne la consistance du beurre.

5 Remplissez de mélange au chocolat une poche à douille munie d'un petit embout droit. Fourrez-en les pruneaux et gardez au frais 20 min.

6 Faites fondre le reste de chocolat au bain-marie. Avec 2 fourchettes, trempez les pruneaux un par un dans le chocolat fondu afin de bien les enrober. Laissez-les durcir sur du papier sulfurisé. Saupoudrez-les de cacao en poudre.

TRUFFES AU CHOCOLAT ET AU CAFÉ

*Constitués en partie de crème fraîche, ces chocolats traditionnels doivent être
conservés au réfrigérateur et consommés dans les jours qui suivent.*

Pour 24 truffes

INGRÉDIENTS

2 cuil. à soupe de liqueur de café
(Tia Maria, Kahlúa ou Toussaint)
350 g de chocolat noir
5 cuil. à soupe de crème fraîche
épaisse
125 g de chocolat blanc à dessert
125 g de chocolat au lait à dessert

1 Faites fondre 225 g de chocolat noir
au bain-marie. Incorporez la liqueur et la
crème fraîche, puis laissez raffermir le
mélange 4 h au réfrigérateur.

2 Divisez ce mélange en 24 portions
égales et roulez-les en boules. Gardez au
frais au moins 1 h, jusqu'à ce qu'elles
soient bien fermes.

3 Faites fondre le reste de chocolat noir,
le chocolat blanc et le chocolat au lait
séparément. Avec 2 fourchettes, trempez délicatement 8 truffes, une à la fois,
dans le chocolat au lait.

4 Procédez de même avec les chocolats
blanc et noir. Disposez les truffes sur
une planche garnie de papier sulfurisé
ou d'aluminium. Laissez durcir puis disposez dans une coupe.

VARIANTES

Variez les plaisirs en ajoutant l'un des
ingrédients suivants à la préparation :
Gingembre : incorporez 40 g de gingembre
confit finement haché.
Fruits confits : incorporez 50 g de
fruits confits finement hachés (ananas
ou orange, par exemple).
Pistaches : incorporez 25 g de pistaches
émondées et hachées.
Noisettes : insérez au centre de
chaque truffe bien froide 1 noisette
émondée entière.
Raisins secs : faites tremper toute la nuit
40 g de raisins secs dans 1 cuillerée à soupe
de liqueur de café (Tia Maria ou Kahlúa)
et ajoutez-les à la préparation.

CARRÉS DE CHOCOLAT À LA MENTHE

Ces carrés de chocolat parfumés au café, qui renferment des petits morceaux de caramel à la menthe, accompagnent délicieusement le café à la fin d'un repas.

Pour 16 chocolats

INGRÉDIENTS

1 cuil. à soupe de café moulu
  bien parfumé
225 g de chocolat noir
3 gouttes de sirop de menthe
75 g de sucre
5 cuil. à soupe d'eau
5 cuil. à soupe de crème fraîche
  épaisse frémissante
10 g de beurre

CONSEIL

Ne laissez pas le chocolat au réfrigérateur car il durcirait, perdrait son aspect brillant et deviendrait difficile à casser en carrés bien nets.

1 Chemisez un moule carré de 18 cm avec du papier sulfurisé. Dans une casserole à fond épais, chauffez doucement le sucre et l'eau jusqu'à dissolution. Ajoutez le sirop de menthe et faites bouillir jusqu'à obtention d'un caramel.

2 Versez le caramel sur une plaque de four huilée et laissez durcir avant de le casser en tout petits morceaux.

3 Mettez le café dans un bol et versez la crème chaude dessus. Laissez infuser 5 min environ, puis passez au chinois fin. Faites fondre le chocolat et le beurre au bain-marie. Hors du feu, incorporez la crème au café, puis le caramel à la menthe.

4 Transférez la préparation dans le moule et égalisez la surface. Laissez au réfrigérateur au moins 4 h, ou de préférence toute la nuit.

5 Retournez délicatement le chocolat sur une planche et détachez le papier. Coupez le chocolat en carrés à l'aide d'un couteau tranchant et conservez-les dans un récipient hermétique.

MACARONS AU CAFÉ ET AUX NOISETTES

Les macarons se préparent traditionnellement avec des amandes en poudre. Ici, on a utilisé des noisettes, légèrement grillées, puis broyées. On peut aussi prendre des noix.

Pour 20 macarons

INGRÉDIENTS

2 cuil. à café de café moulu
  (éventuellement aromatisé
  à la noisette)
125 g de noisettes émondées
papier de riz
225 g de sucre en poudre
1 cuil. à soupe de fécule de riz
2 blancs d'œufs

1 Préchauffez le four à 180 °C (th. 6). Chemisez 2 plaques de four de papier de riz. Disposez les noisettes sur une autre plaque de four et enfournez-les pour 5 min. Laissez refroidir, puis passez-les au mixer.

2 Mélangez les noisettes, le café, le sucre et la fécule. Incorporez les blancs d'œufs pour obtenir une pâte assez épaisse.

3 Versez dans une poche à douille munie d'un embout droit d'1 cm. Formez des ronds bien espacés sur le papier de riz.

4 Saupoudrez chaque macaron de sucre et enfournez-les pour 20 min, afin qu'ils soient légèrement dorés. Laissez refroidir sur une grille. Détachez le papier de riz quand ils sont complètement froids. Servez aussitôt ou conservez dans un récipient hermétique 2 à 3 jours.

BOUCHÉES VIENNOISES

Ces biscuits fondants sont fourrés d'une crème au beurre délicatement parfumée au café.

Pour 20 bouchées

INGRÉDIENTS

175 g de beurre
50 g de sucre glace
1/2 cuil. à café d'essence de vanille
110 g de farine
50 g de Maïzena
sucre glace et cacao en poudre,
  pour la décoration

Pour la garniture

1 cuil. à soupe de café moulu
4 cuil. à soupe de crème fleurette
75 g de beurre mou
110 g de sucre glace tamisé

3 Formez des petites rosettes bien espacées sur des plaques de four huilées. Faites dorer au four 12 à 15 min. Laissez refroidir sur une grille.

4 Pour la garniture, mettez le café dans un bol. Chauffez la crème jusqu'au point d'ébullition et versez-la dessus. Laissez infuser 5 min, puis passez au chinois fin.

5 Travaillez le beurre, le sucre glace et la crème au café en crème légère. Glissez cette préparation entre deux bouchées. Saupoudrez-les de sucre glace et de cacao en poudre.

VARIANTE
Pour des bouchées au moka, remplacez
25 g de farine par 25 g de cacao en poudre.

1 Préchauffez le four à 180 °C (th. 6). Travaillez le beurre, le sucre glace et l'essence de vanille en crème. Incorporez la farine et la Maïzena et mélangez bien.

2 À l'aide de 2 cuillères à soupe, introduisez la préparation dans une poche à douille munie d'un embout cannelé d'1 cm.

CROQUANTS AU CAFÉ

*Ces biscuits croquants sont doublement aromatisés avec des fèves de café
fraîchement moulues et du café chaud bien fort.*

Pour 30 croquants

INGRÉDIENTS

25 g de café en grains, torréfaction
espresso

2 cuil. à soupe de café fort

125 g d'amandes émondées

200 g de farine

1 cuil. à café et 1/2 de levure
chimique

2 pincées de sel

75 g de beurre coupé en morceaux

150 g de sucre en poudre

2 œufs battus

1 cuil. à café de cannelle en poudre,
pour la décoration

1 Préchauffez le four à 180 °C (th. 6).
Répartissez les grains de café d'un côté
d'une grande plaque de four et les
amandes de l'autre. Faites-les griller
10 min, puis laissez refroidir.

2 Passez les grains de café au mixer jusqu'à obtention d'une poudre grossière.
Transférez dans un bol et réservez.
Passez les amandes au mixer jusqu'à
obtention d'une poudre fine.

3 Mélangez la farine, la levure et le sel
dans une jatte. Incorporez le beurre avec
les doigts, jusqu'à obtenir une consistance
granuleuse. Ajoutez le sucre, le café moulu
et les amandes, puis les œufs et le café,
pour constituer une pâte assez ferme.

CONSEIL

Conservez les croquants dans
une boîte métallique hermétique
au moins 24 h avant de les déguster.

4 Pétrissez la pâte quelques secondes
et formez deux « bûches » de 8 cm de
large. Posez-les sur une plaque de four
huilée et saupoudrez-les de cannelle.
Enfournez pour 20 min.

5 Avec un couteau tranchant, coupez
les croquants en tranches de 4 cm, dans
la diagonale. Disposez les tranches
sur la plaque et prolongez la cuisson
10 min. Laissez refroidir sur une grille.

PANETTONE AU CAPPUCCINO

Ce pain brioché se consomme en Italie au moment de Noël. Il est traditionnellement surmonté d'un « dôme », obtenu grâce à une pâte riche en levure.

Pour 8 personnes

INGRÉDIENTS

- 10 cl d'espresso fort bien chaud
- 450 g de farine
- 1/2 cuil. à café de sel
- 75 g de sucre
- 1 sachet de levure de boulangerie déshydratée
- 120 g de beurre
- 10 cl de lait
- 4 jaunes d'œufs
- 120 g de pépites de chocolat noir
- œuf battu, pour dorer

1 Préchauffez le four à 190 °C (th. 6). Beurrez un moule profond de 14-15 cm de diamètre. Mélangez la farine et le sel dans une jatte, puis incorporez le sucre et la levure.

2 Mettez le beurre à fondre dans le café en remuant. Incorporez le lait, puis versez sur la farine, avec les jaunes d'œufs. Mélangez bien pour former une pâte.

CONSEIL

À la différence de celui acheté dans le commerce, le *panettone* maison doit se consommer dans les 2 jours suivant sa fabrication.

3 Pétrissez la pâte 10 min sur un plan de travail fariné, jusqu'à ce qu'elle soit homogène et élastique. Incorporez les pépites en pétrissant.

4 Formez une boule, placez-la dans le moule et couvrez de film alimentaire huilé. Laissez lever au chaud pendant 1 h : la pâte doit atteindre le haut du moule. Dorez légèrement à l'œuf et enfournez pour 35 min.

5 Baissez le four à 180 °C (th. 6) et couvrez le *panettone* de papier d'aluminium s'il est suffisamment doré. Prolongez la cuisson de 10 à 15 min.

6 Laissez le *panettone* refroidir 10 min dans le moule, puis sur une grille. Retirez le papier juste avant de le trancher.

BRIOCHE TRESSÉE AUX FRUITS CONFITS

*Le cœur de cette brioche tressée est fourré de fruits confits colorés,
macérés dans une liqueur de café crémeuse.*

Pour 6 à 8 personnes

INGRÉDIENTS

2 cuil. à soupe de café moulu

4 cuil. à soupe de liqueur de café
(Tia Maria, Kahlúa ou Toussaint)

175 g de fruits confits (ananas,
orange, cerises, etc.) hachés

10 cl de lait frémissant

225 g de farine

2 pincées de sel

25 g de vergeoise blonde

1/2 sachet de levure de boulangerie
déshydratée

1 œuf battu

50 g de pâte d'amandes blanche râpée

70 g de confiture d'abricots

15 g de beurre

1 cuil. à soupe de sucre en poudre

1 cuil. à soupe de miel blond

1 Mettez les fruits confits dans un bol et versez la liqueur dessus. Remuez bien pour imprégner les fruits, puis couvrez de film alimentaire et laissez macérer toute la nuit.

2 Préchauffez le four à 200 °C (th. 7). Mettez le café dans un bol, versez le lait chaud dessus et laissez tiédir avant de passer au chinois fin. Mélangez la farine et le sel dans une jatte. Incorporez la vergeoise et la levure. Faites un puits au centre, ajoutez le café au lait et l'œuf, puis mélangez jusqu'à obtention d'une pâte souple.

4 Mélangez les fruits confits, la pâte d'amandes et la confiture. Pétrissez de nouveau la pâte 1 min, puis étendez-la en un rectangle de 35 × 30 cm.

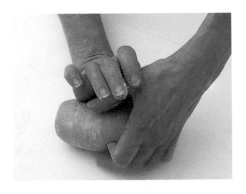

3 Pétrissez 10 min, puis déposez la pâte dans une jatte. Couvrez de film alimentaire et laissez lever 1 h.

5 Déposez la garniture au centre de la pâte, sur une largeur de 8 cm. Incisez la pâte dans la diagonale de façon à former des bandes de 2 cm de large de part et d'autre de la garniture.

6 Rabattez les bandes de pâte sur la garniture en les croisant. Dissimulez au mieux les deux dernières bandes. Posez la tresse sur une plaque de four huilée.

7 Couvrez de film alimentaire et laissez lever 20 min. Faites fondre le beurre, le sucre et le miel, puis badigeonnez-en la tresse. Enfournez pour 20 à 25 min. Laissez refroidir avant de couper en tranches.

ADRESSES

On peut acheter du bon café dans tous les coins du monde. Les adresses suivantes devraient constituer un bon point de départ pour tous les amateurs de café de qualité, qu'il soit moulu ou en grains.

Allemagne

Torréfacteurs

Eduscho
Lloydstrasse 4
Brême
Tél. : (421) 3 89 30

Alois Dallmayr
Dienerstrasse 14-15
Munich
Tél. : (89) 21 35 0

Eilles
Residenzstrasse 13
Munich
Tél. : (89) 22 61 84

Wacker's
Kornmarkt 9-11
Francfort
Tél. : (69) 28 78 10

Tchibo
Überseering 18
Hambourg
Tél. : (40) 63 870

Cafés

Café Einstein
Kurfürstensdamm 58
Berlin
Tél. : (30) 261 50 96

Café Hardenberg
Hardenbergstrasse 10
Berlin
Tél. : (30) 312 26 44

Café Kranzler
Kurfürstendamm 18
Berlin
Tél. : (30) 882 69 11

Café Möhring
Kurfürstendamm 213
Berlin
Tél. : (30) 881 20 75

Angleterre

Torréfacteurs et fournisseurs

Algerian Coffee Stores
52 Old Compton St
Londres W1V 6PB
Tél. : (0171) 437 2480

The Drury Tea and Coffee
Company
37 Drury Lane
Londres WC2B 5RR
Tél. : (0171) 836 2607

Fern's Coffee Specialists and
Tea Merchants
27 Rathbone Place
Oxford Street
Londres W1P 2EP
Tél. : (0171) 636 2237

Fortnum & Mason
181 Piccadilly
Londres W1A 1ER
Tél. : (0171) 734 8040

Harrods
Knightsbridge
Londres SW1X 7XL
Tél. : (0171) 730 1234

Harvey Nichols
Knightsbridge
Londres SW1
Tél. : (0171) 235 5000

H.R. Higgins
79 Duke Street
Londres W11M 6AS
Tél. : (0171) 629 3913

The Monmouth Coffee
Company
27 Monmouth Street
Londres WC2H 9DD
Tél. : (0171) 836 5272

Selfridges
400 Oxford Street
Londres W1A 1AB
Tél. : (0171) 629 1234

Wilkinson's Tea and
Coffee Merchants
5 Lobster Lane
Norwich NR2 1DQ
Tél. : (01603) 625 121
Fax : (01603) 789 016

Wittard of Chelsea
Union Court
22 Union Road
Londres SW4 6JQ
Tél. : (0171) 627 8885

Cafés

Aroma
273 Regent Street
Londres W1
Tél. : (0171) 495 4911

Bar Italia
22 Frith Street
Londres W1
Tél. : (0171) 437 4520

Café Mezzo
100 Wardour Street
Londres W1
Tél. : (0171) 314 4000

Café Minema
43 Knightsbridge
Londres SW1
Tél. : (0171) 201 1618

Café Nero
43 Frith Street
Londres W1V 5CE
Tél. : (0171) 434 3887

Coffee Republic
2 South Molton Street
Londres W1
Tél. : (0171) 629 4567

Maison Berteaux
28 Greek Street
Londres W1V 5LL
Tél. : (0171) 437 6007

Seattle Coffee Company
51/54 Long Acre, Covent Garden
Londres WC2 9JR
Tél. : (0171) 836 2100

Musées et organisations

Bramah Tea and
Coffee Museum
The Clove Building
Maguire Street, Butlers Wharf
Londres SE1 2NQ
Tél. : (0171) 378 0222

International Coffee
Organization
22 Berners Street
Londres W1P 4DD
Tél. : (0171) 580 8591

Australie

Torréfacteurs et fournisseurs

Arabicas Coffee Australia
Pty Ltd
136 Mason St
Mareeba QLD 4880
Tél. : (07) 4092 4101

Aromas Pty Ltd
427 Montague Rd
West End QLD 4101
Tél. : (07) 3846 2594

Aromas Tea and Coffee
Merchants
191 Margaret St
Toowoomba QLD 4350
Tél. : (07) 4632 4533

Belaroma
75 Kenneth Rd
Manly Vale 2093 NSW
Tél. : (02) 9948 0221

Coffee Pot Nursery
179 Tintenbar Road
Tintenbar NSW 2478
Tél. : (02) 6687 8430

Five Star Gourmet
Foods Sydney

13 Willoughby Road
Crows Nest NSW 2065
Tél. : (02) 9438 5666

Skybury Coffee Estate
Atherton Tablelands, QLD
Tél. : (07) 4093 2194

www.australiancoffee-
exporters.com.au

ventes : @australiancoffee-
exporters.com.au
7 Lena Close
Clifton Beach QLD 4879
Tél. : (07) 40 553315

Cafés
Forsyth Coffee
284 Willoughby Road
Naremburn NSW 2065
Tél. : (02) 9906 7388
www.netorder.com.au/forsyth/
coffee

Grinder's Coffee House
1 Taylor St
Darlinghurst NSW 2010
Tél. : (02) 9360 3255
www.grinderscoffee.com.au/

La Buvette
Shop 2, 65 Macleay Street
Potts Point NSW 2011
Tél. : (02) 9358 5113

Autriche
Torréfacteurs et cafés
Café Central
Palais Ferstel, Herrengasse
et Strauchgasse
Vienne
Tél. : (1) 53 33 76 30

Café Gerstner
Kärtnerstrasse 11-15
Vienne
Tél. : (1) 51 24 96 30

Café Hawelka
Dorotheerstrasse 6
Vienne
Tél. : (1) 512 82 30

Café Imperial
Kärtner Ring 16
Vienne
Tél. : (1) 50 11 03 59

Café Landtmann
Dr. Karl Lueger Ring 4
Vienne
Tél. : (1) 63 20 02 10

Café Museum
Friedrichstrasse 6
Vienne
Tél. : (1) 586 52 02

Café Sacher
Philharmonikerstrasse 4
Vienne
Tél. : (1) 512 14 87

Café Sperl
Gumpendorger Strasse 11
Vienne
Tél. : (1) 586 41 58

Demel's
Kohlmarkt 14
Vienne
Tél. : (1) 53 51 71 70

Belgique
Torréfacteurs et cafés
Cafés Knopes
Grand-Place 24
Aron
Tél. : (63) 22 7407

Corica
49, rue du Marché-aux-Puces
Bruxelles
Tél. : (2) 511 88 52

De Boe
36, rue de Flandre
Bruxelles
Tél. : (2) 511 13 73

CyberSpace L.F.T.
Avenue Louise, 215A
Bruxelles
Tél. : (2) 627 87 87
www.lft.be
lepez@lft.be

Canada
Brûlerie Saint-Denis
3967, rue Saint-Denis
Montréal
Tél. : (514) 286 91 58

Cafés-bistrots A.L. Van Houtte
83000 19ᵉ Avenue
Montréal
Tél. : (514) 593 77 11

États-Unis
Torréfacteurs et fournisseurs
Ancora Coffee Roasters
112 King Street
Madison, WI 53703
Tél. : (800) 666 4869

Bean Central
2817 West End Avenue
Nashville, TN 37200
1800 JAVA BEAN

Beans and Machines
1121 First Avenue
Seattle, WA 98100

Bunn Coffee Service Inc.
51 Alpha Plaza
Hicksville, NY 11801
Tél. : (800) 542 0566

Caribou Coffee
55 West Monroe
Chicago, IL 60602
Tél. : (888) 227 4268
www.caribou-coffee.com

Coffee Concepts
10836 Grissom Suite 110
Dallas, TX 75229
Tél. : (972) 241 1618
www.coffeeconcepts.com

The Kona Coffee Council
P.O. Box 2077
Kealakekua, HI 96750
www.kona-coffee-council.com

Maui Coffee Roasters
444 Hana Highway
Kahului, Maui, HI 96732
Tél. : (800) 645 2877
www.nicbeans@maui.net

The Original San Juan Coffee
Rosting Company
18 Cannery Landing
Friday Harbor, WA 98250
Tél. : (800) 624 4119

Ozzies Coffee & Tea
57 Seventh Avenue
Brooklyn, NY 11215
Tél. : (888) 699 4371
www.ozziescoffee.com

Royal Blend Coffee Company
P.O. Box 7066
Bend, OR 97708
Tél. : (541) 388 8164
www.royalblend.com

San Francisco Bay Gourmet
Coffee
1933 Davis Street, Suite 308
San Leandro, CA 94577
Tél. : (800) 732 2948

Spinelli Coffee Company
495 Barneveld Avenue

San Francisco, CA 94124
Tél. : (800) 421 5282
Fax : (415) 821 7199

Starbucks
P.O. Box 3717
Seattle, WA 98124-3717
Tél. : (206) 447 1575 x2900
www.starbucks.com

Wilderness Coffee Company
13541 Grove Drive North
Maple Grove, MN 55311
Tél. : (612) 420 4830

Cybercafés
Alt.Coffee
139 Avenue À
New York, NY 10009
Tél. : (215) 529-CAFE
www.altdotcoffee.com

Café and Internet of America
12536 S.W. 88th Street
Miami, FL 33280

Cafe Internet
133 SW Century Drive
Suite 204
Bend, OR
Tél. : (541) 318 8802
www.cafeinternet-band.com

Cybersmith
Harvard Square
42 Church Street
Cambridge, MA 02138
Tél. : (617) 492 5857
sryherd@cybersmith.com

CyberSTOP Café
1513 17th Street NW
Washington DC 20036
Tél. : (202) 234 2470
www.cyberstopcafe.com

Gypsy Java
3321 East Bell Road
Phoenix, AZ 85000
Tél. : (602) 404 9779

Java Java
860 Fifth Avenue South
Naples, FL 34102
Tél. : (941) 435 1180

Java Net Cafe
241 Main Street
Northampton, MA 01060
support@javanet.com

Realm of Delirium
941 Rue Decatur
New Orleans, LA 70100
www.realmofdelirium.com

Soho's Cyber Café
273 Lafayette Street
New York, NY 10009
Tél. : (212) 334 5140
www.cyber-cafe.com

Speakeasy Cafe
2304 Second Avenue
Seattle, WA 98028
Tél. : (206) 728 9770
www.speakeasy.net

France

Comité français du café
3, rue de Copenhague
75008 Paris
Tél. : 01 45 22 70 23

Torréfacteurs
Brûlerie des Gobelins
2, av. des Gobelins
75005 Paris
Tél. : 01 43 31 90 13

Brûlerie des Ternes
10, rue Poncelet
75017 Paris
Tél. : 01 46 22 52 79

Brûlerie Gama
111, rue Porte-Dijeaux
33000 Bordeaux
Tél. : 05 56 48 15 17

Brûlerie Obercafé
58, rue de la Folie-Méricourt
75011 Paris
Tél. : 01 43 55 98 98

Cafés Au Bon Nègre
9, rue des Têtes
68000 Colmar
Tél. : 03 89 41 25 32

Cafés Au Brésil
24, rue des Fourbisseurs
84000 Avignon
Tél. : 04 90 82 49 71

Cafés Estrella
34, rue Saint-Sulpice
75006 Paris
Tél. : 01 46 33 16 37

Cafés Marna
24, rue du
Faubourg-Montmartre
75009 Paris
Tél. : 01 47 70 33 43

La Grande épicerie de Paris
(Le Bon Marché)
38, rue de Sèvres
75007 Paris
Tél. : 01 44 39 81 00

La Maison des colonies
47, rue Vieille-du-Temple
75004 Paris
Tél. : 01 48 87 98 59

Lapeyronie-Socarno
3, rue Brantôme
75003 Paris
Tél. : 01 40 27 97 57

Verlet
256, rue Saint-Honoré
75001 Paris
Tél. : 01 42 60 67 39

Whittard of Chelsea
22, rue de Buci
75006 Paris
Tél. : 01 43 29 96 16

Cafés
Café Beaubourg
45, rue Saint-Merri
75004 Paris
Tél. : 01 48 87 63 96

Café de Flore
172, bd Saint-Germain
75006 Paris
Tél. : 01 45 48 55 26

Café de la Paix
Place de l'Opéra
75009 Paris
Tél. : 01 40 07 30 20

Café de la Mosquée de Paris
39, rue Geoffroy-Saint-Hilaire
75005 Paris
Tél. : 01 43 31 18 14

Café Richelieu
Place du Carrousel
75001 Paris
Tél. : 01 47 03 99 68

Les Deux Magots
6, pl. Saint-Germain-des-Prés
75006 Paris
Tél. : 01 45 48 55 25

Faguais
30, rue de La Trémoille
75008 Paris
Tél. : 01 47 20 80 91

Le Grand Café des Capucines
4, bd des Capucines
75009 Paris
Tél. : 01 43 12 19 00

Le Sélect Montparnasse
99, bd du Montparnasse
75006 Paris
Tél. : 01 45 48 38 24

Cybercafés
Cyber Café
15, rue des Halles
75001 Paris
Tél. : 01 42 21 13 13
www.cybercafedeparis.com

Cyber Square
1, place de la République
75003 Paris
Tél. : 01 48 87 82 36
cybersquare.adsl@wanadoo.fr

Planet Cyber Café
173, rue de Vaugirard
75015 Paris
Tél. : 01 45 67 71 14
http://perso.cybercafe.fr

Web Bar
32, rue de Picardie
75003 Paris
Tél. : 01 42 72 66 55
www.webbar.fr

Hongrie
Café Gerbeaud
Vörösmartyr tér 7
Budapest
Tél. : 118 13 11

Café de New York-Hungaria
Térez Körút 9-11
Budapest
Tél. : 122 16 48

Italie
Torréfacteurs et cafés
Caffè Florian
Piazza San Marco 56-59
Venise
Tél. : (41) 528 53 38

Caffè Paskowski
Piazza della Repubblica
Florence
Tél. : (55) 21 02 36

Caffè Perocchi
Via Otto Febbraio 15
Padoue
Tél. : (49) 876 25 76

Caffè Ristorante Torino
Piazza San Carlo 204
Turin
Tél. : (11) 547 356

Caffè Rivoire
Piazza della Signoria 4R
Florence
Tél. : (55) 21 44 12

Caffè San Carlo
Piazza San Carlo 156
Turin
Tél. : (11) 561 77 48

Caffè San Marco
Via Battisti, 8
Trieste
Tél. : (40) 37 13 73

Caffè degli Specchi
Piazza Unità d'Italia
Trieste
Tél. : (40) 36 57 77

Caffè Tazza d'Oro
Via degli Orfani 84
Rome
Tél. : (6) 6678 97 92

Caffè Tommaseo
Riva Tre Novembre 5
Trieste
Tél. : (40) 36 57 77

Cova
Via Montenapoleone, 8
Milan
Tél. : (2) 76 000 578

Gran Caffè Gambrinus
Via Chiaia, 1-2
Naples
Tél. : (81) 41 75 82

Gran Caffè Giubbe Rosse
Piazza della Repubblica,
13/14R
Florence
Tél. : (55) 21 22 80

Sant'ambroeus
Corso Matteotti, 7
Milan
Tél. : (2) 76 000 540

Taveggia
Via Visconti di Modrone, 2
Milan
Tél. : (2) 76 021 257

Sant'Eustachio
Piazza Sant'Eustachio 82
Rome
Tél. : (6) 688 02 048

Nouvelle-Zélande
Torréfacteurs et fournisseurs

Allpress Espresso Coffee
Roasters
Tél. : (09) 358 3121

Burton Hollis Coffee
6 Mepai Place
Auckland
Tél. : (09) 277 6375

Columbus Coffee
43 High Street, Auckland
Tél. : (09) 309 2845

Sweet Inspirations
143 Williamson Ave
Auckland
Tél. : (09) 378 7261

Pays-Bas
Torréfacteurs
Brandmeester's Koffie
Van Baerlestraat 13
Amsterdam
Tél. : (20) 675 78 88

Geels & Co.
Varmoesstraat 67
Amsterdam
Tél. : (20) 624 06 83

Simon Lévelt
Ferdinand Bolstraat 154
Amsterdam
Tél. : (20) 400 40 60

Wijs & Zonen
Warmoesstraat 102
Amsterdam
Tél. : (20) 624 04 36

Cafés
Café américain
Leidseplein 28-30
Amsterdam
Tél. : (20) 624 53 22

De Druif
Rapenburgerplein 83
Amsterdam
Tél. : (20) 624 45 30

De Jaren
Nieuwe Doelenstraat 20-22
Amsterdam
Tél. : (20) 635 57 71

Hoppe
Spui 18-20
Amsterdam
Tél. : (20) 623 78 49

République tchèque
Café nouveau
Republiky námesti, 5
Prague

Café Savoy
Vitezna, 1
Prague

Hotel Europa Café
Václavské námesti, 25
Prague

The Globe
Janovského, 14
Prague

Crédits photographiques

Toutes les photographies sont de William Lingwood, Louisa Dare et Janine Hosegood, à l'exception des suivantes : Advertising Archives : pp. 11b, 29, 53 ; AKG Photographic Library : pp. 10, 11h, 14, 28, 32, 33, 35, 35b, 36h, 37, 38b, 39, 44, 45, 46 et 49 ; Cephas : pp. 12, 36, 95h, 100b et 116h ; Charmet : pp. 12h et b, 17, 18 et 19 ; E.T. Archive : pp. 21, 23, 25, 26, 30, 34b, 40h et b, 42h et 43b ; Hulton Getty : pp. 22, 43h, 46, 47, 48 et 50 ; musée du café de Londres : pp. 31 et 42b ; Lloyds : p. 41 ; collection privée, Bridgeman Art Library : pp. 24 et 27.

LES CHIFFRES DU CAFÉ

Les informations suivantes sont fournies par l'Organisation Internationale du Café, *Coffee Statistics,* septembre 1998.

Production totale des membres exportateurs		
Récolte du début d'année (en milliers de sacs¹)	**1993**	**1998**
Afrique centrale, rép.	165	150
Angola	33	160
Bénin	0	1
Brésil	26 787	34 547
Burundi	394	278
Cameroun	682	1 333
Colombie	11 320	12 500
Congo, rép. populaire	3	25
Congo, rép. démocratique (ex-Zaïre)	980	1 000
Costa Rica	2 259	2 223
Côte d'Ivoire	2 293	2 742
Cuba	285	350
Dominicaine, rép.	604	454
Équateur	2 069	1 584
Éthiopie	2 865	3 867
Gabon	3	4
Ghana	46	51
Guatemala	3 536	2 800
Guinée	64	145
Guinée-Équatoriale	0	5
Haïti	459	420
Honduras	1 829	2 300
Inde	3 448	3 833
Indonésie	7 301	6 600
Jamaïque	35	40
Kenya	1 328	1 133
Liberia	5	10
Madagascar	442	950
Malawi	62	65
Mexique	4 285	4 400
Nicaragua	706	1 147
Nigeria	45	55
Ouganda	3 142	3 600
Panama	142	173
Papouasie-Nouvelle-Guinée	1 019	1 255
Paraguay	70	60
Pérou	665	1 930
Philippines	875	685
Rwanda	443	250
Salvador	2 378	1 840
Sierra Leone	37	50
Sri Lanka	54	40
Tanzanie	736	700
Thaïlande	1 275	1 000
Togo	195	334
Trinité-et-Tobago	16	20
Venezuela	1 307	1 400
Viêtnam	3 020	6 200
Zambie	27	50
Zimbabwe	12	167

Importations de café, toutes sources confondues		
Pays (en milliers de sacs¹)	**1993**	**1996**
Afrique du Sud	403	328
Algérie	1 470	888
Allemagne	13 844	13 871
Arabie Saoudite	144	281
Argentine	649	712
Australie	802	845
Autriche	1 310	1 544
Belgique/Luxembourg	2 310	2 618
Canada	2 489	2 763
Chili	187	248
Chine	242	384
Danemark	1 071	1 000
Espagne	3 055	3 807
États-Unis	16 720	20 873
Ex-Union soviétique	1 919	1 493
Fiji	2	4
Finlande	1 359	1 090
France	6 550	7 019
Grande-Bretagne	3 488	2 959
Grèce	598	636
Hongrie	668	603
Irlande	124	111
Israël	466	450
Italie	5 609	5 768
Japon	6 239	6 371
Liban	250	300
Malaisie	212	432
Maroc	343	377
Norvège	819	710
Nouvelle-Zélande	150	157
Pays-Bas	3 366	3 056
Portugal	650	757
Singapour	1 917	968
Soudan	150	107
Suède	1 913	1 599
Suisse	1 068	1 009
Taiwan	157	210
Turquie	171	252

1. 1 sac = 60 kg.

BIBLIOGRAPHIE

Allen, Nicole, *Les Vertus du café*, Quebecor, 1999.

Alpini, Prospero, *Plantes d'Égypte* (1580).

Avicenne, *Canon de la médecine* (XIe siècle).

Balzac, Honoré de, *Traité des excitants modernes* (1833).

Beaunay-Cotelle, Catherine de, *Hommage au chevalier de Clieu*, Association de Clieu, 1995.

Beeton, Isabella, *The Book of the Household Management*, Jonathan Carpe, Londres, 1968.

Blégny, Nicolas de, *Le Bon usage du thé, du café et du chocolat* (1687).

Bologne, Jean-Claude, *Histoire des cafés et des cafetiers*, Larousse, 1993.

Bramah, Edward, *Cafetières et machines à café*, PML Éditions, 1991.

Bramah E. et J., Coffe Makers, 300 years of Art and Design, Quiler Press.

Brillat-Savarin, Anthelme, *La Physiologie du goût*, Flammarion, coll. Champs, 1982.

Cadet de Vaux, Alexis, *Dissertation sur le café* (1806).

Chabouis, Lucette, *Le Livre du café*, Bordas, Paris, 1988.

Coste, René, *Les Caféiers et les cafés dans le monde*, 2 vol., Larose, 1959.

Daviron, Benoît, et Lerin, François, *Le Café*, Economica, 1990.

Debry, Gérard, *Le Café et la santé*, Eurotext John Libbey, Paris, 1994.

Desmet-Grégoire, Hélène, *Les Objets du café*, Presses du CNRS, 1989.

Douglas, Jamos, *Yemensis fructum Cofé refens ; or, a description and history of the Coffee tree*, Londres (1727).

Dufour, Philippe Sylvestre, *Traité nouveau et curieux du café* (1684).

F.A.O., *Enquête mondiale sur le café*, collectif, 1996.

Ferré, Felipe, *l'Aventure du café*, Denoël, 1988.

Galland, Antoine, *De l'origine et du progrès du café*, Bibliothèque, coll. L'écrivain voyageur, 1992.

Hardy, Christophe, *Le Café, des mots et des saveurs*, Herscher, 1998.

Hattox, Ralph S., *Coffee and Coffee Houses: The Origin of a Social Beverage in the Medieval Near East*, University of Washington Press, USA, 1985.

Heise, Ulla, *Histoire du café et des cafés les plus célèbres*, Belfond, Paris, 1988.

Illy, Francesco et Ricardo, *Du café à l'express*, Abbeville Press, 1992.

Jobin, Philippe et Van Leckwyck, Bernard, *Le Café*, Nathan, 1988.

Jobin, Philippe, *Les Cafés produits dans le monde*, P. Jobin et Cie, Le Havre, 4e éd.

Larousse gastronomique, Larousse, 1996.

Lemaire, Gérard-Georges, *L'Europe des cafés*, Sand, Paris, 1991.

Lemaire, Gérard-Georges, *L'Orient des cafés*, Éric Koehler, Paris, 1990.

Mauro, Frédéric, *Histoire du café*, Desjonquères, Paris, 1991.

Porter, Roy, et Teich, Mikulás, *Drugs and Narcotics in History*, Cambridge University Press, UK, 1995.

Roque, Jean de la, *Voyage de l'Arabie heureuse* (1716).

Schiaffino, Maria, *L'Heure du café*, Gentleman Éditeur, 1987.

Simmonds, P.L., *Coffee as It Is, and as It Ought To Be*, Londres, 1850.

Stella, Alain, *L'Abécédaire du café*, Flammarion, Paris, 1998.

Stella, Alain, *Le Livre du café*, Flammarion, Paris, 1996.

Thorn, John, *L'Amateur de café*, Soline, Paris, 1996.

Vanier, Michel, *Le Livre de l'amateur de café*, Robert Laffont, Paris, 1983.

Vantal, Anne, *Le Café*, éditions du Chêne, Paris, 1999.

Remerciements

Les éditeurs souhaitent remercier les personnes suivantes pour leur précieuse aide lors de l'élaboration de cet ouvrage : Tony Higgins de H.R. Higgins Ltd. (Londres), Mehmet Kurukaveçi d'Istanbul, Frank Neale, Celcius Lodder, Martin Wattam et le personnel de la bibliothèque de l'Organisation Internationale du Café (Londres).

Merci aux institutions et sociétés suivantes pour leur aide, leur matériel et leurs échantillons de fèves : Algerian Coffee Company, Andronicus, Bramah Tea and Coffee Museum, Comité français du café (Paris), Ecom, Fairfax Kitchens, Gala Tea and Coffee Company, Heals Café (Tottenham Court Road, Londres), Master Roasts, Monmouth Coffee Company et The Priory Tea and Coffee Company.

INDEX